가브리엘의
잉글리시 다이어리

가브리엘의 잉글리시 다이어리

초판 1쇄 발행 2025년 10월 1일
초판 7쇄 발행 2026년 1월 13일

지은이 Thomas Gabrielle Allanta
펴낸이 고영성

기획 및 책임편집 박희라 편집 유아름
디자인 강지은

펴낸곳 주식회사 상상스퀘어
출판등록 2021년 4월 29일 제2021-000079호
주소 경기도 성남시 분당구 성남대로43번길 10, 307호(구미동, 하나EZ타워)
팩스 02-6499-3031
이메일 publication@sangsangsquare.com
홈페이지 www.sangsangsquare.com

ISBN 979-11-94368-62-5 13740

- 이 책은 저작권법에 따라 보호를 받는 저작물이므로 무단 전재와 복제를 금지하며,
  이 책 내용의 전부 또는 일부를 사용하려면 반드시 저작권자와 상상스퀘어의 서면 동의를 받아야 합니다.
- 파손된 책은 구입하신 서점에서 교환해 드리며 책값은 뒤표지에 있습니다.

50일 원어민 일기로 배우는
일상 영어 표현

가브리엘의 잉글리시 다이어리

Thomas Gabrielle Allanta 지음

상상스퀘어

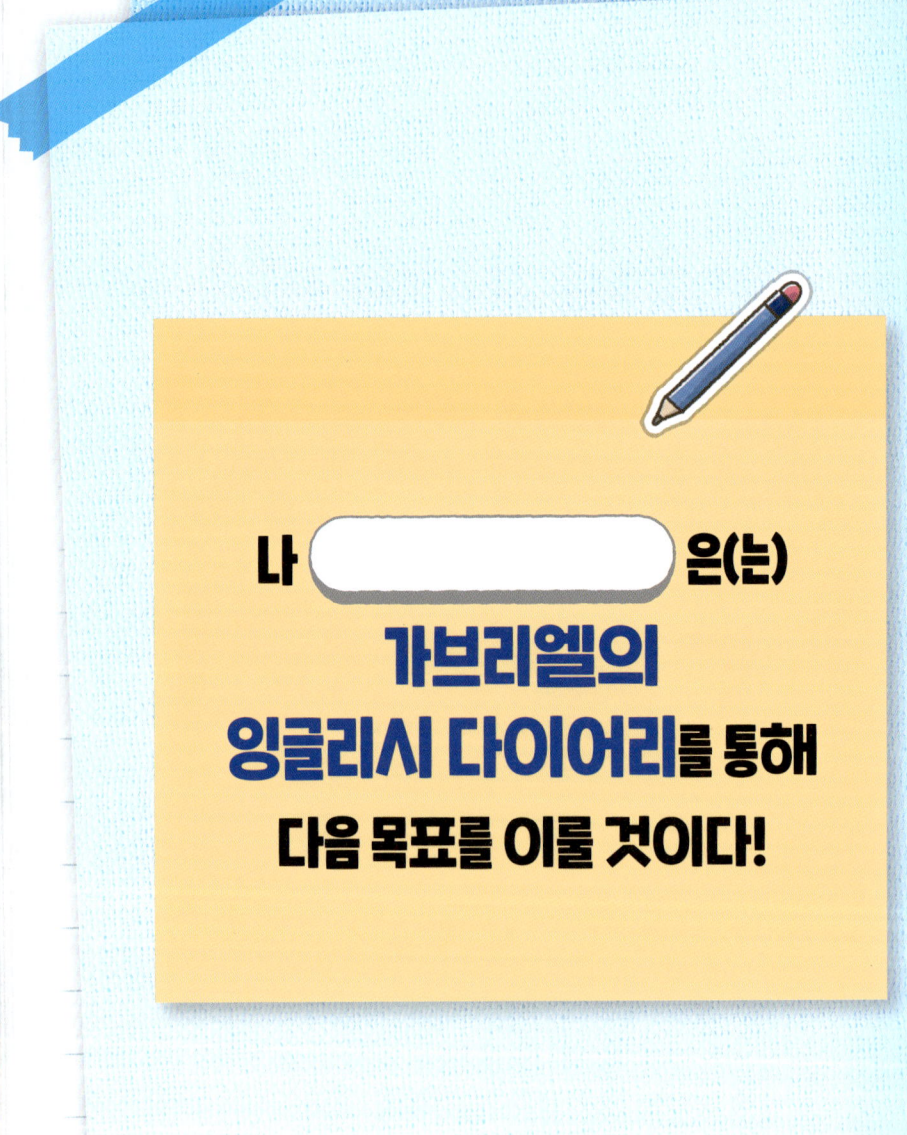

나 _____ 은(는)
가브리엘의
잉글리시 다이어리를 통해
다음 목표를 이룰 것이다!

It is with heartfelt joy that I introduce *Gabrielle's English Diary* to you.

As a teacher, I've always taught my students using lesson materials I wrote myself. Naturally, I dreamed of one day publishing a book under my own name. Thanks to the generous support of Sangsang Square, that long-awaited dream has finally come true—and I am thrilled to present this project to the world.

Over the past 11 years teaching English in Korea, I've closely observed countless learners struggling to speak naturally due to grammar-heavy study methods. Despite their efforts, many still feel awkward or unsure when speaking in real-life situations. After reflecting deeply and going through countless trials and errors, I reached one clear conclusion:

"The only way forward is to naturally and repeatedly absorb the real expressions native speakers actually use."

It's only through repeated and natural exposure to the expressions that native speakers truly use in their daily lives that learners can build real speaking confidence and skill. But I also understand how difficult it is for busy Korean learners to consistently access diverse English content in everyday life. That's why I created this book—to help you encounter English in your daily life, in a natural, fun, and accessible way.

I carefully selected only the most essential expressions that native speakers use regularly and organized them into short, diary-style entries that you can follow each day without pressure. By reading one entry a day—short but practical sentences and conversations—you'll gradually and effortlessly internalize the kind of English that sounds truly natural.

Guiding Principles

This book is far more than just a conversation guide. It is the result of years of experience and heartfelt reflection on the real challenges Korean learners face. With that in mind, I wrote this book with the following five core principles:

1 One entry a day, like a native

I handpicked only the core expressions used most frequently by native speakers, so that even a single volume can lead to powerful learning results.

2 Everyday moments, just as they are

I shaped the content around real-life situations using a diary format, making it easy for you to pick up natural language you can apply in daily life.

3 Same meaning, different feeling

I explore the subtle differences between words that appear similar at first glance, helping you make smarter word choices in real situations.

4 Fun conversations, deep understanding

Rather than just memorizing phrases, you'll learn when and why native speakers say what they do, making your conversations both meaningful and enjoyable.

5   A true turning point in expression

By internalizing expressive and nuanced language, you'll move beyond basic speaking and surely build polished, well-rounded communication skills in English.

From the Heart

"I want to speak English like a native!"

This was the phrase that echoed in my heart again and again as I wrote this book. I'm sure many of you who have studied with me or chosen my lectures carry this same dream deep inside. And I truly hope that this dream will not simply remain a wish—but grow into a clear, achievable goal.

If you make the most of all 50 daily entries and the phrases in the Gabrielle Point sections, you'll undoubtedly experience a noticeable leap in your speaking ability.

With Gratitude

This book is not the result of my efforts alone. I would like to take this opportunity to sincerely thank everyone who stood by me with unwavering encouragement and dedication.

Above all, my deepest gratitude goes to CEO Ko Youngsung of Sangsang Square, who helped turn this dream into a reality. And to my fellow teacher, Kim Jaewoo, whose wonderful books inspired me to create my own. To everyone at Sangsang Square, thank you for your thoughtful guidance and endless feedback, which pushed this book and its lectures in the best direction possible. Your warm advice and persistent care were a tremendous source of strength.

To my beloved husband, Cho Mangeun, thank you for being part of every step of this journey—from planning to editing. You filled the gaps I couldn't fill and walked this creative path with me, side by side. I'm so grateful for you.

And to my dear parents-in-law:
Thank you for lovingly caring for our son Eian, so that I could fully focus on this book and the online lectures. Your warm meals and boundless support brought comfort to both my body and spirit. Words cannot fully express the gratitude and respect I hold for you.

This book was made possible by each and every one of you. I will always hold your support close to my heart and treasure it as a lasting source of strength and inspiration.

Let's Walk Together

Now, only one thing remains—your commitment and action. Let's take this journey together—toward speaking English naturally, like a native. I'll be with you every step of the way. Thank you.

With love,
Gabrielle

《가브리엘의 잉글리시 다이어리》를 여러분께 소개하게 되어 진심으로 기쁩니다.

학생들을 가르칠 때마다 직접 집필한 교재로 수업해 왔기에, 언젠가는 꼭 제 이름으로 된 책을 출간하고 싶다는 꿈이 있었습니다. 그 오랜 바람을 실현할 수 있도록 아낌없이 지원해 주신 상상스퀘어 덕분에, 드디어 이 책을 세상에 내놓게 되었습니다.

11년 동안 한국에서 영어를 가르치며, 수많은 학습자가 문법 위주의 공부 방식 속에서 자연스러운 말하기에 어려움을 겪는 모습을 가까이에서 지켜보았습니다. 열심히 공부했음에도 실제 회화에서는 어색하거나 자신 없어 하는 이유는 무엇일까 고민하며 수많은 시행착오를 거친 끝에, 저는 한 가지 확신에 도달했습니다.

"원어민들이 실제로 쓰는 표현을 자연스럽게, 반복적으로 접하는 것만이 답이다."

원어민들이 실제 일상에서 자주 쓰는 핵심 표현을 자연스럽게, 반복적으로 접하고 익히는 것만이 말하기 자신감과 실력을 쌓는 가장 현실적이고 확실한 방법입니다.

하지만 바쁜 일상을 살아가는 한국 학습자들에게 영어 콘텐츠를 꾸준히 접한다는 것은 결코 쉬운 일이 아닙니다. 그래서 저는 이 책을 통해 여러분이 영어를 일상에서 자연스럽고 재미있게 만날 수 있도록 했습니다. 특히 원어민들이 실제로 자주 사용하는 핵심 표현들만을 엄선해, 하루 한 편씩 부담 없이 따라 할 수 있도록 '일기 형식'으로 구성했습니다. 하루에 한 편, 짧지만 실용적인 문장과 대화를 반복하면 원어민들이 사용하는 실제 표현이 여러분에게 자연스럽게 스며들 겁니다.

집필 원칙

이 책은 단순한 회화책이 아닙니다. 한국 학습자들의 고민을 누구보다 가까이에서 보고 느낀 경험과 진심이 고스란히 녹아 있는 결과물입니다. 그 경험을 바탕으로, 다음 다섯 가지 원칙 아래 집필했습니다.

1 하루 한 편, 원어민처럼

원어민들이 일상에서 자주 쓰는 핵심 표현만을 엄선해, 한 권으로도 높은 학습 효율을 느낄 수 있도록 구성했습니다.

2 일상 속 상황 그대로

실제로 자주 일어나는 상황을 '일기' 형식에 담아, 현실적인 표현을 자연스럽게 익히고 바로 활용할 수 있게 했습니다.

3 비슷한 뜻, 다른 느낌

표면적으로는 비슷하지만 뉘앙스가 다른 표현들의 차이를 비교·설명하여, 상황에 맞는 단어 선택 능력을 기를 수 있도록 했습니다.

4 재미있는 대화, 깊은 이해

단순한 암기가 아닌 '언제, 왜 원어민이 그렇게 말하는지'까지 설명하여, 표현에 대한 깊은 이해와 대화의 즐거움을 동시에 느낄 수 있도록 구성했습니다.

5 표현력의 전환점

풍부한 표현과 섬세한 뉘앙스를 체화함으로써, 기초적인 말하기 단계를 넘어 세련되고 완성도 높은 영어 의사소통 능력을 갖출 수 있게 했습니다.

진심을 담았습니다

"나도 원어민처럼 영어로 말하고 싶다!"

이 책을 집필하는 내내 가장 많이 떠올린 문장입니다. 저와 함께 영어를 배우고, 제 강의를 선택해 주신 많은 분의 마음속에도 이 소망이 자리하고 있으리라 믿습니다. 그 꿈이 단지 바람으로 머무는 것이 아니라, 실현 가능한 목표로 이어지기를 바랍니다.

50일간의 모든 일기와 '가브리엘 포인트'의 표현들을 온전히 자기 것으로 만든다면, 여러분의 영어 말하기 실력은 눈에 띄게 도약할 것입니다.

감사의 말

이 책은 저 혼자만의 노력으로 완성된 것이 아닙니다. 이 자리를 빌려, 든든한 응원으로 지지해 주신 모든 분께 진심으로 감사의 마음을 전합니다.

먼저, 꿈을 현실로 만들어 주신 상상스퀘어 고영성 대표님께 깊이 감사드립니다. 훌륭한 영어책들로 집필에 영감을 주신 김재우 선생님께도 감사의 말씀을 드립니다. 최고의 책과 강의가 되도록 세심하게 도와주신 상상스퀘어의 모든 분, 여러분의 따뜻한 조언과 성원이 큰 힘이 되었습니다.

본서의 기획부터 교정까지 모든 과정에 함께해 준 사랑하는 남편 조만근, 늘 저의 부족함을 채워 주고, 창작의 길에 든든한 동반자가 되어 줘서 고마워요. 그리고 제가 온전히 책 집필과 강의에 집중할 수 있도록 아들 이안이를 사랑으로 돌봐 주시고, 따뜻한 밥상으로 마음까지 위로해 주신 사랑하는 시부모님, 말로 다 표현할 수 없는 깊은 감사와 존경을 바칩니다.

이 책은 여러분 덕분에 나올 수 있었습니다. 여러분의 응원을 언제나 가슴 깊이 간직하며, 오래도록 힘과 영감의 원천으로 소중히 여기겠습니다.

함께 걸어갑시다

이제 여러분의 실천과 약속만이 남았습니다. 원어민처럼 자연스럽게 영어로 말하는 그날까지, 우리 함께 이 여정을 걸어갑시다. 그 과정의 모든 순간, 제가 여러분 곁에 있겠습니다. 감사합니다.

가브리엘

HOW TO USE THIS BOOK

하루 한 편, 원어민의 일기를 통해 자연스럽게 영어로 말하는 감각을 길러 보세요!

짧고 재미있는 영어 일기를 소리 내어 읽고, 주요 표현을 익히며 원어민처럼 말하는 자신감을 키울 수 있도록 구성했습니다.

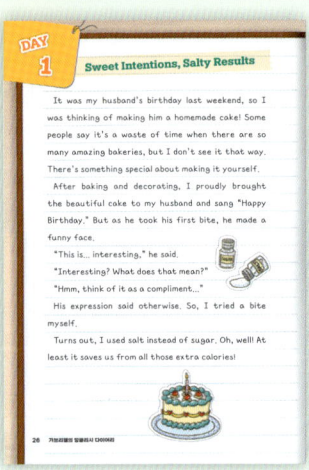

하루 한 편, 원어민의 영어 일기

실제 일상 속 에피소드를 담은 영어 일기로 학습을 시작합니다. 실생활에서 자주 쓰는 표현이 담겨 있어, 소리 내어 읽기만 해도 자연스레 말하기 연습이 됩니다.

Reading Points

본문에 등장한 핵심 표현을 골라 자세히 설명합니다. 추가 예문을 통해 이해와 반복 학습을 동시에 할 수 있습니다.

가브리엘 포인트

한국 학습자들이 헷갈리는 표현, 또는 원어민들이 쓰는 자연스러운 표현을 알려주는 꿀팁 코너입니다.

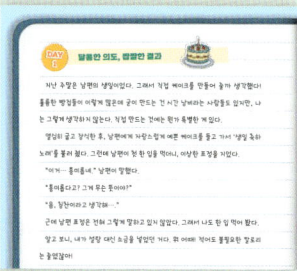

한글 해석

본문 전체의 한국어 번역으로, 내용의 이해도를 높이고 복습도 쉽게 할 수 있습니다.

《가브리엘의 잉글리시 다이어리》를 이렇게 활용하세요!

- 하루에 한 편씩 꾸준히 학습하세요.
- 원어민의 음성을 들으며 소리 내어 반복해서 읽으세요.
- 본문에 나온 주요 표현은 Reading Points에서 해설과 예문을 통해 정확하게 익히세요.
- '가브리엘 포인트'에서 비슷한 표현의 미묘한 차이나 뉘앙스를 비교하며 이해하세요.
- 인터넷 강의로 교재에 없는 표현까지 익히며, 발음·억양·리듬을 체화하세요.
- 무엇보다, 재미있게! 이야기를 따라가며 자연스럽게 학습하세요.

 음원 종류: 1. 영어 2. 한국어 – 영어 1회 3. 한국어 – 영어 5회 반복

 〈영어독립〉 유튜브

 MP3 파일

 🔍 www.studianclass.com 스터디언 클래스

 〈가브리엘의 잉글리시 다이어리〉 인터넷 강의

STUDY PLAN

DAY 1
Date:
- Reading
- Reading Points

DAY 2
Date:
- Reading
- Reading Points

DAY 3
Date:
- Reading
- Reading Points

DAY 4
Date:
- Reading
- Reading Points

DAY 5
Date:
- Reading
- Reading Points

DAY 6
Date:
- Reading
- Reading Points

DAY 7
Date:
- Reading
- Reading Points

DAY 8
Date:
- Reading
- Reading Points

DAY 9
Date:
- Reading
- Reading Points

DAY 10
Date:
- Reading
- Reading Points

DAY 11
Date:
- Reading
- Reading Points

DAY 12
Date:
- Reading
- Reading Points

DAY 13
Date:
- Reading
- Reading Points

DAY 14
Date:
- Reading
- Reading Points

DAY 15
Date:
- Reading
- Reading Points

DAY 16
Date:
- Reading
- Reading Points

DAY 17
Date:
- Reading
- Reading Points

DAY 18
Date:
- Reading
- Reading Points

DAY 19
Date:
- Reading
- Reading Points

DAY 20
Date:
- Reading
- Reading Points

DAY 21
Date:
- Reading
- Reading Points

DAY 22
Date:
- Reading
- Reading Points

DAY 23
Date:
- Reading
- Reading Points

DAY 24
Date:
- Reading
- Reading Points

DAY 25
Date:
- Reading
- Reading Points

DAY 26	DAY 27	DAY 28	DAY 29	DAY 30
Date:	Date:	Date:	Date:	Date:
○ Reading ○ Reading Points	○ Reading ○ Reading Points	○ Reading ○ Reading Points	○ Reading ○ Reading Points	○ Reading ○ Reading Points

DAY 31	DAY 32	DAY 33	DAY 34	DAY 35
Date:	Date:	Date:	Date:	Date:
○ Reading ○ Reading Points	○ Reading ○ Reading Points	○ Reading ○ Reading Points	○ Reading ○ Reading Points	○ Reading ○ Reading Points

DAY 36	DAY 37	DAY 38	DAY 39	DAY 40
Date:	Date:	Date:	Date:	Date:
○ Reading ○ Reading Points	○ Reading ○ Reading Points	○ Reading ○ Reading Points	○ Reading ○ Reading Points	○ Reading ○ Reading Points

DAY 41	DAY 42	DAY 43	DAY 44	DAY 45
Date:	Date:	Date:	Date:	Date:
○ Reading ○ Reading Points	○ Reading ○ Reading Points	○ Reading ○ Reading Points	○ Reading ○ Reading Points	○ Reading ○ Reading Points

DAY 46	DAY 47	DAY 48	DAY 49	DAY 50
Date:	Date:	Date:	Date:	Date:
○ Reading ○ Reading Points	○ Reading ○ Reading Points	○ Reading ○ Reading Points	○ Reading ○ Reading Points	○ Reading ○ Reading Points

STUDY PLAN

CONTENTS

PREFACE — 8
HOW TO USE THIS BOOK — 18
STUDY PLAN — 20

DAY 1 — Sweet Intentions, Salty Results — 26

DAY 2 — A Chance Encounter Over Coffee — 33

DAY 3 — Scooter Ride Turned Rainy Adventure — 40

DAY 4 — A Much-Needed Jeju Getaway — 48

DAY 5 — Monday Blues and a Latte Fix — 55

DAY 6 — Breaking the Bad Gift-Giving Streak — 61

DAY 7 — From Dripping Faucet to Full-Blown Flood! — 69

DAY 8 — A Great Deal or a Fashion Fail? — 79

DAY 9 — Chores, Arguments, and Making Up — 87

DAY 10 — Hilarious First Day — 98

DAY 11 — Spicy Food Fiasco — 105

DAY 12	From Movie Night to Midnight Regrets	112
DAY 13	One Step Closer to Presentation Day	119
DAY 14	Turning Moments into Masterpieces	127
DAY 15	A Special Chuseok with Loved Ones	135
DAY 16	Engine Light On, Fingers Crossed	143
DAY 17	A Hassle of a Trip, but Worth It in the End	151
DAY 18	A Small Gesture with a Big Impact	159
DAY 19	A Dentist Visit and a Guilty Conscience	167
DAY 20	Talking, Venting, and Feeling a Little Lighter	175
DAY 21	A Spouse's Plea for Moral Support	182
DAY 22	Learning the Art of Kimchi from My Mother-in-Law	188
DAY 23	Finally Planning a Much-Needed Date	196
DAY 24	Early Bird vs. Night Owl	203

DAY 25	**Brownies for the Potluck**	211
DAY 26	**Singing, Laughing, and Loving Life with My In-Laws**	219
DAY 27	**A Stranger's Warning**	228
DAY 28	**A New Family Christmas Tradition Begins**	240
DAY 29	**Dog-Sitting Adventures**	249
DAY 30	**A Texting Mistake I'll Never Live Down**	258
DAY 31	**My First Day Without Coffee — Wish Me Luck!**	269
DAY 32	**Blind Date Success!**	279
DAY 33	**Cooking Class Adventures**	288
DAY 34	**Online Shopping Regrets**	296
DAY 35	**My First Korean Sauna Experience**	303
DAY 36	**Parents' Day Preparations**	312
DAY 37	**Learning the Busan Dialect**	322

DAY 38	Encouraging a Friend and Finding Motivation Myself	331
DAY 39	Time to Let Go: Decluttering for a Fresh Start	340
DAY 40	A Morning of Chaos	347
DAY 41	Coffee and Conversation on the Rooftop	356
DAY 42	The Start of a New Adventure	366
DAY 43	Word of the Day: Hangry	378
DAY 44	Relaxing Date at the Aquarium	387
DAY 45	Pregnancy Struggles	394
DAY 46	Korean Rest Areas: The Ultimate Road Trip Experience	402
DAY 47	If We Had Superpowers	412
DAY 48	The Most Creative Homework Excuse	421
DAY 49	The Itchy Mystery	431
DAY 50	Welcoming Our Baby Boy into the World!	442

TRANSLATION 455

Sweet Intentions, Salty Results

It was my husband's birthday last weekend, so I was thinking of making him a homemade cake! Some people say it's a waste of time when there are so many amazing bakeries, but I don't see it that way. There's something special about making it yourself.

After baking and decorating, I proudly brought the beautiful cake to my husband and sang "Happy Birthday." But as he took his first bite, he made a funny face.

"This is... interesting," he said.

"Interesting? What does that mean?"

"Hmm, think of it as a compliment..."

His expression said otherwise. So, I tried a bite myself.

Turns out, I used salt instead of sugar. Oh, well! At least it saves us from all those extra calories!

Reading Points

1 It was my husband's birthday last weekend, so I **was thinking of** making him a homemade cake!

지난 주말은 남편의 생일이었다. 그래서 직접 케이크를 만들어 줄까 생각했다!

- **was/were thinking of**는 '~을 할까 생각하고 있었다'라는 의미로 일시적인 고민이나 계획을 말할 때 사용됩니다. 단순히 '~에 대해 생각했다'라고 할 때의 thought about보다 더 부드럽고 자연스러운 뉘앙스를 띠고, 즉흥적인 결정이 아닌 계획하거나 고려하는 과정이 그려집니다.
  - **e.g.** I **was thinking of** calling you, but I got too busy. 너한테 전화할까 했는데, 너무 바빴어.

가브리엘 포인트 — 원어민들이 자주 쓰는 비슷한 표현

- I was planning to bake a cake. 케이크를 만들 계획이었다.
- I considered baking a cake. 케이크를 만들까 고민했다.

2 Some people say it's **a waste of time** when there are so many amazing bakeries, but **I don't see it that way**.

훌륭한 빵집들이 이렇게 많은데 굳이 만드는 건 시간 낭비라는 사람들도 있지만, 나는 그렇게 생각하지 않는다.

- **a waste of time**은 '시간 낭비'라는 의미로 어떤 행동이 비효율적이거나 의미 없을 때 사용됩니다.
  - **e.g.** Watching too much TV is **a waste of time**. TV를 너무 많이 보는 건 시간 낭비다.

🔖 **I don't see it that way.**는 '나는 그렇게 생각하지 않는다.'라는 의미로 상대방의 의견에 부드럽게 반대할 때 쓸 수 있습니다.

e.g. Some say social media is bad, but **I don't see it that way.** 어떤 사람들은 소셜 미디어가 나쁘다고 하지만, 나는 그렇게 생각하지 않는다.

 **가브리엘 포인트** 원어민들이 자주 쓰는 비슷한 표현

- **I see your point, but I disagree.** 무슨 말인지 알겠는데, 나는 동의하지 않아.
- **I have a different perspective on that.** 나는 그 점에 대해 좀 다르게 생각한다.

3 There's something special about making it yourself.

직접 만드는 것에는 뭔가 특별한 게 있다.

🔖 **there's something special about**은 어떤 경험이나 사물에 대해 '~에는 뭔가 특별한 점이 있다'라는 의미로, 그 대상이 주는 느낌이나 인상을 강조할 때 자주 쓰입니다.

e.g. **There's something special about** handwritten letters. 손 글씨 편지에는 뭔가 특별한 게 있다.

 **가브리엘 포인트** 원어민들이 자주 쓰는 비슷한 표현

- **Nothing beats homemade food!** 집에서 만든 음식만 한 게 없어!

4 After baking and decorating, I **proudly** brought the beautiful cake to my husband and sang "Happy Birthday."

열심히 굽고 장식한 후, 남편에게 자랑스럽게 예쁜 케이크를 들고 가서 '생일 축하 노래'를 불러 줬다.

- **proudly**는 '자랑스럽게'라는 의미로 자신이 한 일에 대해 만족하거나 자랑스러울 때 사용합니다.
  - e.g. She **proudly** showed off her artwork. 그녀는 자신의 작품을 자랑스럽게 보여 줬다.

 가브리엘 포인트 원어민들이 자주 쓰는 비슷한 표현

- Feeling accomplished, I presented the cake. 뿌듯한 마음으로 케이크를 건넸다.

5 But as he **took** his first **bite**, he **made a funny face**.

그런데 남편이 첫 한 입을 먹더니, 이상한 표정을 지었다.

- **take a bite**는 '한 입 먹다, 한 입 베어 물다'라는 의미로, 음식과 관련된 다양한 상황에서 원어민들이 자주 사용하는 표현입니다.
  - e.g. Do you want to **take a bite**? It's really good! 한 입 먹어 볼래? 진짜 맛있어!

 가브리엘 포인트 원어민들이 자주 쓰는 비슷한 표현

- **take a nibble**: 아주 살짝 베어 먹다
  - e.g. She took a nibble of the cookie. 그녀는 쿠키를 살짝 베어 먹었다.

- **take a mouthful**: 입안 가득 먹다
  - **e.g.** He took a mouthful of soup and smiled. 그는 수프를 입안 가득 먹고는 미소를 지었다.

- **make a funny face**는 '우스꽝스러운 표정을 짓다'라는 의미로, 이 표현은 말 그대로 웃긴 표정을 지을 때도 사용되지만 뭔가 알 수 없는 미묘한 표정을 지을 때도 사용됩니다.
  - **e.g.** He **made a funny face**, and I couldn't tell if he was amused or annoyed. 그는 묘한 표정을 지었는데, 즐거운 건지 짜증 난 건지 모르겠다.

6 "This is... interesting," he said.

"이거… 흥미롭네." 남편이 말했다.

- **interesting**은 '흥미로운'이라는 뜻이지만 여기서처럼 무언가에 대한 자신의 느낌을 명확하게 표현하기 곤란할 때도 사용할 수 있습니다.
  - **e.g.** Your new haircut is... **interesting**. 네 새 헤어스타일… 흥미롭네. (뭐라고 표현하기 애매한 상황)

7 "Interesting? What does that mean?"

"흥미롭다고? 그게 무슨 뜻이야?"

- **What does that mean?**은 '그게 무슨 뜻이야?'라는 의미로 상대방의 말이 명확하게 이해되지 않을 때 쓰는 표현입니다.
  - **e.g.** You said my cooking is "different"—**what does that mean**? 내 요리가 '다르다'고 했는데, 그게 무슨 뜻이야?

8 "Hmm, **think of it as a compliment**..."

"음, 칭찬이라고 생각해…."

🌸 **think of it as a compliment**는 think of A as B(A를 B라고 생각하다) 구문을 활용한 것으로, think of A as B는 보통 어떤 것을 새로운 시각으로 바라보거나 긍정적으로 해석하도록 조언할 때 많이 사용하는 표현입니다. 특히 위로할 때 효과적으로 사용할 수 있습니다.

> **e.g.** **Think of it as a break**, not as giving up. 그걸 포기가 아니라 잠시 쉬는 거라고 생각해.

9 His expression **said otherwise**. So, I **tried a bite** myself.

근데 남편 표정은 전혀 그렇게 말하고 있지 않았다. 그래서 나도 한 입 먹어 봤다.

🌸 **say otherwise**는 '다른 의미를 전달하다'라는 뜻입니다. 즉, 입으로는 A라고 말하면서 표정이나 행동이 B를 의미할 때 사용합니다.

> **e.g.** He said he was fine, but his expression **said otherwise**. 그는 괜찮다고 말했지만, 표정은 그렇지 않았다.

🌸 **try a bite**는 '한 입 먹어 보다'라는 뜻으로 음식의 맛을 볼 때처럼 조금 먹어 보는 걸 의미합니다. 뒤에 myself를 넣어 '직접, 스스로'라는 의미를 강조하고 있습니다.

> **e.g.** He told me it was too spicy, so I **tried a bite** myself. 그가 너무 맵다고 해서, 나두 직접 한 입 먹어 봤다.

10 **Turns out**, I used salt instead of sugar.

알고 보니, 내가 설탕 대신 소금을 넣었던 거다.

> 🌱 turn out은 '(몰랐는데) 알고 보니 ~였다'라는 의미로 어떤 사실을 나중에 깨달 았을 때 정말 많이 쓰는 표현입니다.
>
> **e.g.** I thought it was chicken, but it **turns out** it was tofu. 닭고기인 줄 알았는데, 알고 보니 두부였다.

11 **Oh, well! At least** it saves us from all those extra calories!

뭐 어때! 적어도 불필요한 칼로리는 줄였잖아!

> 🌱 Oh, well!은 '뭐 어때!', '뭐 어쩌겠어!'라는 의미로 예기치 않은 실수나 어쩔 수 없는 상황 등을 가볍게 넘길 때 사용합니다.
>
> **e.g.** I missed the bus. **Oh, well!** I'll just walk home. 버스를 놓쳤어. 뭐 어쩌겠어! 그냥 걸어가야지.
>
> 🌱 at least는 '적어도, 최소한, 그래도'라는 뜻으로 부정적인 상황에서도 긍정적인 면을 찾거나 상대방을 위로할 때 자주 사용됩니다.
>
> **e.g.** I dropped my phone, but **at least** the screen didn't crack. 핸드폰을 떨어뜨렸지만, 그래도 화면은 안 깨졌다.

A Chance Encounter Over Coffee

You'll never guess what happened to me today!

I was waiting in line at a café, struggling to decide what to order, when the person behind me noticed and said, "You can't go wrong with the signature menu—it's what they're famous for. Why don't you give it a try?"

"That sounds like a good choice—thanks!"

We started talking, and it turns out we're from the same city! Even crazier—she lives in the building right next to mine! The conversation flowed so easily that I completely lost track of time.

"Goodness! I need to bring this to my husband—he's probably wondering where I am. It's been great chatting with you! I hope we run into each other again!"

Who knew that picking up coffee would lead to meeting a new friend?

1 **You'll never guess what** happened to me today!

오늘 나한테 무슨 일이 있었는지 절대 예상 못 할걸!

- **You'll never guess who/what** ~은 듣는 사람의 흥미를 유발하기 위해 많이 쓰는 표현으로 '~했는지 절대 모를걸!'이라고 해석할 수 있습니다.
  - e.g. **You'll never guess who** I ran into today! 오늘 내가 누구를 우연히 만났는지 절대 예상 못 할 거야!

 **가브리엘 포인트** 원어민들이 자주 쓰는 비슷한 표현

- Guess what! 있잖아!(놀랄 만한 소식이 있어!)
- You won't believe this! 이거 믿기 힘들걸!

2 **I was waiting in line** at a café, **struggling to decide** what to order, when the person behind me noticed and said, "**You can't go wrong with** the signature menu—**it's what they're famous for**. Why don't you give it a try?"

나는 카페에서 줄을 서서 기다리면서 뭘 주문할지 고민하고 있었는데, 바로 그때 내 뒤에 있던 사람이 눈치채고 말해 주었다. "대표 메뉴라면 실패할 일 없어요. 이게 여기서 제일 유명한 거예요. 한번 시도해 보는 게 어때요?"

- **wait in line**은 '줄을 서서 기다리다'라는 의미로 사람들이 순서를 기다리기 위해 줄을 서는 상황에서 사용하는 표현입니다.
  - e.g. We had to **wait in line** for an hour to get into the restaurant. 우리는 식당에 들어가려고 한 시간 동안 줄을 서야 했다.

🌱 「**struggle to + 동사원형**」은 '~하느라 애쓰다, 어려움을 겪다'라는 의미입니다. 어떤 일을 하려고 노력하지만 해내기 힘든 상황을 표현할 때 자주 쓰이는 표현입니다.

e.g. I **struggled to find** the right words to say. 나는 적절한 말을 찾느라 애먹었다.

가브리엘 포인트 | 원어민들이 자주 쓰는 비슷한 표현

- I couldn't make up my mind on what to order. 뭘 주문할지 결정을 못 했다.
- I kept hesitating between two options. 두 가지 선택 중에서 계속 고민했다.

🌱 **You can't go wrong with ~**는 '이 선택은 틀릴 리 없어, 이거라면 실패할 일이 없어'라는 의미의 관용 표현입니다. 무언가를 추천하거나 확신을 가지고 조언할 때, 또는 무난하고 안전한 선택임을 강조할 때 자주 사용됩니다.

e.g. **You can't go wrong with** a classic black dress. 검은색 기본 드레스는 언제나 좋은 선택이야.

🌱 **It's what they're famous for.**는 '이게 그들이 유명한 이유다.', '이게 그들의 대표적인 특징[강점]이다.'라는 의미로 어떤 장소, 사람, 브랜드 등이 특정한 무언가로 잘 알려져 있을 때 자주 사용됩니다.

e.g. You should try their apple pie. **It's what they're famous for!** 그 집 애플파이는 꼭 먹어 봐. 거기서 제일 유명한 메뉴야!

🌱 **Why don't you give it a try?**는 '한번 시도해 보는 게 어때?'라는 의미로 상대방에게 부드럽게 제안할 때 자주 쓰입니다.

e.g. **Why don't you give it a try** before saying no? 거절하기 전에 한번 시도해 보는 게 어때?

가브리엘 포인트 | 원어민들이 자주 쓰는 비슷한 표현

- I highly recommend it! 강력 추천해!
- It's a must-try! 꼭 먹어 봐야 해!

3 "That **sounds like a good choice**—thanks!"

"좋은 선택인 것 같네요. 고마워요!"

🔖 「sound like + 명사」는 '~처럼 들리다'라는 의미로 단순히 청각적인 측면뿐만 아니라 상대의 말이나 상황에 대한 자신의 느낌을 표현할 때도 사용합니다.

e.g. That **sounds like a lot of work**. 그거 일 엄청 많아 보인다.

가브리엘 포인트 원어민들이 자주 쓰는 비슷한 표현

- That works for me! 나한테 딱이야!
- Sounds perfect! 완벽해 보여!

4 We started talking, and it **turns out** we're from the same city! **Even crazier**—she lives in the building right next to mine!

우리는 이야기를 나누기 시작했는데, 알고 보니 같은 도시 출신이었다! 더 놀라운 건, 그녀가 바로 내 옆 건물에 산다는 것이다!

🔖 **turn out**은 '(몰랐는데) 알고 보니 ~였다'라는 의미로 어떤 사실을 나중에 깨달았을 때 원어민들이 정말 많이 쓰는 표현입니다.

e.g. I thought he was French, but it **turns out** he's Canadian! 나는 그가 프랑스 사람인 줄 알았는데 알고 보니 캐나다 사람이더라고!

🔖 **even crazier**는 '더 놀라운 건'이라는 의미로, 이미 놀라운 이야기를 한 뒤에 더 충격적인 사실을 추가할 때 사용하는 표현입니다.

e.g. **Even crazier**—he's my cousin's best friend! 더 놀라운 건, 그가 내 사촌의 가장 친한 친구라는 거야!

5 The conversation **flowed** so **easily** that I completely **lost track of time**.

대화가 너무 자연스럽게 이어져서 시간 가는 줄을 전혀 몰랐다.

- **flow easily**는 '자연스럽게 이어지다'라는 의미로 어떤 것이 자연스럽고 부드럽게 진행될 때 사용됩니다.
  - e.g. His speech **flowed easily**, showing how well-prepared he was.
    그의 연설은 자연스럽게 이어졌는데, 그가 얼마나 준비를 잘했는지 알 수 있었다.

- **lose track of time**은 '시간 가는 줄 모르다'라는 의미로 재미있거나 흥미로운 활동에 빠져 있을 때, 또는 예상보다 시간이 빨리 지나갔을 때 쓰입니다.
  - e.g. Sorry I'm late! I **lost track of time** while shopping. 늦어서 미안! 쇼핑하다가 시간 가는 줄 몰랐어.

6 "**Goodness!** I need to bring this to my husband—he's probably wondering where I am. It's been great chatting with you! I hope we **run into** each other again!"

"세상에! 남편한테 이걸 가져다줘야 하는데… 아마 제가 어디 있는지 궁금해하고 있을 거예요. 이야기 나눠서 정말 즐거웠어요! 다시 우연히 만나면 좋겠네요!"

- **Goodness!**는 '세상에!' 등으로 해석할 수 있으며, 놀라거나 당황할 때 쓰입니다.
  - e.g. **Goodness!** I completely forgot about my meeting! 세상에! 회의 있는 걸 완전히 까먹었어!

가브리엘 포인트 — 원어민들이 자주 쓰는 비슷한 표현

- I totally spaced out! 완전히 깜빡했어!

📎 **run into**는 '~를 우연히 만나다'라는 뜻으로 쓰입니다. 길을 가다가, 또는 카페나 마트 같은 예상치 못한 장소에서 누군가를 만났을 때 사용합니다.

e.g. I **ran into** an old friend at the grocery store. 식료품점에서 옛 친구를 우연히 만났다.

가브리엘 포인트 원어민들이 자주 쓰는 비슷한 표현

- **bump into**: ~와 마주치다 (run into와 같은 의미지만 더 비격식적이고 일상적인 느낌)
  - **e.g.** I bumped into my neighbor at the coffee shop. 커피숍에서 이웃을 우연히 만났다.

- **come across**: ~을 우연히 발견하다 (온라인이나 책, 어떤 장소에서 무언가나 사람을 우연히 발견했을 때)
  - **e.g.** I came across an interesting TED Talk on self-improvement. 자기 계발에 관한 흥미로운 TED 강연을 우연히 보았다.

- **meet by chance**: ~를 우연히 만나다 (격식 있게 표현할 때)
  - **e.g.** I met an old colleague by chance at the airport. 공항에서 옛 동료를 우연히 만났다.

---

7 **Who knew** that picking up coffee would lead to meeting a new friend?

커피를 사러 갔다가 새로운 친구를 만나게 될 줄 누가 알았겠어?

📎 **Who knew ~?**는 '누가 ~할 줄 알았겠어?', '이걸 누가 예상했겠어?'라는 의미로 긍정적인 놀라움, 반전, 예상 밖의 결과를 강조할 때 자주 사용합니다.

e.g. **Who knew** learning English could be this fun? 영어 배우는 게 이렇게 재미있을 줄 누가 알았겠어?

 **가브리엘 포인트** 원어민들이 자주 쓰는 비슷한 표현

- **What are the chances?**: 이런 우연이 있을까? (희박한 확률의 일이 벌어졌을 때)

    e.g. What are the chances of us running into each other here?
    여기서 우리 둘이 마주치다니, 이런 우연이 있을까?

- **Go figure!**: 이해가 안 돼!, 어이없어! (무언가 이상하거나, 아이러니한 상황일 때)

    e.g. He says he doesn't like attention, but he's always posting selfies. Go figure! 그는 관심 받는 걸 싫어한다고 하면서도, 맨날 셀카를 올려. 이해가 안 돼!

DAY 3

Scooter Ride Turned Rainy Adventure

My husband and I have always been thrill-seekers, so when we were out for a walk and spotted some scooters, we couldn't resist.

"How do you feel about going on a little adventure?" my husband asked.

"I'm down! Let's go!"

At first, it was fantastic—the wind in our hair, not a care in the world. But after a while, something didn't feel quite right. The streets were suddenly empty, and the sky was turning gray fast.

"Did you check the weather forecast before we came out?" I asked.

"Pretty sure it was supposed to be sunny all day!"

We ended up riding our scooters back in the rain, completely soaked. But I can't complain—it really was an adventure!

 **Reading Points**

1 My husband and I **have always been thrill-seekers**, so when we were out for a walk and **spotted** some scooters, we **couldn't resist**.

남편과 나는 항상 짜릿한 경험을 좋아한다. 그래서 산책을 하다가 스쿠터를 발견했을 때, 그냥 지나칠 수 없었다.

🌱 **have always been** ~은 '항상 ~해 왔다'라는 뜻으로 오랫동안 변하지 않은 성향이나 습관을 나타낼 때 자주 사용됩니다.

> **e.g.** I **have always been** a coffee lover. 나는 항상 커피를 엄청 좋아했다.

🌱 **thrill-seeker**는 '스릴을 즐기는 사람, 모험을 좋아하는 사람'이라는 뜻으로 모험을 즐기고 새로운 도전을 좋아하는 사람을 의미합니다.

> **e.g.** She's a real **thrill-seeker**—she loves skydiving and bungee jumping! 그녀는 진짜 모험을 즐기는 사람이다. 스카이다이빙이랑 번지 점프를 좋아한다!

🌱 **spot**은 '(우연히) 발견하다, 보다'라는 뜻으로 길을 가는 도중이나 사람들 사이에서, 또는 멀리서 뭔가를 눈치채거나 발견할 때 사용합니다.

> **e.g.** I **spotted** a cute little café while walking around downtown. 시내를 돌아다니다가 귀엽고 아담한 카페를 발견했다.

 가브리엘 포인트 원어민들이 자주 쓰는 비슷한 표현

- **notice**: 알아채다 (뭔가가 변화했거나 다르다는 걸 인지했을 때)
  > **e.g.** Did you notice the mistake in the report? 보고서에서 실수한 거 알아챘어?

- **catch sight of**: ~을 흘끗[언뜻] 보다 (빠르게 지나가는 차, 새, 사람 등을 잠깐 보았을 때)
  - **e.g.** I caught sight of a deer while hiking. 하이킹하면서 사슴을 잠깐 봤다.

 **couldn't resist**는 '참을 수 없었다, 유혹을 뿌리칠 수 없었다'라는 의미의 표현입니다. 보통 너무 매력적이거나 좋아하는 것이 앞에 있어서 결국 참지 못하고 하게 되었을 때 사용됩니다.
  - **e.g.** I **couldn't resist** eating the last piece of cake. 나는 마지막 케이크 조각을 먹고 싶은 유혹을 떨칠 수 없었다.

가브리엘 포인트 원어민들이 자주 쓰는 비슷한 표현
- We couldn't help ourselves! 우리는 그냥 지나칠 수가 없었다!
- It was too tempting to say no. 거절하기엔 너무 유혹적이었다.

2 "How do you feel about going on a little adventure?" my husband asked.

"작은 모험 한번 해 볼까?"라고 남편이 물었다.

 How do you feel about ~?은 '~하는 거 어때?'라는 의미로 상대방의 의견, 감정 또는 반응을 물어볼 때 자연스럽게 쓰입니다.
  - **e.g.** **How do you feel about** trying this new restaurant? 이 새로 생긴 식당 가 보는 거 어때?

가브리엘 포인트 원어민들이 자주 쓰는 비슷한 표현
- What do you think about ~? ~에 대해 어떻게 생각해?
- Are you up for ~? ~할 생각 있어?

🍀 **go on an adventure**는 '모험을 떠나다'라는 의미로 새로운 곳에 가거나 색다른 도전을 할 때, 혹은 흥미진진한 경험을 기대할 때 쓰는 표현입니다.

e.g. Let's **go on an adventure** this weekend! 이번 주말에 모험을 떠나 보자!

3 "I'm down! Let's go!"

"완전 좋아! 가자!"

🍀 **I'm down!**은 '완전 찬성이야!', '완전 좋아!'라는 의미로 I'm up for!와 같은 표현입니다.

e.g. **Are you down** for a movie tonight? 오늘 밤 영화 어때?

4 At first, it was fantastic—the wind in our hair, not a care in the world.

처음에는 환상적이었다. 바람이 머리를 스치고, 세상 걱정 따위는 없었다.

🍀 **not a care in the world**는 '아무 걱정이 없는 완전히 자유로운 상태'를 나타내는 관용 표현입니다. 행복하고 여유로운 순간이나 마음이 편안할 때 주로 쓰입니다.

e.g. Lying on the beach with a cold drink, I felt like I **didn't** have **a care in the world**. 해변에 누워서 시원한 음료를 마시니까 아무 걱정도 없는 것 같았다.

5 But after a while, **something didn't feel quite right**.

하지만 조금 지나고 나자 뭔가 이상한 느낌이 들었다.

- **Something didn't feel quite right.** 은 '뭔가 이상한 느낌이 들었다.'라는 뜻입니다. 부정문에서 quite는 뭔가 100% 맞지 않는 느낌을 강조하는 역할을 합니다.
- **e.g.** As soon as I entered the house, **something didn't feel quite right**.
  집에 들어서자마자 뭔가 이상한 느낌이 들었다.

6 The streets were suddenly empty, and **the sky was turning gray** fast.

거리는 갑자기 텅 비었고, 하늘은 빠르게 회색빛으로 변하고 있었다.

- **The sky was turning gray.** 는 '하늘이 회색빛으로 변하고 있었다.', 즉 '하늘이 점점 흐려지고 있었다.'라는 의미입니다.
- **e.g.** **The sky turned gray** before the storm. 폭풍이 오기 전에 하늘이 흐려졌다.

7 "Did you check the weather forecast before we **came out**?" I asked.

"나오기 전에 일기 예보 확인했어?" 내가 물었다.

- **come out**은 '나오다'라는 의미입니다. come out과 go out을 비교하면, come은 말하는 사람이 있는 방향으로의 움직임을 나타내고, go는 말하는 사람으로부터 멀어지는 움직임을 나타냅니다. 따라서 아직 안 나간 상태에서 "나가기 전에 날씨 확인하자."라고 할 때는 "Let's check the weather before we go out."이라고 합니다. 여기서는 이미 밖에 있는 상황에서 과거를 회상하면서 하는 말이므로 come out을 썼습니다.

e.g. I couldn't find my dog, but it **came out** from under my bed. 내 강아지가 어디 갔는지 못 찾았는데, 내 침대 밑에서 나왔다.

 **가브리엘 포인트**　come out이 사용되는 다양한 상황

- (누군가가 어딘가에서) 나오다, 나타나다
  - **e.g.** She came out of the store with a big smile. 그녀는 환한 미소를 지으며 가게에서 나왔다.

- (비밀이나 정보가) 밝혀지다, 드러나다
  - **e.g.** It came out that he was lying the whole time. 그가 내내 거짓말을 하고 있었다는 게 밝혀졌다.

- (책, 영화 등이) 발매되다, 나오다
  - **e.g.** Her new book came out last month. 그녀의 새 책이 지난달에 나왔다.

- (얼룩 등이) 빠지다
  - **e.g.** The stain won't come out no matter how much I wash it. 얼룩이 아무리 빨아도 안 빠진다.

- (결과가) 나오다
  - **e.g.** How did your presentation come out? 프레젠테이션 결과가 어떻게 됐니?

- (해, 별이) 뜨다, 나오다
  - **e.g.** It was cloudy, but then the sun came out. 구름이 꼈었는데 해가 나왔다.

- (사진이) 어떤 모습으로 찍히다
  - **e.g.** You came out really cute in this picture! 너 이 사진 엄청 귀엽게 나왔다!

DAY 3　45

8 "**Pretty sure it was supposed to be** sunny all day!"

"분명 하루 종일 맑을 거라고 했는데!"

- **pretty sure**는 '꽤 확신하는, 거의 확실한'이라는 의미입니다.
  - e.g. I'm **pretty sure** she's coming to the party. 그녀가 파티에 올 거라고 거의 확신한다. (완전히 확신하는 건 아니지만, 거의 확실하다고 생각함)

- 「it was supposed to+동사원형」은 '원래 ~하기로 되어 있었는데 실제로는 그렇지 않았다'라는 어감을 나타낼 때 쓸 수 있습니다. 특히 과거의 계획이나 예측이 현실과 달랐을 때 자주 쓰입니다.
  - e.g. **It was supposed to be** an easy test, but it was really hard. 시험이 쉬울 거라고 했는데 엄청 어려웠다.

9 We **ended up riding** our scooters back in the rain, **completely soaked**.

결국 우리는 빗속에서 스쿠터를 타고 돌아왔고, 완전히 젖어 버렸다.

- **end up –ing**는 '결국 ~하게 되다'라는 뜻으로 원래 계획과 달리 예상치 못한 결과로 이어질 때 사용합니다.
  - e.g. I was just looking around the store, but I **ended up buying** a new jacket. 그냥 가게를 둘러보려고 했는데, 결국 새 재킷을 샀다.

- **completely soaked**는 '완전히 젖은, 흠뻑 젖은'이라는 의미로 단순히 젖은 상태가 아니라, 옷이나 몸 전체가 흠뻑 젖었음을 강조하는 표현입니다.
  - e.g. I forgot my umbrella and got **completely soaked** in the rain. 우산을 깜빡해서 비를 맞아 완전히 젖었다.

가브리엘 포인트 원어민들이 자주 쓰는 비슷한 표현

- We were drenched! 우리는 완전히 흠뻑 젖었다!

10 But **I can't complain**—it really was an adventure!

그래도 나쁘지는 않다. 진짜 모험이었으니까!

🌱 **I can't complain.** 은 '불평할 게 없어.', '그럭저럭 괜찮아.', '나쁘지 않아.'라는 의미의 표현입니다. 직역하면 '불평할 수 없다.'이지만, 실제 대화에서는 완벽하지는 않지만, 충분히 만족할 만한 상황일 때 자주 사용됩니다.

e.g. The hotel wasn't perfect, but for the price, **I can't complain.** 호텔이 완벽하진 않았지만, 이 가격이면 나쁘지 않다.

DAY 4 — A Much-Needed Jeju Getaway

Have you ever had one of those cravings where you just want to get out of the house? My husband and I have been feeling stir-crazy after weeks of being stuck inside because of the cold. So, we decided to take a trip to break free and took a week off for a short winter getaway.

My husband was booking our tickets online, "Does next Friday work for us?"

"Yeah! We can't afford to go international, so where should we go?" I asked.

"I'm up for anything, as long as it's not too cold. How about Jeju Island? They've got a great sale going on right now," he suggested.

And just like that, our trip to Jeju was set in motion!

Reading Points

1 **Have you ever had** one of those **cravings** where you just want to get out of the house?

집에서 나가고 싶은 충동이 든 적 있는가?

- 「Have you ever + 과거분사(p.p.) ~?」는 '(한 번이라도) ~해 본 적 있어?'라는 뜻입니다. 경험을 물어볼 때 가장 일반적으로 사용되는 현재완료 시제 표현입니다.
  - **e.g.** **Have you ever tried** bungee jumping? 번지 점프 해 본 적 있어?

- craving은 '강한 욕구, 갈망'이라는 뜻으로 보통 어떤 음식을 몹시 먹고 싶은 상태를 나타낼 때 많이 쓰지만, 어떤 행동을 하고 싶을 때도 사용할 수 있습니다.
  - **e.g.** I have a **craving** for chocolate. 초콜릿이 엄청 당긴다.

2 My husband and I **have been feeling stir-crazy** after weeks of **being stuck inside** because of the cold.

남편과 나는 추위 때문에 몇 주 동안 집에 갇혀 있었더니 답답해 미칠 지경이었다.

- 「have been feeling + 감정/상태」는 '요즘 계속 ~한 기분이다, 계속 ~하게 느껴졌다'라는 의미로 요즘 지속되고 있는 감정 상태를 말할 때 사용됩니다.
  - **e.g.** I've been feeling a bit down this week. 이번 주는 기분이 좀 우울하다.

- stir-crazy는 '장기간 같은 장소에 머물면서 느끼는 답답힘'을 의미하며 집, 사무실, 기숙사 등에서 너무 오래 머물러서 뛰쳐나가고 싶은 충동이 들 때 사용합니다.
  - **e.g.** After a week of working from home due to the snowstorm, I was starting to feel **stir-crazy**. 눈보라로 인해 집에서 일주일 동안 일하다 보니 점점 답답해지기 시작했다.

가브리엘 포인트 원어민들이 자주 쓰는 비슷한 표현

- I have cabin fever. 오랫동안 갇혀 있어서 답답하다.

🌱 **be stuck inside**는 '(어디에) 갇히다, 갇혀 있다, 나가지 못하다'라는 의미로 어떤 장소 안에 갇혀서 움직일 수 없는 상태 또는 답답하게 실내에 머물러야 하는 상황을 표현할 때 사용합니다.

e.g. I hate **being stuck inside** all day. I need some fresh air. 하루 종일 안에만 있으면 정말 싫다. 바람 좀 쐬고 싶다.

3 So, we decided to take a trip to **break free** and **took a week off** for a short winter **getaway**.

그래서 우리는 답답함에서 벗어나기 위해 여행을 가기로 했고, 짧은 겨울 여행을 위해 일주일 휴가를 냈다.

🌱 **break free**는 '제약이나 제한에서 벗어나다'라는 뜻으로 어떤 상황에서 벗어나고 싶거나, 새로운 환경을 경험하고 싶을 때 자주 사용됩니다.

e.g. He finally managed to **break free** from his toxic work environment and found a job that makes him happy. 그는 결국 유해한 업무 환경에서 벗어나 자신을 행복하게 만드는 일자리를 찾았다.

🌱 「**take + 기간 + off**」는 특정 기간 동안 일을 쉬거나 휴가를 낼 때 쓰는 표현으로, 여기에서는 a week를 넣어 '일주일 휴가를 내다'라는 의미입니다.

e.g. She **took three days off** for her sister's wedding. 그녀는 여동생 결혼식 때문에 3일 휴가를 냈다.

🌿 **getaway**는 일상에서 벗어나 짧은 시간 동안 여행하거나 휴식을 취하는 것을 의미합니다. 보통 스트레스를 일으키는 상황을 떠나 재충전을 할 때 사용되는 표현으로, 주말이나 휴가 기간에 짧게 떠나는 여행을 가리키는 경우가 많습니다.

> **e.g.** We planned a quick **getaway** to the mountains to enjoy some peace and quiet. 우리는 조용하고 평화로운 시간을 즐기기 위해 산으로의 짧은 여행을 계획했다.

가브리엘 포인트 | getaway vs. trip

- **getaway**: 짧은 휴식이나 탈출 같은 느낌
  > **e.g.** weekend getaway 주말 여행 short getaway 단기 여행
- **trip**: 일반적인 여행

---

4 My husband **was booking** our tickets online, "Does **next Friday work for** us?"

남편이 온라인으로 티켓을 예매하면서 "다음 금요일 괜찮을까?"라고 물었다.

🌿 **book**은 동사로 '예약하다'라는 의미입니다.

> **e.g.** You should **book** your tickets in advance. 표는 미리 예매하는 게 좋다.

가브리엘 포인트 | book vs. make a reservation

- **book**: 호텔, 항공권, 공연 티켓 등을 미리 예약하거나 좌석을 확보할 때. 사전 결제가 동반되는 경우가 많음
  > **e.g.** We booked a hotel room for our anniversary trip. 우리는 기념일 여행을 위해 호텔을 예약했다.

- **make a reservation**: 식당, 병원, 미용실 등 특정 시간에 서비스를 이용하기 위해 사전에 약속을 잡을 때. 서비스 중심의 예약에 많이 사용됨
  - e.g. I made a reservation at an Italian restaurant for 7 p.m. 나는 이탈리안 식당에 저녁 7시로 예약했다.

「날짜/시간＋work for」에서 work는 '일하다'라는 뜻이 아닌 누군가에게 날짜나 시간이 '맞다, 적합하다'라는 의미입니다.
- e.g. Let me know if **Saturday works for** you. 토요일이 괜찮은지 알려 주세요.

5 "Yeah! We **can't afford to go** international, so where should we go?" I asked.

"좋아! 근데 해외 가기엔 부담스럽고, 어딜 가야 될까?" 내가 물었다.

「can't afford to＋동사원형」은 '(경제적으로) ~하기엔 부담스럽다'라는 뜻입니다.
- e.g. I **can't afford to buy** a new car right now. 지금 당장 새 차를 사기엔 부담스럽다.

 **가브리엘 포인트** 원어민들이 자주 쓰는 비슷한 표현
- I'm on a budget. 예산이 빠듯하다.
- We need to keep it affordable. 우리는 비용이 많이 들지 않게 해야 한다.

6 "**I'm up for** anything, as long as it's not too cold. **How about** Jeju Island? **They**'ve got a great sale going on right now," he suggested.

"난 너무 춥지만 않다면 어디든 괜찮아. 제주도는 어때? 지금 좋은 할인 행사가 진행 중이야."라며 남편이 제안했다.

🌱 **be up for**는 '~할 마음이 있다'라는 의미로 어떤 활동이나 계획에 참여할 의지나 흥미, 기분 등이 있을 때 사용됩니다.

> e.g. **Are you up for** a Netflix binge this weekend? 이번 주말에 넷플릭스 몰아보기 할래?

 **가브리엘 포인트** 원어민들이 자주 쓰는 비슷한 표현

- I'm down for that! 나 완전 좋아!
- I'm in! 나도 낄게!

🌱 **How about ~?**은 '~은 어때?'라는 뜻으로, 제안할 때 자주 사용되는 표현입니다. 뒤에 「주어+동사」 형태의 문장이 올 수도 있고 명사나 동명사가 올 수도 있는데, 명사나 동명사를 쓰면 더 일상적인 표현이 됩니다.

> e.g. **How about** dinner at that new Italian restaurant? 그 새로 생긴 이탈리안 식당에서 저녁 먹는 거 어때?

🌱 대명사 **they**는 '그들은'이라는 뜻이지만 특정 기업이나 조직을 일반적으로 지칭할 때도 they를 많이 사용합니다.

> e.g. I love this brand! **They** make the best coffee. 나는 이 브랜드를 정말 좋아한다! 여기 커피가 최고다.

7 And **just like that**, our trip to Jeju was **set in motion**!

그리고 그렇게, 우리의 제주도 여행이 본격적으로 시작되었다!

- **just like that**은 '순식간에, 그렇게 간단하게, 갑자기' 등의 의미가 있습니다. 어떤 일이 예상보다 쉽게, 빠르게, 혹은 자연스럽게 진행되었을 때 사용됩니다.
  - **e.g.** I met her once, and **just like that**, we became best friends! 그녀를 한 번 만났을 뿐인데, 순식간에 우리는 절친이 되었다!

- **set in motion**은 어떤 일이나 과정이 '본격적으로 시작되거나 진행되도록 만들다'라는 의미로 기계가 작동하는 것처럼 계획이나 과정이 본격적으로 진행되기 시작할 때 사용됩니다. 주로 계획, 변화, 사건 등이 실제로 벌어지기 시작하는 순간을 강조할 때 씁니다.
  - **e.g.** Deciding to move abroad **set in motion** a whole new chapter in my life. 해외로 이주하기로 한 결정이 내 인생의 새로운 장을 열었다.

Monday Blues and a Latte Fix

It's Monday, which means it's time to go back to work. It feels like our holiday was just a dream that flew by! But now, it's back to reality.

Getting to work today took ages—I still can't get used to rush hour traffic. I wish I could just snap my fingers and teleport there in an instant! Impossible, but hey, I can dream!

The one thing I look forward to on Mondays is stopping by my favorite café on the way to work.

"Hi, I'd like a latte with nonfat milk, extra foam, and a sprinkle of cinnamon on top, please."

"Sure! Is that for here or to go?" the clerk asked.

"To go. But you don't need to give me a carrier."

Sipping my latte on the way to work makes everything better!

 **Reading Points**

---

1 It's Monday, **which means** it's time to go back to work.

오늘은 월요일, 즉 다시 일터로 돌아가야 하는 날이다.

🔖 **which means** ~는 '즉 ~라는 뜻이다'라는 의미로, 앞 문장의 내용에 덧붙여 추가 설명할 때 자주 쓰는 표현입니다.

e.g. It's raining, **which means** we can't have a picnic. 비가 오고 있다. 즉, 소풍을 못 간다는 말이다.

---

2 It **feels like** our holiday was just a dream that **flew by**! But now, it's back to reality.

방금 다녀온 휴가가 꿈처럼 순식간에 지나가 버린 기분이다! 하지만 이제 다시 현실로 돌아갈 시간이다.

🔖 **feel like**는 '~처럼 느껴지다'라는 의미로 어떤 상황이나 감정을 묘사할 때 자주 쓰입니다.

e.g. It **feels like** summer already! 벌써 여름 같은 기분이다!

🔖 **fly by**는 '훅 지나가다'라는 의미로 시간이 빠르게 흘러가 버렸다고 느낄 때 자주 쓰입니다.

e.g. The weekend **flew by** so fast! 주말이 너무 순식간에 지나가 버렸다!

 가브리엘 포인트 원어민들이 자주 쓰는 비슷한 표현

- Time just slipped away. 시간이 그냥 훅 지나갔다.
- It went by in a blink. 눈 깜짝할 사이에 지나갔다.

3 Getting to work today **took ages**—I still **can't get used to** rush hour traffic.

오늘 출근하는 데 너무 오래 걸렸다. 아직도 출근길 교통 체증에 적응이 안 된다.

- **take ages**는 '엄청 오래 걸리다'라는 의미로 무언가를 하는 데 예상보다 오랜 시간이 걸릴 때 사용합니다.

  e.g. It **took** me **ages** to finish that report. 그 보고서를 끝내는 데 한참 걸렸다.

- **can't get used to**는 '~에 익숙해질 수 없다, 익숙해지지 않는다'라는 의미로 아직 적응이 되지 않을 때 쓰는 표현입니다. 이때 to 뒤에는 명사나 동명사가 옵니다.

  e.g. I **can't get used to** waking up early. 나는 일찍 일어나는 것에 익숙해지지 않는다.

 **가브리엘 포인트** 원어민들이 자주 쓰는 비슷한 표현

- I still struggle with rush hour traffic. 출근길 교통 체증이 아직도 힘들다.

4 **I wish I could** just snap my fingers and teleport there in an instant! Impossible, but hey, I can dream!

손가락을 딱 튕겨서 순간 이동할 수 있으면 얼마나 좋을까! 말도 안 되는 일이지만, 그래도 뭐, 상상할 수는 있잖아!

- **I wish I could ~**는 '~할 수 있으면 좋을 텐데'라는 의미로 현재 불가능한 것을 소망하거나 현실과 반대되는 상황을 가정하며 아쉬움을 표현할 때 많이 사용됩니다.

  e.g. **I wish I could** stay home today. 오늘 집에 있을 수 있으면 좋을 텐데.

5 The one thing I **look forward to** on Mondays **is stopping by** my favorite café on the way to work.

월요일마다 내가 유일하게 기대하는 건 출근길에 가장 좋아하는 카페에 들르는 것이다.

- **look forward to**는 '~을 기대하다'라는 의미로 미래의 어떤 일이 기대될 때 자주 사용됩니다. 이때 to 뒤에는 명사나 동명사가 옵니다.
  - e.g. I'm **looking forward to** the weekend! 주말이 너무 기다려져!

- **stop by**는 '~에 잠깐 들르다'라는 의미로 어떤 장소에 짧은 시간 잠시 방문하는 경우에 사용합니다.
  - e.g. I **stopped by** the bookstore on my way home. 나는 집에 가는 길에 서점에 잠깐 들렀다.

가브리엘 포인트 — 원어민들이 자주 쓰는 비슷한 표현

- **drop by**: (가볍게) 들르다 (stop by보다 더 비격식적인 표현)
  - e.g. Feel free to **drop by** my place anytime. 언제든 우리 집에 가볍게 들러.

- **swing by**: 휙 들르다 (지나가면서 아주 잠깐 들를 때)
  - e.g. I'll **swing by** your house after work. 퇴근 후에 너희 집에 잠깐 들를게.

- **come over**: (초대를 받아 누구의 집에) 들르다 (비교적 오래 머무를 때)
  - e.g. Why don't you **come over** for dinner? 저녁 먹으러 우리 집에 오지 않을래?

6 "Hi, **I'd like** a latte with nonfat milk, **extra foam**, and a sprinkle of cinnamon on top, please."

"안녕하세요, 라테 하나 주세요. 무지방 우유로 해 주시고, 거품은 많이 넣어 주세요. 위에 시나몬도 조금 뿌려 주세요."

- **I'd like ~**는 '~을 원합니다'라는 의미로 상점에서 정중하게 주문할 때 쓰는 대표적인 표현입니다.
  - **e.g.** **I'd like** a cappuccino, please. 카푸치노 한 잔 주세요.

- **extra foam**은 '거품 추가'라는 의미로 보통 카페에서 카푸치노나 라테처럼 우유 거품이 있는 음료를 주문할 때 거품을 많이 추가해 달라는 의미로 사용합니다.
  - **e.g.** Can I get a cappuccino with **extra foam**, please? 카푸치노 하나 주시는데, 거품을 좀 더 많이 넣어 주시겠어요?

 가브리엘 포인트 원어민들이 주문할 때 자주 쓰는 표현
- Can I get a latte with oat milk? 오트밀크 라테 하나 주시겠어요?
- Make it a large, please. 라지 사이즈로 주세요.

7 "Sure! Is that **for here or to go**?" the clerk asked.

"네! 드시고 가시나요, 아니면 포장이신가요?" 점원이 물었다.

- **for here or to go**는 '매장에서 드시나요, 아니면 포장하시나요?'라고 물어볼 때 가장 흔하게 사용하는 표현입니다.
  - **e.g.** Would you like that **for here or to go**? 매장에서 드실 건가요, 아니면 포장이신가요?

8 "To go. But you don't need to give me a **carrier**."

"포장할게요. 근데 컵 캐리어는 안 주셔도 돼요."

- 🎀 **carrier**는 컵 캐리어나 컵 트레이, 손잡이형 캐리어, 봉투 등의 운반 용기를 의미합니다.
- **e.g.** Can I get a **carrier** for these four drinks? 이 네 잔을 담을 컵 트레이 하나 받을 수 있을까요?

9 **Sipping** my latte on the way to work makes everything better!

출근길에 라테를 홀짝이면 기분이 확 좋아진다!

- 🎀 **sip**은 '한 모금씩 천천히 마시다'라는 뜻으로 커피, 차, 와인, 칵테일 같은 음료를 천천히 즐길 때 사용합니다.
- **e.g.** She **sipped** her tea while reading a book. 그녀는 책을 읽으며 차를 한 모금씩 마셨다.

가브리엘 포인트 · sip vs. gulp vs. chug

- **sip**: 홀짝이다, 조금씩 마시다 (적은 양을 천천히 마실 때)
  - **e.g.** I sipped my drink awkwardly, avoiding eye contact. 나는 눈을 피하면서 어색하게 음료를 홀짝였다.
- **gulp**: 꿀꺽꿀꺽 마시다, 급하게 마시다 (목을 크게 움직이며 급하게 마실 때)
  - **e.g.** I gulped my coffee because I was running late. 늦어서 커피를 급하게 들이켰다.
- **chug**: 단숨에 들이켜다, 원샷 하다 (맥주나 물 같은 것을 단숨에 마실 때)
  - **e.g.** Let's chug this and order another round! 이거 원샷 하고 한 잔 더 주문하자!

DAY 6

Breaking the Bad Gift-Giving Streak

Have I mentioned that I'm horrible at buying gifts? I've always wanted to get better at it, and while I've improved over the years, I still have a pretty bad track record. And you know what my problem is? I overthink everything.

Last week was Valentine's Day, and I had no idea what to get my husband. He's not into chocolate, and snacks alone wouldn't be enough.

After putting it off until the last minute, I finally had to make a decision. I ended up ordering an electric razor that would be delivered the next day.

And guess what? He loved it! Maybe my streak of bad gift-giving is finally over. This calls for a celebration!

 **Reading Points**

1 Have I mentioned that I'm horrible at buying gifts?
내가 선물 고르는 거 진짜 못한다고 말한 적 있나?

🔖 **Have I mentioned that ~?** 은 '내가 ~라고 말한 적 있나?'라는 뜻으로 자신이 이전에 했던 말을 다시 확인하거나 강조할 때 사용합니다.

e.g. **Have I mentioned that** I love coffee? 내가 커피 좋아한다고 말한 적 있나?

🔖 **I'm horrible at ~** 은 '나는 ~을 정말 못한다, ~에 소질이 없다'라는 뜻으로 자신이 특정 기술에 대한 능력이 없거나 어떤 일에 몹시 서툴다고 말할 때 사용합니다.

e.g. **I'm horrible at** remembering names. 나는 이름을 기억하는 걸 정말 못한다.

 **가브리엘 포인트** 원어민들이 자주 쓰는 비슷한 표현

- **I'm terrible at ~**: 나는 ~을 엄청 못한다
    e.g. **I'm terrible at** directions. I always get lost. 난 완전 길치다. 맨날 길을 잃는다.

- **I'm really bad at ~**: 나는 ~을 정말 못한다
    e.g. **I'm really bad at** drawing, but I love doing it. 나는 그림을 정말 못 그리지만, 그래도 그림 그리는 걸 좋아한다.

- **I suck at ~**: 나는 ~을 완전 못한다 (비격식적인 표현)
    e.g. **I suck at** singing, but that doesn't stop me from doing karaoke! 나는 노래 진짜 못하지만, 그렇다고 내가 노래방 가는 걸 막진 못하지!

2 **I've always wanted to get better at** it, and while I've improved over the years, I still have a pretty bad **track record**.

늘 선물 고르는 걸 잘하고 싶었는데, 몇 년 동안 나아지긴 했지만 여전히 성과가 별로다.

- 「**I've always wanted to** + 동사원형」은 '나는 항상 ~하고 싶었다'라는 의미로 오래 전부터 바라고 있었던 일을 말할 때 사용합니다.
  - e.g. **I've always wanted to visit** New York. 나는 항상 뉴욕에 가 보고 싶었다.

- **get better at**은 '~을 더 잘하게 되다'라는 뜻으로 특정한 기술(skill)이나 능력(ability)을 향상시킨다고 할 때 사용합니다. 일반적으로 지금은 잘 못하지만 연습하면 나아질 수 있는 것(운동, 요리, 언어 능력 등)에 자주 쓰입니다.
  - e.g. I want to **get better at** playing the guitar. 나는 기타를 더 잘 치고 싶다.

- **track record**는 '이력, 성적, 실적'이라는 의미로 그 결과가 좋든 나쁘든 과거의 행동이나 성과가 현재까지 쭉 이어지고 있는 상태를 나타냅니다. 즉, bad track record는 성과가 계속 안 좋다는 의미고, good track record는 계속 좋은 성과를 내고 있다는 의미가 됩니다.
  - e.g. I have a bad **track record** with relationships. 나는 연애 경험이 별로 안좋다.(연애가 잘 안 되는 편이다.)

 **가브리엘 포인트** 원어민들이 자주 쓰는 비슷한 표현

- I've gotten better, but I still have a long way to go. 나아지긴 했지만 아직 멀었어.

3 And **you know what my problem is**? I **overthink** everything.

그리고 내 문제점이 뭔지 아는가? 난 모든 걸 너무 깊이 생각한다.

- **You know what my problem is?** 는 '내 문제(고민)가 뭔지 알아?'라는 의미로 자신이 겪고 있는 고민이나 문제를 강조할 때 사용합니다. 대화 도중 자연스럽게 다음 화제로 전환하게 해 주는 역할을 하기도 합니다.
    - **e.g.** **You know what my problem is?** I always procrastinate. 내 문제가 뭔지 알아? 나는 항상 미뤄.

- **overthink**은 '너무 깊이 고민하다'라는 의미로, 걱정을 너무 많이 하거나 필요 이상으로 신경 쓸 때 사용합니다. 그래서 보통 부정적인 의미로 쓰입니다.
    - **e.g.** I tend to **overthink** every little decision. 나는 사소한 결정도 너무 깊이 고민하는 편이다.

 가브리엘 포인트 · 원어민들이 자주 쓰는 비슷한 표현

- I second-guess myself all the time. 난 항상 내 결정을 다시 생각해 본다.

4 Last week was Valentine's Day, and I **had no idea** what to get my husband.

지난주가 밸런타인데이였는데, 남편한테 뭘 사 줘야 할지 전혀 감이 안 잡혔다.

- **have no idea**는 '전혀 모른다'라는 의미로 어떻게 해야 할지 몰라 막막한 상황에서 사용합니다.
    - **e.g.** I **have no idea** what to wear to the party. 그 파티에 뭘 입어야 할지(뭘 입고 가야 할지) 전혀 모르겠다.

가브리엘 포인트 원어민들이 자주 쓰는 비슷한 표현

- **I'm clueless.**: 정말 모르겠다. (완전히 감히 안 잡힐 때)
  - e.g. **I'm clueless** about fashion trends. 나는 패션 트렌드에 대해 전혀 모른다.

5 He's not **into** chocolate, and snacks alone wouldn't be enough.

그가 초콜릿을 좋아하는 것도 아니고, 간식만 주기엔 부족할 것 같았다.

🌸 **be into**는 '~을 좋아하다'라는 의미로 취미나 관심사를 표현할 때 많이 씁니다.

e.g. **I'm into** collecting postcards from different countries. 나는 전 세계 엽서 모으는 데 빠졌다.

가브리엘 포인트 좋아하는 정도를 나타내는 다양한 표현들

- **be into**: ~을 좋아하다 (단순히 관심이 있는 정도일 때)
  - e.g. I'm into photography. 나는 사진 촬영에 관심이 많다.
- **have a thing for**: ~을 매우 좋아하다 (특정한 취향을 드러내거나 끌리는 감정을 나타낼 때)
  - e.g. He has a thing for vintage cars. 그는 빈티지 자동차에 꽂혀 있다.
- **be passionate about**: ~에 열정적이다 (열정을 가지고 깊이 몰입할 때)
  - e.g. She's passionate about animal rights. 그녀는 동물 권리에 대해 열정적이다.
- **be obsessed with**: ~에 사로잡혀 있다 (집착할 정도로 관심이 있을 때)
  - e.g. He's obsessed with gaming. 그는 게임에 완전 빠져 있다.
- **be crazy about**: ~에 미치다, 열광하다 (엄청나게 좋아하고 열광할 때)
  - e.g. She's crazy about anime. 그녀는 일본 애니메이션에 푹 빠져 있다.

6 After **putting** it **off until the last minute**, I finally had to make a decision.

마지막 순간까지 미루고 미루다가 결국 결정을 해야 했다.

- **put off**는 '미루다, 연기하다'라는 의미로 해야 할 일을 나중으로 미룰 때 사용합니다.

  e.g. She keeps **putting off** the decision because she's scared. 그녀는 무서워서 결정을 계속 미루고 있다.

가브리엘 포인트 — put off vs. postpone vs. delay vs. procrastinate

다음 표현들은 모두 '미루다, 연기하다'라는 뜻이지만 의미와 쓰임에 차이가 있습니다.

- **put off**: 일반적으로 일을 미룰 때 (가벼운 이유로, 또는 단순히 귀찮아서 나중으로 미루는 느낌)

  e.g. I put off my homework. 나는 숙제를 미루었다.

- **postpone**: 공식적인 일정을 연기할 때 (회의, 이벤트, 시험 등 공식적이거나 업무와 관련한 일정을 나중으로 미루는 것)

  e.g. The event was postponed. 행사가 연기되었다.

- **delay**: 예정된 일이 지연될 때 (주로 외부적인 이유로 인해 늦어지는 경우)

  e.g. The flight was delayed. 비행기가 지연되었다.

- **procrastinate**: 습관적으로 미룰 때 (게으름 탓에 해야 할 일을 계속 미루면서 질질 끌 때 사용하며 부정적인 의미가 강함)

  e.g. Stop procrastinating and do your work! 그만 미루고 일을 해!

🌟 **until the last minute**은 '마지막 순간까지'라는 의미로 기한이 거의 끝나갈 때쯤에야 어떤 일을 할 때 많이 사용합니다.

e.g. He always waits **until the last minute** to study for exams. 그는 항상 시험 공부를 마지막 순간까지 미룬다.

7 I **ended up ordering** an electric razor that would be delivered the next day.

나는 결국 다음 날 바로 배송되는 전기 면도기를 주문했다.

🌟 **end up -ing**는 '결국 ~하게 되다'라는 의미로 예상치 못한 결과로 이어졌을 때 많이 사용합니다.

e.g. We **ended up staying** at home. 우리는 결국 집에 있게 됐다.

가브리엘 포인트 — end up -ing vs. wind up -ing

- **end up -ing**: 결국 ~하게 되다 (일반적인 표현)
  e.g. I was going to study, but I ended up watching Netflix all night.
  공부하려 했지만 결국 밤새 넷플릭스를 봤다.

- **wind up -ing**: 예상 밖의 결과로 ~하다 (비격식적인 표현으로, 다소 의외임을 농담조로 말하는 느낌)
  e.g. I was just browsing YouTube, and I wound up watching cat videos for 2 hours. 그냥 유튜브 봤는데, 고양이 영상을 2시간이나 봤다.

8 And **guess what?** He loved it!

그리고 있잖아? 남편이 엄청 좋아했다!

> 🌱 **Guess what?**은 '있잖아?'라는 의미로 놀라운 소식을 전하거나 기대되는 말을 할 때 쓰는 표현입니다.
>
> **e.g.** **Guess what?** I got the job! 있잖아? 나 취업됐어!

9 Maybe my **streak** of bad gift-giving is finally over.

아마도 선물 고르기를 못하던 내 기록이 드디어 끝난 것 같다.

> 🌱 **streak**은 '연속, 기록'이라는 의미로 긍정적 혹은 부정적 경험이 반복될 때 쓰입니다.
>
> **e.g.** I'm on a winning **streak**! 나 요즘 연승 중이야!
>
> **e.g.** Their team is on a losing **streak**! 요즘 그 팀 계속 연패 중이야!

 가브리엘 포인트 — 원어민들이 자주 쓰는 비슷한 표현

- Looks like my luck is turning around! 이제 내 운 좀 트이는 것 같다!
- My bad luck streak is history! 내 불운의 연속은 끝났다!

10 This **calls for** a celebration!

이건 축하해야 할 일이다!

> 🌱 **call for**는 '~을 필요로 하다', '~할 상황이다'라는 의미로 어떤 상황이 특정한 행동을 요구할 때 사용되는데 보통 좋은 일이 생겼을 때 축하하는 맥락에서 많이 쓰입니다.
>
> **e.g.** We won the game! This **calls for** a party! 우리 경기 이겼어! 파티해야지!

DAY 7

From Dripping Faucet to Full-Blown Flood!

Water has been dripping from our kitchen faucet for the past few days, and it's driving me crazy! I can't sleep well when there's a constant, repetitive sound like that. And I'm pretty sure my bad mood lately is because of it.

So, I begged my husband to take a look at it.

"I'm not quite sure if I'm doing this right..." he said.

"I can't handle another night listening to that! Please, just do something—anything!"

And then, suddenly—water started spraying out from under the sink! It went on for a good five minutes before we finally figured out how to turn the water off. We then spent the next few hours mopping up the kitchen floor.

The plumber is coming to fix it tomorrow, and we won't have water until then. But at least the dripping sound is gone!

 **Reading Points**

> 1 Water **has been dripping** from our kitchen faucet for the past few days, and it**'s driving me crazy**!
>
> 며칠째 우리 주방 수도꼭지에서 물이 똑똑 떨어지고 있는데, 미치겠다!

- **have been -ing**는 '~해 오고 있다'라는 의미로 과거에 일어난 일이 현재까지 지속되고 있거나 영향을 미칠 때 사용됩니다.
  - e.g. She **has been waiting** for the bus for over an hour! 그녀는 한 시간 넘게 버스를 기다리고 있어!

- **drive someone crazy**는 '~를 미치게 하다'라는 의미로 불쾌한 일이 반복되는 것과 같은 몹시 짜증스러운 상황에서 자주 쓰입니다.
  - e.g. The loud music **is driving me crazy**! 시끄러운 음악이 나를 미치게 해!

 가브리엘 포인트 원어민들이 자주 쓰는 비슷한 표현

- **drive someone nuts**: ~를 짜증 나게 만들다, 정신없게 하다 (drive someone crazy보다는 더 가벼운 느낌)
  - e.g. The way he chews his food drives me nuts! 그 사람이 음식을 씹는 방식이 짜증 나!
- **get on one's nerves**: ~의 신경을 거슬리게 하다, 짜증 나게 하다 (누군가를 신경 쓰이게 하거나 점점 짜증 나게 만들 때)
  - e.g. She keeps texting me, and it's getting on my nerves. 그녀가 계속 문자를 보내서 신경에 거슬린다.
- **piss someone off**: ~를 열받게 하다, 화나게 하다 (비격식적인 표현으로 '짜증'보다는 '분노, 빡침'의 뉘앙스이므로 격식을 갖춘 자리에서는 쓰지 않도록 해야 함)

> **e.g.** You're really pissing me off right now! 너 지금 나 진짜 열받게 하고 있어!

2 I can't sleep well when there's a **constant**, **repetitive** sound like that.

이런 반복적인 소리가 계속 들리면 잠을 잘 수가 없다.

- 🌱 **constant**는 '끊임없는, 지속적인'이라는 의미로 무언가가 일정하게 계속될 때 쓰입니다.
  > **e.g.** The **constant** rain made us stay inside. 계속된 비 때문에 우리는 안에 있어야 했다.

- 🌱 **repetitive**는 '반복적인, 지루하게 반복되는'이라는 의미입니다. 물론 '일관적인'과 같은 긍정적인 의미로도 쓰일 수 있지만 주로 어떤 일이 불필요할 정도로 반복되는 부정적인 상황에서 많이 쓰입니다.
  > **e.g.** The **repetitive** beeping sound was really annoying. 계속 반복되는 삐-소리가 정말 짜증 났다.

3 And I'm **pretty sure** my **bad mood** lately is because of it.

그리고 요즘 내 기분이 안 좋은 이유도 이거 때문인 게 분명하다.

- 🌱 **pretty sure**는 '꽤 확신하는'이라는 의미로 100% 확신이 들지는 않더라도 거의 확실하다고 생각할 때 사용됩니다.
  > **e.g.** She's **pretty sure** she left her phone at home. 그녀는 핸드폰을 집에 두고 왔다고 확신한다.

🔖 **a bad mood**는 '기분이 안 좋은 상태'를 나타낼 때 자주 사용되는 표현입니다.

e.g. I'm in **a bad mood** today. 나는 오늘 기분이 안 좋다.

가브리엘 포인트 — 원어민들이 자주 쓰는 비슷한 표현

- **moody**를 써서 '기분이 오락가락하는, 감정 기복이 심한'이라는 뜻을 나타낼 수 있습니다.
  e.g. She's really moody today. 그녀는 오늘 감정 기복이 심하다.

4 So, I **begged my husband to take a look at** it.

그래서 남편한테 꼭 좀 봐 달라고 졸랐다.

🔖 「**beg someone to** + 동사원형」은 '~에게 …해 달라고 간절히 부탁하다, 애원하다'라는 의미로 정말 간절하게 부탁하는 상황에서 사용됩니다.

e.g. I **begged my mom to let** me go to the party. 엄마한테 파티에 가게 해 달라고 애원했다.

가브리엘 포인트 — 원어민들이 자주 쓰는 비슷한 표현

- **plead with**도 '~에게 간청하다'라는 의미로 원어민들이 자주 씁니다.
  e.g. He pleaded with his teacher to give him another chance.
  그는 선생님에게 한 번만 더 기회를 달라고 간청했다.

🔖 **take a look at**은 '~을 한번 보다, 확인하다'라는 의미로 어떤 것을 자세히 보거나 확인할 때 사용하며, look at보다 더 자연스럽고 부드럽게 들립니다.

e.g. Can you **take a look at** my laptop? It's not working. 내 노트북 좀 봐 줄 수 있어? 작동이 안 돼.

 **가브리엘 포인트** — take a look at vs. look at vs. check out

- **take a look at**: 신중하게 살펴보다 (관심을 갖고 보거나 확인할 때)
  - **e.g.** Let me take a look at your project. 네 프로젝트 한번 볼게.
- **look at**: 그냥 바라보다 (일반적으로 눈으로 볼 때)
  - **e.g.** Look at that sunset! 저 석양 좀 봐!
- **check out**: 흥미로운 것을 보다 (비격식적이고 일상적인 느낌)
  - **e.g.** Check out this new gadget! 이 새 기기 한번 봐 봐!

---

5 "I'm **not quite sure** if **I'm doing this right**..." he said.

"내가 제대로 하고 있는 건지 모르겠는데…"라고 남편이 말했다.

🌱 **not quite sure**는 '완전히 확신하지는 않는'이라는 뜻으로 100% 모른다기보다는 조금 헷갈리는 상태를 표현할 때 씁니다. quite를 써서 어조를 약화시킴으로써 not sure보다 부드럽고 겸손한 느낌을 줄 수 있습니다.

e.g. I'm **not quite sure** if this is correct. 이게 맞는지 잘 모르겠다.

🌱 **do ~ right**은 '~을 올바르게 하다'라는 뜻으로 if I'm doing this right은 스스로 이걸 맞게 하고 있는지 의심이 들 때 사용됩니다.

e.g. I don't know if **I'm doing this right**. 내가 이걸 제대로 하고 있는 건지 모르겠다.

6 "I can't **handle** another night listening to that! Please, just do something—anything!"

"그걸 또 들으면서 밤을 보내는 건 도저히 못 견디겠어! 제발 뭔가 좀 해 봐, 아무거나!"

🍃 **handle**은 '처리하다, 감당하다'라는 뜻으로 뒤에 오는 단어에 따라서 '(문제를) 처리하다'라는 의미로 쓰이기도 하고, '(감정을) 조절하다, (스트레스를) 관리하다'라는 의미로 쓰이기도 합니다.

> **e.g.** I can **handle** this problem myself. 나는 이 문제를 스스로 처리할 수 있다.
> **e.g.** She knows how to **handle** stress well. 그녀는 스트레스를 잘 관리하는 법을 안다.

 가브리엘 포인트 · handle vs. deal with

- **handle**: (상황이나 감정을) 잘 조절하다, 관리하다 (감정이나 스트레스 등을 관리할 때)
  > **e.g.** She handled the pressure like a pro. 그녀는 전문가처럼 압박을 잘 감당했다.

- **deal with**: (문제를) 해결하다, 대처하다 (외부적인 문제나 사람을 상대할 때)
  > **e.g.** I need to deal with a difficult customer. 나는 어려운 고객을 응대해야 한다.

✅ I don't know how to deal with stress.는 맞는 문장일까요?
  → 틀린 문장입니다.
  스트레스 같은 내면적인 상태나 감정을 관리할 때는 handle을 써야 하기 때문입니다.

7 And then, suddenly—water started **spraying out** from under the sink!

그러다가 갑자기, 싱크대 아래에서 물이 뿜어져 나오기 시작했다!

- **spray out**은 '(물 등이) 뿜어져 나오다'라는 의미로 갑자기 많은 양의 액체가 퍼질 때 쓰는 표현입니다.
  - **e.g.** The soda **sprayed out** of the bottle when I opened it. 뚜껑을 열었더니 병에서 탄산음료가 확 뿜어져 나왔다.

가브리엘 포인트 원어민들이 자주 쓰는 비슷한 표현

- **burst**: 터지다
  - **e.g.** The balloon burst, and water splashed everywhere. 풍선이 터지면서 물이 사방으로 튀었다.
- **gush out**: 세게 쏟아지다
  - **e.g.** Blood gushed out from the wound. 상처에서 피가 세게 쏟아졌다.

8 It **went on** for **a good five minutes** before we finally **figured out how to turn** the water off.

우리가 마침내 물을 잠그는 방법을 알아내기까지 5분 동안이나 계속 뿜어져 나왔다.

- **go on**은 '계속되다, 지속되다'라는 의미로 어떤 일이 일정 시간 동안 멈추지 않고 계속될 때 쓰는 표현입니다.
  - **e.g.** The meeting **went on** for three hours. 회의가 세 시간 동안 계속되었다.

가브리엘 포인트 원어민들이 자주 쓰는 비슷한 표현

- **keep going**: 계속 진행되다
  - e.g. The class kept going despite the power outage. 정전이 됐는데도 수업은 계속 진행됐다.
- **drag on**: 끝없이 길어지다, 질질 끌다
  - e.g. The movie dragged on for too long. 영화가 너무 질질 끌어서 지루했다.

🌸 「**a good + 수량/기간**」으로 표현하면 '상당한, 꽤 많은 ~'이라는 의미로 a good 뒤에 나오는 수나 기간을 강조할 수 있습니다. 무언가가 예상보다 많거나 무엇을 하는 데 시간이 오래 걸렸다는 뉘앙스를 띱니다.

e.g. We waited for **a good 40 minutes** before the food arrived. 우리는 음식이 나오기까지 무려 40분 동안 기다렸다.

🌸 「**figure out how to + 동사원형**」은 '~하는 방법을 알아내다'라는 의미로 문제 해결을 위해 방법을 찾을 때 쓰는 표현입니다.

e.g. I finally **figured out how to use** this new phone. 드디어 이 새 핸드폰을 어떻게 사용하는지 알아냈다.

 가브리엘 포인트 원어민들이 자주 쓰는 비슷한 표현

- **work out how to + 동사원형**: ~하는 방법을 알아내다 (문제 해결에 초점)
  - e.g. We need to work out how to reduce costs. 우리는 비용을 줄이는 방법을 찾아야 한다.
- **come up with a way to + 동사원형**: ~할 방법을 생각해 내다 (아이디어 도출에 초점)
  - e.g. She came up with a way to improve the design. 그녀는 디자인을 개선할 방법을 생각해 냈다.

9 We then **spent the next few hours mopping up** the kitchen floor.

그 후 우리는 몇 시간 동안 주방 바닥을 닦아야 했다.

🌸 「spend + 시간 + -ing」는 '~하는 데 (시간을) 쓰다'라는 의미로 어떤 일을 하느라 얼마의 시간을 보냈다고 표현할 때 씁니다.

`e.g.` We **spent the whole day cleaning** the house. 우리는 하루 종일 집을 청소하는 데 시간을 보냈다.

🌸 mop up은 '걸레질하다, 물을 닦다'라는 의미로 바닥이나 흘린 액체를 닦을 때 사용합니다.

`e.g.` I had to **mop up** the spilled juice. 나는 엎질러진 주스를 닦아야 했다.

가브리엘 포인트 원어민들이 자주 쓰는 비슷한 표현

- **wipe up**: 물기를 닦다
  `e.g.` Can you wipe up the coffee spill? 커피 쏟은 것 좀 닦아 줄래?

- **clean up**: 깨끗이 치우다
  `e.g.` Let's clean up before the guests arrive. 손님들 오기 전에 정리하자.

---

10 The **plumber is coming to fix** it tomorrow, and we won't have water until then. But **at least** the dripping sound is gone!

내일 배관공이 와서 고쳐 주기로 했다. 그때까지 물은 못 쓰겠지만 적어도 뚝뚝 새는 소리는 사라졌다!

🔖 **plumber**는 수도나 배관 관련 문제를 고치는 사람을 가리킵니다.

e.g. The **plumber** said the problem was with the water pressure. 배관공은 문제가 수압 때문이라고 했다.

🔖 **come to fix**는 '고치러 오다'라는 의미인데, 여기서는 현재진행형으로 쓰여 '고치러 올 것이다'라는 의미로 미래 시제를 대신하고 있습니다. 이와 같이 미래의 확정된 계획(예약, 일정 등)을 현재진행형으로 표현할 수 있습니다.

e.g. The technician **came to fix** the printer, but ended up replacing it. 기술자가 프린터를 고치러 왔는데, 결국엔 교체하게 되었다.

가브리엘 포인트 · be -ing vs. be going to

- The plumber is coming to fix it tomorrow. 배관공이 내일 그것을 고치러 온다. (배관공이 내일 오기로 확정된 상황)
- The plumber is going to come to fix it tomorrow. 배관공이 내일 그것을 고치러 올 예정이다. (단순한 계획을 나타낼 뿐 확정된 상황인지는 알 수 없음)

🔖 **at least**는 '적어도, 최소한'이라는 의미로 기대보다 결과가 좋지는 않지만, 긍정적인 면을 강조할 때 자주 사용됩니다.

e.g. The heater is broken, but **at least** we have blankets. 히터는 고장 났지만, 그나마 담요라도 있어서 다행이다.

가브리엘 포인트 · 원어민들이 자주 쓰는 비슷한 표현

- **The bright side is ~**: 긍정적인 면은 ~이다, ~라는 긍정적인 점이 있다
  e.g. The bright side is that we still have food. 긍정적인 점은 우리에게 아직 음식이 있다는 것이다.

- **on the plus side**: 긍정적인 면에서, 좋은 점은
  e.g. On the plus side, I don't have to go to work today. 좋은 점은, 오늘 출근 안 해도 된다는 것이다.

DAY 8: A Great Deal or a Fashion Fail?

My cousin is getting married in a few weeks! So yesterday, I went to the department store to find something to wear. But as I looked around, everything seemed super expensive.

"Would you like any help finding something?" a clerk asked me.

"I'm looking for a dress for my cousin's wedding."

"What kind of dress do you have in mind?" she asked again.

"Something simple and comfortable, but also elegant," I said.

In the end, I walked out of the store with a cute little red dress that was actually pretty cheap! But as soon as I got home and tried it on again, one of the straps broke. I guess you get what you pay for!

Luckily, my mother-in-law is amazing at fixing things like this. Hopefully, she can help me out!

 **Reading Points**

1 My cousin **is getting married** in a few weeks! So yesterday, I went to the department store to find something to wear.

내 사촌이 몇 주 후에 결혼한다! 그래서 어제 입을 만한 옷이 있는지 보려고 백화점에 갔다.

🔖 **be getting married**는 '결혼할 예정이다'라는 의미로 여기서처럼 현재진행형 (am/are/is+-ing)을 사용하여 가까운 미래에 이미 결정된 계획을 나타낼 수 있습니다. will get married보다 확정된 느낌이 강합니다.

e.g. My best friend **is getting married** next month! 내 가장 친한 친구가 다음 달에 결혼한다!

 가브리엘 포인트 원어민들이 자주 쓰는 비슷한 표현

- **tie the knot**: 결혼하다 (비격식적인 표현)
  e.g. She's tying the knot next month. 그녀는 다음 달에 결혼한다.

- **walk down the aisle**: 결혼하다, 결혼식을 올리다 (결혼식장에서 신부가 입장하는 장면에 비유한 표현)
  e.g. I can't believe my little sister is walking down the aisle next week! 내 여동생이 다음 주에 결혼한다니 믿기지 않아!

2 But as I **looked around**, everything seemed **super expensive**.

그런데 둘러보니, 모든 것이 엄청 비싸 보였다.

🔖 **look around**는 '둘러보다'라는 의미로 주변을 살펴보거나, 가게에서 물건을 구경할 때 사용합니다.

`e.g.` I **looked around** the store, but nothing caught my eye. 나는 가게를 둘러봤지만, 눈에 띄는 게 없었다.

가브리엘 포인트 원어민들이 자주 쓰는 비슷한 표현

- **browse through**: 대충 훑어보다, 구경하다
  `e.g.` I was just **browsing through** the bookstore. 나는 그냥 서점을 구경하고 있었다.

- **check out**: 확인하다, 살펴보다
  `e.g.` Let's **check out** that new clothing store. 그 새로 생긴 옷 가게 한번 가 보자.

🔖 「**super + 형용사**」는 '매우, 엄청, 굉장히 ~한'이라는 뜻으로, 이때의 super는 very보다 더 강한 어감입니다. super는 extremely, really와 비슷한 의미지만 주로 구어체에서 사용되고 더 일상적인 느낌을 줍니다.

`e.g.` The hotel was **super expensive**, but totally worth it. 그 호텔은 엄청 비쌌지만, 그럴 만한 가치가 있었다.

3 "**Would you like** any help finding something?" a clerk asked me.

"찾으시는 거 도와드릴까요?"라고 직원이 나에게 물어봤다.

🔖 **Would you like ~?**는 '~하시겠어요?', '~을 원하세요?'라는 의미로 공손하게 제안하거나 요청할 때 사용되며 Do you want ~?보다 더 정중한 표현입니다.

`e.g.` **Would you like** to join us for dinner? 저희와 함께 저녁 식사를 하시겠어요?

가브리엘 포인트 원어민들이 자주 쓰는 비슷한 표현

- **Do you want ~?**: 가장 일상적인 표현으로 편한 사이에서 제안할 때
  e.g. Do you want some coffee? 커피 마실래요?
- **May I offer you ~?**: 격식을 갖춰 공손하게 제안할 때
  e.g. May I offer you a glass of wine? 와인 한 잔 드릴까요?
- **Would you care for ~?**: 부드러우면서도 정중하게 제안할 때
  e.g. Would you care for some dessert? 디저트 좀 드시겠어요?

---

4 "**I'm looking for** a dress for my cousin's wedding."

"사촌 결혼식에서 입을 드레스를 찾고 있어요."

🌱 **be looking for**는 '~을 찾고 있다'라는 의미로 어떤 물건이나 사람을 찾을 때 사용하는 일반적인 표현입니다. 쇼핑을 하거나 물건을 찾는 것처럼 일시적으로 지속되는 행동을 나타낼 때는 진행형을 사용합니다.

e.g. We're **looking for** a good restaurant nearby. 우리는 근처에 있는 괜찮은 레스토랑을 찾고 있다.

---

5 "**What kind of dress** do you **have in mind**?" she asked again.

"어떤 종류의 드레스를 생각하고 계세요?" 직원이 다시 물었다.

🌱 **have in ~ mind**는 '~을 고려하고 있다, 염두에 두고 있다'라는 뜻으로 특정한 아이디어나 계획을 생각해 두고 있는 것을 나타냅니다. 보통 질문을 받을 때나 상대방의 의도를 확인할 때 자주 쓰입니다.

e.g. Do you **have a specific color in mind**? 특정한 색상을 생각하고 계세요?

6 "**Something simple** and **comfortable**, but also **elegant**," I said.

"단순하고 편하지만, 우아하기도 한 것이요." 내가 말했다.

> 「something + 형용사」는 '~한 것'이라는 의미입니다. -thing으로 끝나는 명사는 형용사가 뒤에 위치합니다.
>
> **e.g.** Do you have **something bigger**? 좀 더 큰 거 있나요?

7 **In the end**, I **walked out of the store with** a cute little red dress that was actually pretty cheap!

결국, 나는 귀엽고 작은 빨간 드레스를 사서 가게를 나왔는데 사실 꽤 저렴했다!

> **in the end**는 '결국에는, 마침내'라는 의미로 어떤 과정을 거친 후 마침내 결론에 도달했음을 나타낼 때 사용합니다.
>
> **e.g.** She worked hard, and **in the end**, she got the job. 그녀는 열심히 노력했고, 결국 그 직장에 취직했다.

가브리엘 포인트 — in the end vs. at the end vs. eventually

- **in the end**: 마침내, 결국 (최종적인 결론을 강조할 때 → 결과 중심)
  e.g. In the end, they broke up. 결국 그들은 헤어졌다.

- **at the end**: 끝에, 종말에는 (특정한 어떤 시점의 끝을 가리킬 때)
  e.g. At the end of the movie, there was a plot twist. 영화 끝부분에 반전이 있었다.

- **eventually**: 결국, 마침내 (결과를 얻기까지 상당한 시간이 걸렸을 때 → 과정 중심)
  e.g. He eventually became famous after years of hard work. 그는 수년간 노력한 끝에 결국 유명해졌다.

📌 **walk out of the store with**는 '~을 사서 가게에서 나오다'라는 의미로, buy 같은 직접적인 표현을 쓰지 않으면서 오히려 더 자연스럽고 일상적인 느낌을 전달합니다.

e.g. He **walked out of the store with** a new pair of shoes. 그는 새 신발을 사서 가게를 나왔다.

8 But **as soon as I got** home and **tried** it **on** again, one of the **straps** broke.

하지만 집에 도착해서 다시 입어 보자마자, 끈 하나가 끊어졌다.

📌 「**as soon as** + 주어 + 동사」는 '~하자마자'라는 의미로 어떤 일이 일어난 즉시 다른 일이 뒤이어 일어나는 상황을 나타낼 때 씁니다.

e.g. **As soon as I sat** down, the phone rang. 내가 앉자마자 전화가 울렸다.

가브리엘 포인트 원어민들이 자주 쓰는 비슷한 표현

- **the moment** + 주어 + 동사: 그 순간, ~하자마자
  e.g. The **moment** I saw him, I knew something was wrong. 나는 그를 본 순간, 뭔가 잘못됐다는 걸 알았다.

- **right after** + 주어 + 동사: ~한 직후에
  e.g. **Right after** I finished my meal, I got a phone call. 나는 식사를 끝낸 직후에 전화를 받았다.

📌 **try on**은 '~을 입어 보다, 착용해 보다'라는 의미로 옷을 입어 보거나 액세서리를 착용해 볼 때 사용됩니다.

e.g. She **tried on** a few pairs of shoes before choosing one. 그녀는 몇 켤레의 신발을 신어 보고 하나를 골랐다.

가브리엘 포인트 try on vs. put on vs. wear

- **try on**: 입어 보다 (착용감 등을 확인할 때)

  e.g. She tried on a jacket at the store. 그녀는 가게에서 재킷을 입어 봤다.

- **put on**: 입다 (착용하는 동작을 나타낼 때)

  e.g. She put on her jacket and left. 그녀는 재킷을 입고 나갔다.

- **wear**: 입다 (착용한 상태를 나타낼 때)

  e.g. She is wearing a jacket. 그녀는 재킷을 입고 있다.

✅ 그러면 I will wear my shoes now.는 맞는 표현일까요?
→ 틀린 표현입니다.
신발을 신는 동작을 나타내는 put on을 써서 I will put on my shoes now.라고 해야 자연스럽습니다.

🌱 **strap**은 '끈, 어깨끈, 스트랩'이라는 뜻으로 옷이나 가방, 신발 등에 달려 있는 줄을 가리킵니다.

e.g. The **strap** of my bag broke. 내 가방끈이 끊어졌다.

9 I guess **you get what you pay for**!

역시 싼 게 비지떡이야!

🌱 **You get what you pay for.**는 '돈 낸 만큼의 가치를 얻는다.', 즉 '싼 게 비지떡이다.'라는 의미입니다. 값이 저렴한 물건은 품질도 좋지 않을 가능성이 높다는 의미로 쇼핑을 하거나 서비스를 받는 상황에서 자주 사용됩니다.

e.g. This cheap phone broke after two weeks. Well, **you get what you pay for**. 이 싼 휴대폰은 2주 만에 고장 났다. 뭐, 싼 게 비지떡이지.

10 Luckily, my **mother-in-law** is **amazing at fixing** things like this. Hopefully, she can **help me out**!

다행히도, 우리 시어머니는 이런 걸 고치는 데 정말 능숙하시다. 바라건대, 나를 도와주실 수 있겠지!

📌 **mother-in-law**는 '시어머니(또는 장모님)'를 나타내는 표현으로 하이픈(-)을 반드시 사용해야 합니다.

e.g. She gets along really well with her **mother-in-law**. 그녀는 시어머니와 정말 잘 지낸다.

📌 **amazing at -ing**는 '~하는 데 뛰어난, 능숙한'이라는 의미로 어떤 능력이나 기술이 뛰어나다는 것을 강조할 때 사용됩니다.

e.g. They're **amazing at making** people laugh. 그들은 사람들을 웃게 하는 데 정말 뛰어나다.

 가브리엘 포인트 — amazing at -ing vs. amazing with

- **amazing at -ing**: 어떤 기술이나 능력 자체가 뛰어날 때
  e.g. She's amazing at cooking. 그녀는 요리를 엄청 잘한다.
- **amazing with**: 사람이나 도구를 다루는 능력이 뛰어날 때
  e.g. He's amazing with kids. 그는 아이들을 정말 잘 돌본다.

📌 **help someone out**은 '~를 도와주다, ~의 문제를 해결해 주다'라는 의미입니다. 기본적으로 help와 같은 의미지만, out이 추가되면서 조금 더 정감 있고 따뜻한 느낌을 줍니다.

e.g. Can you **help me out** with this report? 이 보고서 좀 도와줄 수 있어?

Chores, Arguments, and Making Up

My husband and I had an argument today about getting chores done. Here's how it went:

"Honey, if you've got a minute, would you take out the trash for me?"

"Sure, no problem. Just give me a second to finish this and I'll get right on it."

Over an hour later, and he still hadn't taken it out. I was unusually tired and cranky, so I started nagging him about it.

"You told me you were going to take the trash out an hour ago!"

"I'm still planning on doing it! This is taking me longer than I expected! Why do you have to get on my case about it when you can see that I'm busy?"

In the end, we ended up raising our voices at each other, which left both of us feeling upset.

We both apologized afterward. I think the lack of sleep got to us. Thankfully, we worked it out and took the trash out together—hand in hand.

Reading Points

> **1** My husband and I **had an argument** today about **getting chores done. Here's how it went:**
>
> 오늘 남편과 나는 집안일을 하는 것에 대해 말다툼을 했다. 어떻게 된 거냐면 이러하다.

🔍 **have an argument**는 '말다툼을 하다, 언쟁을 벌이다'라는 의미로 주로 의견 차이로 인해 말로 싸우거나 논쟁을 벌일 때 씁니다. fight보다 격하지 않은 '언쟁' 정도의 어감입니다.

> **e.g.** She **had an argument** with her sister over whose turn it was to do the dishes. 그녀는 설거지할 차례를 두고 언니와 말다툼을 했다.

 **가브리엘 포인트** : '싸움'을 나타내는 다양한 표현들

- **argue**: 말싸움하다, 논쟁하다 (주로 말로 다투는 상황)
  > **e.g.** We argued about money but didn't fight. 우리는 돈 문제로 논쟁을 하긴 했는데, 감정적으로 싸우진 않았다.

- **fight**: 싸우다, 다투다; 싸움, 다툼 (신체적 충돌을 동반할 수도 있는 감정적으로 격한 싸움)
  > **e.g.** They had a big fight and stopped talking. 그들은 크게 싸운 후로 서로 대화를 안하고 있다.

- **quarrel**: 다투다; (말)다툼, 싸움 (argue보다 더 감정적이면서 개인적인 싸움)
  > **e.g.** They quarreled over a small issue. 그들은 작은 일로 다퉜다.

- **dispute**: 논쟁하다, 이의를 제기하다; 분쟁, 분규 (법적 절차, 비즈니스 등 공식적인 상황)
  > **e.g.** They disputed the contract terms. 그들은 계약 조건에 대해 이의를 제기했다.

- **conflict**: 상충하다; 갈등, 충돌 (장기적 갈등, 국가 간 갈등, 조직 내 갈등 등)
  - e.g. There was a conflict between two countries. 두 나라 간에 갈등이 있었다.

 **get ~ done**은 '~을 끝내다, 완료하다'라는 의미로 어떤 일을 끝내거나 마무리할 때 사용됩니다.

- e.g. She complained about **getting all the work done** by herself. 그녀는 모든 일을 혼자 해야 한다고 불평했다.

가브리엘 포인트 : get ~ done vs. finish

- **get ~ done**은 어떤 일을 끝내도록 '만드는 것'에 초점을 둔 표현으로, 무언가를 자신이 직접 하는 상황이나 다른 사람이 하게 하는 상황 모두에서 쓸 수 있습니다. 자신이 직접 하는 상황이라면 보통 긴 시간이나 복잡한 과정이 필요한 일들이 목적어가 되고, 다른 사람에게 맡기는 상황이라면 머리 자르기, 차 수리 같은 본인이 직접 할 수 없는 일들이 목적어가 됩니다.
  - e.g. Let's get this project done by tomorrow. 이 프로젝트를 내일까지 끝내자.
  - e.g. Did you get your hair done? 너 머리 잘랐어? (직접 자른 것이 아니라 미용실에서 자름)

- **finish**는 '어떤 일을 마치다'라는 의미로 과정에 상관 없이 단순히 어떤 작업이 끝났음을 나타내는 표현입니다. 어떤 대상이든 목적어로 올 수 있는데, 심지어 '음식'이 목적어로 오는 경우도 많습니다. 이럴 때는 '다 먹었다'라는 의미입니다.
  - e.g. I finished my homework an hour ago. 한 시간 전에 숙제를 끝냈다.
  - e.g. Did you finish your coffee? 너 커피 다 마셨니?

- **Here's how it went.**는 '일이 어떻게 진행되었냐면'이라는 의미로 보통 이야기나 사건을 소개할 때 쓰는 표현입니다.
  - e.g. I tried a new recipe today. **Here's how it went!** 오늘 새로운 요리를 시도 했다. 이렇게 됐다!

2 "Honey, **if you've got a minute**, would you take out the trash for me?"

"자기야, 시간 있으면 쓰레기 좀 버려 줄래?"

- **if you've got a minute**은 '잠깐 시간 괜찮으면'이라는 의미로 상대방에게 부탁하거나 질문하기 전에 공손하게 양해를 구할 때 사용합니다. 특히 상대방이 다른 일로 바빠 보일 때 부담을 주지 않으면서 요청 가능한 표현입니다.
  - e.g. **If you've got a minute**, I need your advice on something. 잠깐 시간 나면, 뭔가 조언을 구하고 싶어.

3 "Sure, no problem. Just give me a second to finish this and **I'll get right on it**."

"응, 알겠어. 이것만 마무리할 테니까 잠깐만 기다려 줘. 바로 할게."

- **I'll get right on it.**은 '금방 처리할게.'라는 의미로 상대방의 부탁을 받고 바로 그렇게 해 주겠다고 답할 때 쓰는 표현입니다.
  - e.g. Thanks for letting me know. **I'll get right on it.** 알려 줘서 고마워요. 바로 처리할게요.

가브리엘 포인트 원어민들이 자주 쓰는 비슷한 표현

- **Let me handle it.** 내가 처리할게. (책임지고 처리하겠다고 말할 때)
- **Consider it done.** 바로 처리할게. (자신 있게 금방 끝내겠다고 말할 때)

---

4 **Over an hour later**, and he **still hadn't taken** it out.

한 시간이 넘게 지났는데도, 그는 아직도 쓰레기를 내다 버리지 않았다.

🌱 「over + 시간 + later」는 '~ 시간이 지난 후에도'라는 뜻으로, 이때의 over는 '초과'의 의미이며, more than(~보다 많은)과 비슷한 느낌입니다.

e.g. **Over three days later**, the package arrived. 사흘이 지나고 나서야 소포(택배)가 도착했다.

🌱 「still hadn't + 과거분사(p.p.)」는 '아직도 ~하지 않았(었)다'라는 의미로 과거 특정 시점까지 어떤 일이 일어나지 않았음을 강조할 때 사용됩니다.

e.g. She **still hadn't called** me back. 그녀는 아직도 나한테 전화하지 않았다.

---

5 I was **unusually tired** and **cranky**, so I started **nagging him about** it.

나는 평소보다 유난히 피곤하고 짜증이 났다. 그래서 남편에게 계속 잔소리를 하기 시작했다.

🌱 「unusually + 형용사」는 '평소보다 유난히 ~한'이라는 의미입니다.

e.g. She was **unusually quiet** today. 그녀는 오늘 평소보다 유난히 조용했다.

📎 **cranky**는 '짜증 난, 신경질적인, 예민한'이라는 의미로 주로 피곤하거나 배고플 때, 혹은 컨디션이 안 좋아서 예민해지고 짜증이 날 때 쓰는 표현입니다.

e.g. I didn't get much sleep last night, so I'm a little **cranky** today. 어젯밤에 잠을 잘 못 자서 오늘 좀 짜증이 난다.

가브리엘 포인트 — 원어민들이 자주 쓰는 비슷한 표현

- **grumpy**: 심술 난, 뾰로통한 (괜히 기분이 안 좋거나 이유 없이 심술이 날 때)
  e.g. He's always grumpy before his morning coffee. 그는 아침에 커피 마시기 전엔 항상 심술 나 있다.

- **irritable**: 쉽게 짜증 내는, 예민한 (스트레스를 받거나 기분이 예민해질 때)
  e.g. She's irritable when she's under pressure. 그녀는 스트레스를 받을 때 예민해진다.

- **moody**: 기분이 오락가락하는 (감정 기복이 심한 상태, 또는 침울한 분위기를 유발하는 상황일 때)
  e.g. He's been moody all day. 그는 하루 종일 기분이 오락가락한다.

- **annoyed**: 짜증 난, 귀찮은 (특정한 이유로 짜증이 났을 때)
  e.g. I was annoyed by the loud noise. 시끄러운 소리에 짜증이 났다.

📎 **nag someone about**은 '~에게 …에 관해 잔소리하다'라는 의미입니다. nag은 부모, 배우자, 선생님, 상사처럼 상대적으로 권위 있는 사람이 반복적으로 요구하거나 잔소리할 때 사용되는 경우가 많습니다.

e.g. Why do you keep **nagging me about** going to bed early? 왜 나한테 자꾸 일찍 자라고 잔소리하는 거야?

6 "You told me you **were going to take** the trash out an hour ago!"

"당신 한 시간 전에 쓰레기 버리겠다고 말했잖아!"

🌱 「was/were going to+동사원형」은 '~할 예정이었다'라는 의미로 과거의 계획이나 의도를 나타내며, 실제로는 실행되지 않았다는 뉘앙스를 풍길 때가 많습니다.

e.g. I **was going to call** you, but I forgot. 너에게 전화하려고 했는데 까먹었어.

7 "**I'm** still **planning on doing** it! This **is taking** me **longer than** I expected! Why do you have to **get on my case** about it when **you can see that** I'm busy?"

"버릴 계획이라고! 근데 이게 생각보다 오래 걸리고 있어! 내가 바쁜 거 뻔히 보이는데, 왜 자꾸 닦달하는 거야?"

🌱 **plan on -ing**는 '~할 계획이다'라는 의미로 미래의 의도나 계획을 나타낼 때 쓰는 표현입니다.

e.g. I'm **planning on going** to the gym later. 나는 이따가 헬스장 갈 계획이다.

🌱 **take longer than**은 '(예상보다) 더 오래 걸리다'라는 의미로 어떤 일에 생각했던 것보다 더 오랜 시간이 소요될 때 자주 쓰는 표현입니다.

e.g. The drive **took longer than** we thought. 운전하는 데 생각보다 시간이 더 걸렸다.

🌱 **get on one's case**는 '~에게 닦달하다, 잔소리하다, 압박하다'라는 의미로 상대방에게 어떤 일을 빨리 하거나 더 잘하라고 압박할 때 사용합니다.

e.g. Don't **get on his case**—he's doing his best. 그에게 너무 뭐라고 하지 마. 그도 최선을 다하고 있는 거야.

가브리엘 포인트 get on one's case vs. bother

- **get on one's case**는 특정한 행동을 강요하거나 계속 닦달하고 압박하는 느낌인 반면, **bother**는 단순히 귀찮게 하거나 짜증 나게 하는 행동에 대해서 사용하는 표현입니다.

☑ 그러면 Why do you always bother me about my homework?는 자연스러운 표현일까요?
→ 그렇지 않습니다.
우리가 흔히 말하는 '숙제하라고 계속 잔소리하는' 느낌을 정확하게 전달하지 못하기 때문입니다. 이때는 Why do you always get on my case about my homework?라고 해야 자연스럽습니다.

👉 **You can see that ~**은 '네가 보면 알잖아', '보면 뻔히 알잖아'라는 의미로 상대방이 어떤 사실을 명확히 알 수 있는 상황임을 강조하는 표현입니다.

e.g. **You can see that** it's raining. Why aren't you taking an umbrella?
비 오는 거 보이잖아. 왜 우산 안 가져가?

8 In the end, we **ended up raising our voices** at each other, which **left both of us feeling** upset.

결국 서로 언성이 높아졌고, 우리 둘 다 기분이 상했다.

👉 **end up -ing**는 '결국 ~하게 되다'라는 의미로 원래의 계획과는 달리 예상치 못한 결과가 벌어진 상황에서 쓰는 표현입니다.

e.g. I didn't plan to buy anything, but I **ended up spending** $100. 아무것도 살 계획이 없었는데, 결국 100달러를 써 버렸다.

🌱 **raise one's voice**는 '목소리를 높이다, 언성을 높이다'라는 의미로 주로 화가 났을 때나 감정이 격해졌을 때 사용하는 표현입니다.

e.g. She **raised her voice** in frustration. 그녀는 답답함에 목소리를 높였다.

가브리엘 포인트 raise one's voice vs. yell vs. shout

- **raise one's voice**: 목소리를 높이다 (반드시 소리를 지르지는 않더라도 말투에 불쾌한 감정이 실려 있을 때)

  e.g. I could hear them raising their voices in the next room. 나는 옆 방에서 그들이 언성을 높이는 것을 들을 수 있었다.

- **yell**: 소리[고함]치다 (매우 큰 소리로 외치거나 화를 내며 소리 지를 때)

  e.g. She yelled at her brother for breaking her phone. 그녀는 동생이 핸드폰을 망가뜨려서 그에게 소리쳤다.

- **shout**: 큰 소리로 말하다, 외치다 (멀리 있는 사람에게 들리도록 큰 소리로 말하거나 흥분해서 외칠 때)

  e.g. He shouted across the street to get his friend's attention. 그는 친구의 주의를 끌기 위해 길 건너편에서 소리쳤다.

🌱 「**leave + 목적어 + -ing**」는 '~를 …한 상태로 그대로 두다'라는 의미로 보통 감정이나 상태를 묘사할 때 자주 사용됩니다. 즉, '어떤 사건이나 행동의 영향이 지속적으로 이어져 특정한 상태에 머무르게 한다'는 뉘앙스를 가집니다.

e.g. The movie **left me feeling** emotional. 그 영화가 끝난 후에도 감정이 진하게 남아 있었다.

가브리엘 포인트 leave vs. make vs. keep

✅ **leave + 복적어 + -ing vs. make + 목적어 + 동사원형**

- **leave + 목적어 + -ing**: 어떤 감정이나 상태가 지속되게 할 때

  e.g. Her words left me feeling confused. 그녀의 말 때문에 나는 계속 혼란스러웠다.

- make + 목적어 + 동사원형: 즉각적인 변화를 일으킬 때
  - e.g. Her words made me feel confused. 그녀의 말이 나를 혼란스럽게 만들었다.

☑ **leave + 목적어 + -ing** vs. **keep + 목적어 + -ing**

- leave + 목적어 + -ing: 어떤 사건이나 행동으로 인해 자연스럽게 특정한 상태가 지속될 때
  - e.g. The song left me humming the tune all day. 그 노래 때문에 하루 종일 흥얼거리게 되었다.

- keep + 목적어 + -ing: 일부러 특정한 상태를 계속 유지하게 할 때
  - e.g. The teacher kept the students working until late. 선생님이 학생들을 늦게까지 계속 공부하게 했다.

9 We both apologized afterward. I think the lack of sleep **got to us**.

우리는 둘 다 나중에 사과했다. 아마도 수면 부족 때문에 예민해졌던 것 같다.

- **get to someone**은 '~를 감정적으로 힘들게 하다, ~에게 영향을 주다'라는 의미로 보통 짜증, 스트레스, 압박감, 피로 등으로 인해 감정이 영향을 받을 때 사용됩니다. 정신적으로 지치게 하거나 신경 쓰이게 하는 상황에서 자주 쓰입니다.
  - e.g. What exactly **got to you** so much? 대체 뭐가 그렇게 너를 힘들게 했어?

가브리엘 포인트 원어민들이 쓰는 자연스러운 표현

☑ The lack of sleep made us angry.는 자연스러운 영어일까요? 물론 문법적으로 맞는 말이지만, The lack of sleep got to us.가 더 자연스럽고 원어민스럽게 들린답니다.

10 Thankfully, we **worked** it **out** and took the trash out together— **hand in hand**.

다행히 우리는 금방 화해했고, 손을 맞잡고 함께 쓰레기를 버리러 나갔다.

- **work out**은 '문제를 해결하다, 화해하다, 타협점을 찾다'라는 의미로 어떤 문제를 해결하거나, 오해를 풀거나, 합의점을 찾을 때 자주 사용됩니다.
   - **e.g.** We had a fight, but we **worked** it **out** in the end. 우리는 싸웠지만, 결국 화해했다.

가브리엘 포인트 원어민들이 자주 쓰는 비슷한 표현

- We made up. 우리는 화해했다.
- We sorted things out. 우리는 문제를 해결했다.

- **hand in hand**은 '손을 맞잡고'라는 의미로 실제 손을 잡고 있는 경우에도 쓰이고, 비유적으로 '서로 협력해서'라는 의미로도 사용 가능합니다.
   - **e.g.** Success and hard work go **hand in hand**. 성공과 노력은 함께 간다.

Hilarious First Day

Today was the first day of our new Pilates class. It wasn't exactly what I was expecting, though.

We picked up Pilates to improve our flexibility and health, but I'm afraid we bit off more than we could chew.

Neither of us could even touch our toes! It was hard to stay focused when we kept giggling at each other every time we made a mistake. I don't think we'll be able to stick it out for very long.

We both agreed that exercising makes sense, but maybe Pilates isn't the right fit for us. We're going to finish out the month and then try something new. Maybe ping pong? Or weight training? We'll see!

 **Reading Points**

1 Today was the first day of our new Pilates class. **It wasn't exactly what I was expecting, though**.

오늘은 우리 필라테스 수업 첫날이었다. 그런데 예상했던 것과는 좀 달랐다.

- **It wasn't exactly what I was expecting.**은 '내가 기대했던 것과는 달랐다.' 라는 의미로, 예상과 현실이 다를 때 완곡하게 표현하는 방법입니다.
- e.g. **The restaurant wasn't exactly what I was expecting**, but the food was decent. 그 식당은 내가 기대했던 것과는 달랐지만, 음식은 괜찮았다.

 **가브리엘 포인트** 원어민들이 자주 쓰는 비슷한 표현

- It wasn't quite what I had in mind. 내가 생각했던 것과는 좀 달랐다.

- **though**가 문장 끝에 사용되면 '하지만, 그래도'의 의미이며, 앞 문장과 반대되는 느낌을 전달할 때 쓰입니다.
- e.g. I'm really tired. I had fun, **though**! 나 진짜 피곤해. 그래도 재미있었어!

2 We **picked up** Pilates to improve our flexibility and health, but I'm afraid we **bit off more than we could chew**.

우리는 유연성과 건강을 향상시키기 위해 필라테스를 시작했지만, 감당하기 어려운 걸 선택한 것 같다.

- **pick up**은 '새로운 것을 배우다, 시작하다'라는 의미로, 새로운 취미나 기술을 익힐 때 사용됩니다. learn이 보통 더 공식적인 학습에 사용되는 반면, pick up은 가볍게 시작해서 배우는 느낌이며 주변 환경이나 경험을 통해 습득할 때도 쓰입니다.

e.g. I **picked up** Spanish while traveling in Spain. 나는 스페인을 여행하면서 스페인어를 배웠다.

🌸 「**bite off more than + 주어 + can chew**」는 '욕심을 부리다가 감당 못 하다'라는 뜻으로, 생각보다 너무 어려운 일을 시작했을 때 쓰는 표현입니다.

e.g. I thought I could finish the project in a week, but I **bit off more than I could chew**. 일주일 안에 프로젝트를 끝낼 수 있을 줄 알았는데, 감당 못 할 걸 맡았다.

 **가브리엘 포인트** 원어민들이 자주 쓰는 비슷한 표현

- I think we're in over our heads. 우리 너무 무리한 것 같아.

3 Neither of us could even touch our toes!
우리 둘 다 손이 발끝에도 못 닿았다!

🌸 「**neither of + 복수명사 + 단수동사**」는 '둘 중 누구도 ~하지 않다'라는 의미로 둘 중 어느 것도 해당되지 않을 때 사용되며, 뒤에는 단수 동사가 나옵니다. neither of는 대상이 둘일 때 쓰며, 셋 이상일 경우는 「**none of + 복수명사 + 복수동사**」를 사용해야 합니다.

e.g. **Neither of the answers is** correct. 그 두 개의 답변 중 어느 것도 정답이 아니다. vs. **None of my friends are** married. 내 친구들 중 아무도 결혼하지 않았다.

🌸 **touch one's toes**는 '발끝에 손이 닿다'라는 뜻으로, 유연성을 나타내는 대표적인 표현입니다.

e.g. I used to be able to **touch my toes**, but now I can't! 예전엔 발끝까지 손이 닿았는데, 지금은 안 돼!

가브리엘 포인트 원어민들이 자주 쓰는 비슷한 표현

- I'm not flexible at all! 나 유연성이 완전 꽝이야!

---

4 It was hard to **stay focused** when we kept **giggling at** each other every time we made a mistake.

실수할 때마다 서로를 보며 낄낄대서 집중하기가 어려웠다.

🌱 **stay focused**는 '집중을 유지하다'라는 뜻으로, 집중력을 잃지 않으려고 할 때 자주 사용됩니다.

e.g. It's hard to **stay focused** when you're sleepy. 졸릴 때 집중하는 건 어렵다.

🌱 **giggle at**은 '~에 대해 낄낄거리며 웃다'라는 의미로, 보통 장난스러운 상황에서 사용됩니다.

e.g. The kids kept **giggling at** my silly jokes. 아이들이 내 바보 같은 농담에 계속 낄낄댔다.

가브리엘 포인트 원어민들이 자주 쓰는 비슷한 표현

- **laugh**: 웃다 ('웃다'라고 할 때 가장 많이 쓰는 기본적인 표현)
  e.g. She couldn't stop laughing at the movie. 그녀는 영화를 보면서 끊임없이 웃었다.
- **grin**: 활짝 웃다 (입을 크게 벌리고 치아가 보이게 웃을 때)
  e.g. He just grinned and said nothing. 그는 그냥 활짝 웃을 뿐 아무 말도 하지 않았다.

- **chuckle**: 조용하고 짧게 웃다 (재미있는 상황에서 자연스럽게 나오는 웃음으로, 크게 웃지 않고 잔잔하게 웃을 때)
  - **e.g.** He chuckled as he read the funny text message. 그는 재밌는 문자 메시지를 읽고 피식 웃었다.
- **smirk**: 비웃다, 히죽히죽 웃다 (우월감이나 장난이 담긴 웃음으로, 잘난 척하거나 얄미운 태도로 웃을 때)
  - **e.g.** She smirked and said, "Told you so." 그녀는 비꼬듯이 웃으며, "내가 뭐랬어."라고 했다.
- **crack up**: 빵 터지다 (흔히 '빵 터졌다'라고 하듯이 마구 웃기 시작할 때)
  - **e.g.** I totally cracked up when I saw that meme. 그 밈 보고 완전 빵 터졌다.

5 I don't think we'll be able to **stick it out** for very long.

우리가 오래 버틸 수 있을 것 같지 않다.

> **stick it out**은 '끝까지 버티다'라는 뜻으로, 힘든 상황에서도 포기하지 않고 끝까지 해내려고 할 때 사용됩니다.
>
> **e.g.** The training was tough, but I managed to **stick it out**. 훈련이 힘들었지만, 끝까지 버텼다.

6 We both agreed that exercising **makes sense**, but maybe Pilates **isn't the right fit for** us.

우리 둘 다 운동이 필요하다는 데는 동의했지만, 필라테스는 우리한테 안 맞는 것 같다.

- **make sense**는 '이해가 되다, 합리적이다'라는 뜻으로, 논리적으로 타당하다고 여겨질 때 쓰는 표현입니다.
  - e.g. It **makes sense** to save money for emergencies. 비상 상황을 위해 돈을 저축하는 것이 합리적이다.

- **not the right fit for**는 '~에게 딱 맞지 않다, 잘 안 맞다'라는 뜻으로, 주어로는 운동, 직업, 관계 등 다양한 상황을 나타내는 표현이 올 수 있습니다.
  - e.g. This job **isn't the right fit for** me. 이 일은 나한테 안 맞는다.

가브리엘 포인트 원어민들이 자주 쓰는 비슷한 표현
- This just isn't our thing. 이건 우리 스타일이 아니다.

7 We're going to **finish out** the month and then try something new.
이번 달까지는 마저 하고, 그다음에 새로운 걸 시도해 보려고 한다.

- **finish out**은 '끝까지 해내다, 끝맺다'라는 의미로, 일정 기간을 채우고 무언가를 끝까지 마무리할 때 사용됩니다.
  - e.g. Let's **finish out** the semester before we decide to switch schools. 학교를 옮길지 결정하기 전에 이번 학기는 마저 끝내자.

가브리엘 포인트 원어민들이 자주 쓰는 비슷한 표현
- We'll just power through for now. 일단 끝까지 버텨 보자.

8 Maybe ping pong? Or weight training? **We'll see!**

아마도 탁구? 아니면 웨이트 트레이닝? 두고 보자!

🌱 **We'll see!**는 '두고 봐야지!'라는 의미로 아직 확실하지 않은 계획이나 결과를 예측할 수 없는 상황에서 '어떻게 될지 모르겠어.'라는 뉘앙스로 자주 사용됩니다.

e.g. I might go on a trip next month, but **we'll see**! 다음 달에 여행 갈 수도 있는데, 두고 봐야지!

가브리엘 포인트 | 원어민들이 자주 쓰는 비슷한 표현

- Let's see how it goes. 어떻게 되나 보자.

Spicy Food Fiasco

I went out to dinner with a friend tonight, and she insisted that I try her food—one of the spiciest dishes on the menu.

"Come on, it won't be that bad! Just give it a try!"

"Unlike you, I have zero tolerance for spicy food!" I told her.

"Just one bite! It won't kill you."

So I caved and took one bite—instantly regretting it. The moment I swallowed, my eyes started watering, and my mouth felt like it was on fire! Water didn't help, so I tried eating plain rice, but that didn't work either.

"I told you it was too spicy!" I gasped when I could breathe again.

Lesson learned: never trust someone who says, "It's not that spicy."

 **Reading Points**

1 I **went out to dinner** with a friend tonight, and she **insisted that I try** her food—**one of the spiciest dishes** on the menu.

오늘 저녁 친구와 외식을 했는데, 그녀가 자기의 음식을 먹어 보라고 고집했다. 그것은 메뉴에서 가장 매운 요리 중 하나였다.

🔖 **go out to[for] dinner**는 '저녁 먹으러 나가다, 외식하다'라는 의미입니다. 전치사 to는 for보다 공손하고 격식 있는 어조를 전달할 수 있어 데이트 신청과 같은 상황에서 자주 사용되며, for는 좀 더 편안하고 비격식적인 느낌을 줄 때 사용합니다.

e.g. Let's **go out for dinner** tonight. 오늘 저녁 외식하자.

🔖 「**insist that**+주어+동사원형」은 '~하라고 고집하다'라는 의미로, 상대방에게 어떤 행동을 강하게 요구할 때 사용됩니다.

e.g. My mom **insists that I eat** more vegetables. 엄마는 나에게 채소를 더 먹으라고 고집하신다.

🔖 「**one of the**+최상급+복수명사」는 '가장 ~한 것들 중 하나'라는 의미로, 어떤 집단에서 특정한 하나를 강조할 때 쓰는 표현입니다.

e.g. This is **one of the best movies** I've ever watched. 이건 내가 본 최고의 영화 중 하나다.

 가브리엘 포인트 one of the+최상급+복수명사

「**one of the**+최상급+복수명사」의 어순, 특히 최상급 형용사 뒤에 반드시 복수명사가 온다는 것을 기억해야 합니다.

- one of the spiciest dish (X)
- one of the spiciest dishes (O)

2 "Come on, it won't be that bad! Just give it a try!"

"에이, 별거 아닐 거야! 그냥 한번 먹어 봐!"

- **come on**은 '에이, 설마'라는 표현으로, 상대방을 설득하거나 장난스럽게 말할 때 사용됩니다.
  - **e.g.** **Come on!** It's just one rollercoaster ride! 에이! 놀이기구 한 번 타는 건데 뭐!

- **Give it a try!**는 '한번 시도해 봐!'라는 의미로, 상대방이 무언가를 하는 데 주저할 때 격려하는 표현입니다. it 대신에 상황에 맞는 다양한 명사를 쓸 수 있습니다.
  - **e.g.** You should **give yoga a try!** 요가 한번 해 봐!

가브리엘 포인트 원어민들이 자주 쓰는 비슷한 표현
- Give it a shot! 한번 질러 봐!

3 "Unlike you, I have zero tolerance for spicy food!" I told her.

"너랑 다르게, 난 매운 음식을 전혀 못 먹어!"라고 나는 그녀에게 말했다.

- 「**unlike + 명사**」는 '~와 다르게'라는 의미로 비교할 때 유용한 표현입니다.
  - **e.g.** **Unlike my sister**, I love spicy food. 내 여동생과 다르게, 나는 매운 음식을 좋아한다.

- **have zero tolerance for**는 '~를 전혀 못 참다, 못 견디다'라는 의미로, 특정한 음식을 잘 못 먹거나 어떤 상황에 아주 취약할 때 사용됩니다.
  - **e.g.** He **has zero tolerance for** cold weather. 그는 추운 날씨를 전혀 못 견딘다. (그는 추위에 아주 약하다.)

가브리엘 포인트 원어민들이 자주 쓰는 비슷한 표현

- **have a low tolerance for**: ~를 잘 못 견디다, 잘 못 참다
  - e.g. I have a low tolerance for caffeine. 나는 카페인을 잘 못 견딘다.
  (카페인에 대한 내성이 낮음)
- **have a high tolerance for**: ~를 잘 견디다
  - e.g. He has a high tolerance for alcohol. 그는 술을 엄청 잘 마신다.
  (술에 대한 내성이 높음)

---

4 "Just one bite! **It won't kill you**."

"한 입만! 이거 먹는다고 죽진 않아."

- **It won't kill you.**는 '죽을 정도는 아니야.'라는 의미로, 장난스럽게 상대방을 설득할 때 사용됩니다.
  - e.g. Just try dancing! **It won't kill you.** 그냥 춤춰 봐! (춤 좀 춘다고) 죽지 않아.

---

5 So, I **caved** and took one bite—instantly regretting it.

결국 나는 굴복하고 한 입 먹었다. 그리고 즉시 후회했다.

- **cave (in)**은 '(압박을 못 이기고) 굴복하다, 포기하다'라는 뜻으로, 누군가의 설득에 못 이겨 결국 그 일을 하게 될 때 사용합니다.
  - e.g. I didn't want dessert, but I **caved** when they brought out chocolate cake. 디저트를 안 먹으려 했는데, 초콜릿 케이크가 나와서 결국 먹고 말았다.

가브리엘 포인트 원어민들이 자주 쓰는 비슷한 표현

- **give in**: (저항하다가 결국) 굴복하다, 양보하다
    - e.g. She tried to resist the temptation of cake, but she gave in.
      그녀는 케이크의 유혹을 견디려 했지만, 결국 먹고 말았다.

---

6 The moment I swallowed, my eyes started watering, and **my mouth felt like it was on fire**!

삼키자마자 눈물이 나기 시작했고, 입에서 불이 나는 것 같았다!

- **the moment**는 뒤에 절(주어+동사)이 오면, '~하자마자, ~한 순간'이라는 의미이며, 어떤 일이 일어나는 순간을 강조합니다. as soon as와 비슷하지만 좀 더 극적이고 강한 느낌을 줍니다.
    - e.g. I knew I was in trouble **the moment** my mom called my full name.
      엄마가 내 풀네임을 부르는 순간, 나는 큰일 났다는 걸 알았다.

- **My mouth felt like it was on fire.**는 '입에서 불이 나는 것 같았다.'라는 표현으로 매운 음식을 먹었을 때 자주 사용됩니다.
    - e.g. This chili sauce is so spicy—**my mouth felt like it was on fire**! 이 칠리 소스 진짜 매워. 입에서 불이 나는 것 같아!

가브리엘 포인트 원어민들이 자주 쓰는 비슷한 표현

- **My tongue is burning!**: 혀가 타는 것 같아! (아주 매운 음식이나 뜨거운 것을 먹었을 때 혀가 화끈거리거나 얼얼한 상태를 나타내는 표현)

7 Water **didn't help**, so I tried eating **plain** rice, but that **didn't work either**.

물도 소용이 없어서 맨밥을 먹어 봤지만, 그것도 효과가 없었다.

- **didn't help**는 '도움이 되지 않았다', '효과가 없었다'라는 의미로 특정한 방법이 문제 해결에 아무런 도움이 되지 않았을 때 사용됩니다.
  - **e.g.** The medicine **didn't help** at all. 약이 전혀 효과가 없었다.

- **plain**은 '소박한, 꾸미지 않은'이라는 뜻인데, 음식과 함께 쓰이면 양념이나 소스를 전혀 넣지 않은 상태를 의미합니다. 예를 들어 plain yogurt(플레인 요구르트)는 설탕이나 다른 맛이 추가되지 않은 요구르트를 말합니다.
  - **e.g.** **Plain** yogurt is good for babies starting solid foods. 이유식을 시작하는 아기에게 플레인 요구르트가 좋다.

- **didn't work**는 '효과가 없었다', '해결되지 않았다'라는 의미로 기대했던 효과를 거두지 못했을 때 사용됩니다.
  - **e.g.** I thought talking to him would help, but it **didn't work**. 그와 대화를 하면 나아질 줄 알았는데, 효과가 없었다.

- **either**는 부정문에 사용되어 '또한 ~ 아니다'라는 의미를 나타냅니다. '또한, 역시'라고 할 때 긍정문에서는 too, 부정문에서는 either를 사용합니다.
  - **e.g.** The new strategy didn't work **either**, so we had to come up with another plan. 새로운 전략도 효과가 없어서, 우리는 다른 계획을 생각해 내야 했다.

8 "I told you it was too spicy!" I **gasped** when I could breathe again.

"내가 너무 맵다고 했잖아!" 나는 겨우 숨을 돌리면서 말했다.

🌱 **gasp**은 '숨을 헐떡이며 말하다'라는 뜻으로, 너무 놀라거나 당황해서 숨이 막힐 것 같을 때 사용됩니다.

> **e.g.** She **gasped** when she saw the price of the dress. 그녀는 드레스 가격을 보고 헉 하고 놀랐다.

 **가브리엘 포인트** 원어민들이 자주 쓰는 비슷한 표현

- I was out of breath! 나는 숨이 턱 막혔다!

9 **Lesson learned**: never trust someone who says, "It's not that spicy."

교훈: "별로 안 매워."라고 말하는 사람을 절대 믿지 말 것.

🌱 **lesson learned**는 '교훈을 얻었다'라는 뜻으로, 실수를 통해 무언가를 배웠을 때 사용됩니다.

> **e.g.** **Lesson learned**: always check the weather before going out.
> 교훈: 나가기 전에 항상 날씨를 확인할 것.

DAY 12: From Movie Night to Midnight Regrets

Tonight was movie night, and as always, we had trouble picking something we both wanted to watch.

"Have you heard of this movie?" my husband asked.

"It looks familiar... isn't it horror, though?

"It is, but I thought maybe we could try it out. The reviews are fantastic!"

"It's not like I hate horror... but I don't feel like having nightmares all night... Can't we watch something else?" I said.

"Come on! It'll be great. Let's go to the kitchen for some popcorn and drinks, and then we can snuggle up on the couch!"

"Okay, if you say so..." I reluctantly agreed.

Do you know the movie *Train to Busan*? That was the movie we watched. Let's just say I'm going to have trouble taking the train to Busan next week...

Reading Points

1 Tonight was **movie night**, and **as always**, we **had trouble picking** something we both wanted to watch.

오늘은 영화 보는 날이었다. 그런데 늘 그렇듯이, 우리 둘 다 보고 싶은 영화를 고르는 게 쉽지 않았다.

- **movie night**은 보통 가족이나 친구, 연인과 함께 집에서 영화를 보는 날을 의미합니다.
  - e.g. Friday is our weekly **movie night**. 금요일은 우리가 매주 영화를 보는 날이다.

- **as always**는 '항상 그렇듯이, 언제나처럼'이라는 뜻으로, 늘 반복되는 상황이나 습관을 강조할 때 쓰입니다. 문장 앞, 중간, 끝 어디에나 쓸 수 있습니다.
  - e.g. **As always**, he was the first to arrive. 언제나처럼, 그가 제일 먼저 도착했다.

- **have trouble -ing**는 '~하는 데 어려움을 겪다'라는 뜻으로, 어떤 일을 하는 게 쉽지 않을 때 사용됩니다.
  - e.g. I always **have trouble waking** up early. 나는 항상 아침 일찍 일어나는 게 힘들다.

가브리엘 포인트 | have trouble -ing vs. struggle to + 동사원형

- **have trouble -ing**: 그냥 단순히 어려움이 있는 느낌
  - e.g. I have trouble focusing in noisy places. 소음이 심한 곳에서 집중하는 게 좀 어렵다

- **struggle to + 동사원형**: 어려움에도 불구하고 애쓰는 느낌
  - e.g. I struggle to focus in noisy places. 소음이 심한 곳에서 집중하려고 애쓰지만 힘들다.

2 "**Have you heard of** this movie?" my husband asked.

"이 영화 들어 본 적 있어?" 남편이 물었다.

🌸 **Have you heard of ~?**는 '~에 대해 들어 본 적 있어?'라는 뜻으로, 사람, 장소, 영화, 노래 등에 대해 이야기할 때 자주 사용됩니다.

e.g. **Have you heard of** that new café downtown? 도심에 새로 생긴 그 카페에 대해 들어 봤어?

가브리엘 포인트 — Have you heard of ~? vs. Do you know ~?

- **Have you heard of ~?**: 상대방이 어떤 것에 대해 '한 번이라도 들어 본 적이 있는지' 확인하는 느낌
    - **e.g.** Have you heard of this song? 이 노래 들어 본 적 있어? (이 노래를 잘 모를 수도 있지만, 들어 본 적은 있는지 묻는 표현)

- **Do you know ~?**: 상대방이 어떤 것에 대해 '확실히 알고 있는지' 여부를 확인하는 느낌
    - **e.g.** Do you know this song? 이 노래 알아? (이 노래에 대해 잘 알고 있는지 묻는 표현)

3 "It **looks familiar**... isn't it horror, though?"

"어디서 본 것 같아… 근데 이거 공포 영화 아니야?"

🌸 **look familiar**는 '낯이 익다, 어디서 본 것 같다'라는 의미로, 예전에 본 적이 있는 것 같은 느낌이 들 때 사용됩니다.

e.g. This street **looks familiar**. Have we been here before? 이 거리 낯이 익은데, 우리 전에 여기 와 본 적 있어?

가브리엘 포인트 원어민들이 자주 쓰는 비슷한 표현

- **ring a bell**: 어디서 들어 본 적 있는 것 같다, 익숙하게 들리다 (사람, 사건, 단어, 이름 등이 기억을 불러일으키지만, 완전히 기억나지는 않는 상태일 때)

    e.g. That story rings a bell. I think I read about it somewhere.
    그 이야기 어디서 들어 본 것 같은데, 아마 어디서 읽었던 것 같다.

---

4 "It is, but **I thought maybe we could try** it **out**. The reviews are fantastic!"

"맞아, 그런데 한번 시도해 보면 어떨까 해서. 리뷰가 끝내줘!"

🌸 **I thought maybe we could ~**은 '우리 한번 ~하면 어떨까 싶었어', '~해 보면 어떨까 해서'라는 의미로 직접적으로 제안하기보다는 부드럽고 조심스럽게 의견을 내는 느낌입니다. 주로 상대방이 부담을 느끼지 않도록 완곡하게 제안할 때 사용됩니다.

e.g. **I thought maybe we could** try that new restaurant. 우리 그 새로 생긴 식당에 한번 가 보면 어떨까 해.

🌸 **try out**은 '한번 시도해 보다'라는 뜻으로, 새로운 것을 경험해 볼 때 사용합니다. 새로운 음식, 활동, 아이디어, 제품 등을 처음 접할 때 일단 해보면서 판단하고 싶을 때 자주 쓰입니다.

e.g. I've never done yoga before, but I'd love to **try it out**. 요가를 한 번도 해 본 적 없는데, 해 보고 싶다.

5 "**It's not like I hate** horror... but I don't **feel like having** nightmares all night... Can't we watch something else?" I said.

"공포 영화를 싫어하는 건 아닌데… 밤새 악몽 꾸고 싶지는 않아… 딴 거 보면 안 돼?" 내가 말했다.

- 「**It's not like + 주어 + 동사**」는 어떤 사실이나 상황을 직접적으로 부정하기보다, 부드럽고 간접적인 방식으로 '꼭 ~인 것은 아니다' 혹은 '꼭 ~라고 할 수는 없다'라는 뉘앙스를 전달할 때 쓰입니다.
  - e.g. **It's not like I don't like** him, I just don't know him well. 내가 그를 싫어하는 건 아니다. 그냥 잘 모를 뿐이다.

- **feel like -ing**는 '~하고 싶은 기분이다'라는 뜻으로, 어떤 일을 하고 싶다고 말할 때 사용합니다. 반대로 하고 싶지 않을 때는 부정문 don't feel like -ing로 표현합니다.
  - e.g. I don't **feel like going** out today. 오늘은 나가고 싶지 않다.

6 "Come on! It'll be great. Let's go to the kitchen **for** some popcorn and drinks, and then we can **snuggle up** on the couch!"

"에이! 재밌을 거야. 팝콘이랑 음료 가지러 주방에 가자. 그리고 소파에서 딱 붙어 앉아서 보자!"

- **for**는 여기서 목적을 나타냅니다. 원어민들은 목적을 표현할 때 전치사 for를 자연스럽게 쓰는 반면, 한국 학습자들은 to부정사(to + 동사원형)를 자주 사용하는 경향이 있습니다. to부정사는 '행동'에 초점이 있는 반면, for는 '대상'에 초점이 있어 목적의 대상을 강조할 때 더 자연스럽게 쓰이는 경우가 많습니다.
  - e.g. I went to the café **for** a coffee. 커피를 마시러 카페에 갔다. (I went to the café to drink coffee.는 커피를 마신다는 행위에 초점을 두기 때문에 어색하게 들립니다.)

🎟️ **snuggle up**은 '포근하게 바싹 붙어 앉다'라는 뜻으로, 편안하게 껴안고 쉬는 모습을 표현할 때 사용됩니다.

e.g. Let's **snuggle up** and watch a movie. 포근하게 붙어 앉아서 영화 보자.

7 "Okay, if you say so…" I reluctantly agreed.

"알겠어, 당신이 그렇게 말한다면…." 나는 마지못해 동의했다.

🎟️ **reluctantly agree**는 '마지못해 동의하다'라는 뜻으로, 상대방의 제안이 완전히 내키지는 않지만 어쩔 수 없이 승낙할 때 사용됩니다.

e.g. I **reluctantly agreed** to go hiking. 나는 마지못해 등산을 가기로 했다.

8 Do you know the movie *Train to Busan*? That was the movie we watched. **Let's just say** I'm going to have trouble taking the train to Busan next week…

영화 〈부산행〉을 아는가? 우리가 본 게 그거였다. 한마디로 말해서 다음 주에 부산 가는 기차 타기가 좀 힘들어질 것 같다….

🎟️ **let's just say**는 '한마디로 말해서'라는 뜻으로, 어떤 경험이나 감정을 강조할 때 자주 쓰이며, 굳이 모든 세부 사항을 말하지 않고도 상대방이 분위기나 감정을 충분히 느낄 수 있도록 해 주는 표현입니다.

e.g. **Let's just say** the meeting didn't go as planned. 한마디로 말해서 회의가 계획대로 안 됐다.

가브리엘 포인트 원어민들이 자주 쓰는 비슷한 표현

- **I'll leave it at that.**: 그만하겠다, 더 이상 언급하지 않겠다, 더 말 안 해도 알겠지? (흔히 논쟁, 설명, 비판, 조언 등을 더 이어가지 않고 마무리할 때 사용하는 표현으로, 상대방과의 갈등을 피하고 싶을 때, 굳이 불필요한 설명이나 반복을 피하려 할 때, 또는 감정적으로 선을 긋고 싶을 때 자주 사용됨)

  e.g. I don't want to argue, so I'll leave it at that. 더 이상 논쟁하고 싶지 않으니, 여기까지만 말할게.

Day 13

One Step Closer to Presentation Day

At work, we have a big project due in just a few days, and all of us have been pulling long hours to get everything done. To make matters worse, the Internet went down at our office today for some mysterious reason. Everyone had to work overtime to make up for the lost time. Thankfully, we're not behind on anything, but it was a pretty close call.

Since I'm the owner, I checked in with the team leader for an update.

"Everything prepped and ready for the presentation next week?" I asked.

"We're not quite there yet, but almost. Just a few more things to finish up and we'll be ready."

"Great! I'm looking forward to it."

Hopefully, everything goes as planned! All of our hard work is going to pay off—I just know it.

Reading Points

1 At work, we **have a big project due** in just a few days, and all of us **have been pulling long hours** to get everything done.

회사(학원)에서 며칠 안 남은 중요한 프로젝트 마감이 있어서, 우리 모두 밤늦게까지 일하며 마무리하고 있는 중이다.

- **have ~ due**는 '~의 마감일이 다가오고 있다'라는 뜻으로, 특정한 일이나 과제를 언제까지 끝내야 하는지를 나타낼 때 사용됩니다.

  e.g. I **have a research paper due** next week. 내 연구 논문 마감이 다음 주다.

- **pull long hours**는 '오랜 시간 동안 일하다'라는 뜻으로, 야근하거나 긴 시간 집중해서 일할 때 사용됩니다.

  e.g. We **pulled long hours** to finish the project on time. 우리는 프로젝트를 제시간에 끝내려고 밤늦게까지 일했다.

 가브리엘 포인트 · 원어민들이 자주 쓰는 비슷한 표현

- **burn the midnight oil**: 밤늦게까지 열심히 일하다 (기름 램프를 켜고 밤늦게까지 공부하는 모습에서 유래한 표현으로, 늦은 시간까지 열심히 노력하는 상황을 나타냄)

  e.g. I **burned the midnight oil** to finish my report. 나는 보고서를 끝내려고 밤늦게까지 일했다.

2 **To make matters worse**, the Internet **went down** at our office today **for some mysterious reason**.

설상가상으로, 오늘 회사 인터넷이 알 수 없는 이유로 끊겨 버렸다.

- **to make matters worse**는 '설상가상으로'라는 뜻으로, 이미 안 좋은 상황이 더 악화될 때 사용하는 표현입니다.
  - e.g. It was raining, and **to make matters worse**, my umbrella broke. 비가 오고 있었는데, 설상가상으로 우산이 망가졌다.

가브리엘 포인트 — 원어민들이 자주 쓰는 비슷한 표현

- **on top of that**: ~에 더해서 (긍정적, 부정적 상황 모두에서 사용 가능)
  - e.g. She's talented, hardworking, and on top of that, super kind. 그녀는 재능 있고 성실한 데다가 정말 친절하기까지 하다.

- **if that wasn't bad enough**: 그것도 모자라서, 설상가상으로 (부정적인 상황에서만 사용)
  - e.g. He forgot our anniversary. If that wasn't bad enough, he didn't even apologize. 그는 우리 기념일을 잊어버렸다. 그것도 모자라서, 사과도 하지 않았다.

- **go down** 앞에 네트워크나 시스템 등을 나타내는 말이 올 경우 '~이 다운되다'라는 의미이며, 인터넷, 시스템, 전기 같은 서비스가 작동하지 않을 때 사용됩니다.
  - e.g. The website **went down** for maintenance. 웹사이트가 유지 보수 때문에 다운됐다.

가브리엘 포인트 원어민들이 자주 쓰는 비슷한 표현

- **crash**: (시스템, 서버가) 멈추다 (예기치 않은 오류, 과부하, 버그 등으로 인해 시스템이 멈출 때)
  - e.g. My laptop crashed in the middle of my project. 작업 중에 내 노트북이 멈췄다.

🌸 **for some mysterious reason**은 '어쩐지 알 수 없는 이유로, 왠지 모르게'라는 의미로 어떤 일이 발생한 이유를 정확히 알 수 없거나 설명할 수 없을 때 사용하는 표현입니다.
- e.g. **For some mysterious reason**, my alarm didn't go off this morning. 왠지 모르게 오늘 아침 알람이 울리지 않았다.

3 Everyone had to **work overtime** to **make up for** the lost time.

모두 잃어버린 시간을 만회하려고 야근해야 했다.

🌸 **work overtime**은 '야근하다, 초과 근무하다'라는 뜻으로, 근무 시간 이외에 근무할 때 사용됩니다.
- e.g. I had to **work overtime** to meet the deadline. 마감 기한을 맞추려고 야근해야 했다.

🌸 **make up for**는 '잃어버린 것을 만회하다, 보상하다'라는 뜻으로, 손해를 복구하거나 보충하는 상황에서 사용합니다.
- e.g. He bought her flowers to **make up for** forgetting their anniversary. 그는 기념일을 잊은 걸 만회하려고 그녀에게 꽃을 사 줬다.

가브리엘 포인트 원어민들이 자주 쓰는 비슷한 표현

- **catch up on**: 밀린 일을 따라잡다 (못했던 일을 만회할 때)
  - **e.g.** I need to catch up on my work this weekend. 이번 주말에 밀린 일을 따라잡아야 한다.

4 Thankfully, we're not **behind on** anything, but it was **a pretty close call**.

다행히 일정이 밀리지는 않았지만, 정말 아슬아슬했다.

🌿 **be behind on**은 '~가 밀리다, 늦어지다'라는 뜻으로, 마감 기한을 맞추지 못했을 때 사용됩니다.

e.g. I'm **behind on** my bills this month. 이번 달 청구서 납부가 밀렸다.

🌿 **a close call**은 '간신히 위기를 넘긴 상황'이라는 뜻으로, 거의 실패할 뻔했던 일이 가까스로 해결된 경우에 사용됩니다.

e.g. That was **a close call**! I almost missed my flight. 아슬아슬했다! 비행기를 놓칠 뻔했다.

가브리엘 포인트 원어민들이 자주 쓰는 비슷한 표현

- **cut it close**: (시간이) 빠듯하다, 아슬아슬하다 (약속 시간이나 마감 기한이 아슬아슬하게 남은 상황에서 간신히 시간을 맞췄을 때)
  - **e.g.** We're cutting it close. We only have five minutes left! 우리 시간이 빠듯해. 5분밖에 안 남았어!
  - **e.g.** I caught the last train home. That was cutting it close. 집으로 가는 막차를 간신히 탔다. 아슬아슬했다.

5 Since I'm the owner, I **checked in with** the team leader for an update.

내가 대표(원장)이기 때문에, 팀장에게 어떻게 되어 가고 있는지 진행 상황을 확인했다.

🌷 **check in with**는 '(누군가의 상태나 무언가의 진행 상황을) ~에게 확인하다'라는 뜻으로, 직장에서 프로젝트 등의 진행 상황을 파악할 때 자주 사용됩니다.

e.g. I need to **check in with** my boss before I confirm the meeting time.
미팅 시간을 확정하기 전에 상사에게 확인해야 한다.

6 "Everything **prepped** and ready for the presentation next week?" I asked.

"다음 주 프레젠테이션 준비 다 됐어요?" 내가 물었다.

🌷 **prepped**는 prepared(준비된)의 줄임말로, 구어체에서 자주 사용됩니다.

e.g. The team is **prepped** and ready for the big event. 팀이 큰 행사 준비를 다 마쳤다.

 **가브리엘 포인트** 원어민들이 자주 쓰는 비슷한 표현

- **good to go**: 준비가 완료된 (작업, 준비, 점검 등을 마친 상태를 나타내는 비격식적인 표현으로, 일상 대화에서 자주 사용됨)

    e.g. We're good to go for the meeting. 우리는 회의 준비가 끝났다.

7 "We're **not quite there yet**, but almost. Just a few more things to finish up, and we'll be ready."

"완전히 준비된 건 아니지만, 거의 다 됐어요. 몇 가지만 더 마무리하면 준비 끝이에요."

- **not quite there yet**은 '아직 완벽하게 준비되지 않은'이라는 뜻으로, 어떤 일을 거의 다 했지만, 100% 완료되지 않았을 때 사용됩니다.
- **e.g.** My project is **not quite there yet**, but I'm making progress. 내 프로젝트는 아직 완벽하지는 않지만, 진전을 보이고 있다.

8 "Great! **I'm looking forward to** it."

"좋아요! 기대할게요."

- **look forward to**는 '~을 기대하다'라는 의미로 앞으로 일어날 일에 대한 기대를 나타낼 때 사용됩니다. 이때 to 뒤에는 명사나 동명사가 옵니다.
- **e.g.** I'm really **looking forward to** trying that new restaurant. 그 새로 생긴 식당에서 먹어 보는 것이 몹시 기대된다.

9 Hopefully, everything **goes as planned**! All of our hard work is going to **pay off**—I just know it.

부디 모든 게 계획대로 진행되길! 우리가 열심히 노력한 만큼 보상이 있을 거다. 확신한다.

- **go as planned**는 '계획대로 진행되다'라는 뜻으로, 예상한 대로 일이 이루어지는 상황을 나타냅니다.
- **e.g.** The event **went as planned**. 행사가 계획대로 진행됐다.

📌 **pay off**는 '결실을 맺다, 성과를 올리다'라는 뜻으로, 열심히 한 일이 좋은 결과를 가져올 때 사용됩니다.

e.g. All my studying finally **paid off** when I passed the test. 시험에 합격하면서 내 공부가 결실을 맺었다.

가브리엘 포인트 원어민들이 자주 쓰는 비슷한 표현

- **It'll all be worth it.**: 이 모든 게 가치 있을 것이다. (노력, 희생, 고생 등을 한 보람이 있을 것이라는 의미로, 상대방을 위로하거나 격려할 때, 또는 자기 확신을 나타낼 때 사용됨)

📌 **I just know it.**은 '난 그냥 알아.'라는 의미로 논리적인 근거는 없지만 '그냥 느낌이 그렇다'는 어감입니다. 직감이나 감정에 의존하여 강한 확신을 표현할 때 사용합니다.

e.g. Something's wrong, **I just know it**. 뭔가 잘못됐다. 그냥 느낌이 온다.

Turning Moments into Masterpieces

I have a bit of a unique hobby. In my free time, I love putting memories down on paper in a scrapbook. I have a terrible memory, which explains why looking back at old entries is so much fun. My husband and I love flipping through the pages, reminiscing about our past adventures.

Another thing I can't get enough of? Stickers! I use all kinds of stickers and decorative papers to bring each entry to life. Creating my own little masterpieces with beautiful illustrations helps me deal with stress.

Sadly, I haven't been able to find the time for it lately. So, I've decided to set aside some time and treat myself to some scrapbooking. It'll be my little form of self-care. No matter how busy life gets, I want to keep creating something beautiful to look back on.

 **Reading Points**

> 1 I have **a bit of a unique hobby**. In my free time, I love **putting memories down on paper** in a scrapbook.
>
> 나는 조금 독특한 취미가 있다. 여가 시간에는 스크랩북에 기억들을 기록하는 걸 좋아한다.

📌 「a bit of a + (형용사) + 명사」는 '약간 ~한 …'라는 뜻으로 어떤 대상의 특성을 강조할 때 사용됩니다.

> **e.g.** She's **a bit of a perfectionist**. 그녀는 약간 완벽주의자이다.

📌 put ~ down on paper는 '(아이디어, 생각, 계획 등을) 글로 적다'라는 뜻으로, 머릿속에 있는 것을 실제로 적어서 더 구체화하거나 정리할 때 사용됩니다.

> **e.g.** I like to **put my thoughts down on paper** before making a decision.
> 나는 결정을 내리기 전에 내 생각을 글로 정리하는 걸 좋아한다.

 가브리엘 포인트 원어민들이 자주 쓰는 비슷한 표현

- **jot down**: 간단히 적어 두다, 메모하다 (보통 중요한 정보를 잊지 않기 위해 급하게 적을 때 사용하며, write down과 비슷하지만 더 빠르고 간단한 느낌)

  > **e.g.** I jotted down some ideas in my notebook. 내 노트에 아이디어를 몇 개 적어 뒀다.

2 **I have a terrible memory, which explains why looking back at old entries is so much fun.**

나는 기억력이 정말 안 좋아서, 예전 기록을 다시 보면 정말 재미있다.

- **have a terrible memory**는 '기억력이 나쁘다'라는 뜻으로, 잘 잊어버리는 사람들을 묘사할 때 사용됩니다.
  - **e.g.** I **have a terrible memory** for names. 나는 이름을 잘 기억하지 못한다.

- **which explains why ~**는 '그래서 ~인 것이다'라는 뜻으로, 앞 문장이 이유가 되어 뒷문장과 같은 결과가 되었음을 설명할 때 사용됩니다.
  - **e.g.** I didn't sleep well last night, **which explains why** I'm so tired today. 어젯밤에 잠을 잘 못 잤다. 그래서 오늘 이렇게 피곤한 것이다.

가브리엘 포인트 원어민들이 자주 쓰는 비슷한 표현

- **that's why ~**: 그래서 ~인 것이다 (보통 앞에 온 문장이 원인으로, 어떤 결과에 대한 이유를 설명하면서 결과를 강조하는 표현)
  - **e.g.** I love traveling. **That's why** I became a travel blogger. 나는 여행을 정말 좋아한다. 그래서 여행 블로거가 되었다.

- **look back at**은 '과거의 기록이나 순간을 다시 보다'라는 의미로 특정한 시점이나 사건을 되돌아볼 때 사용됩니다. look back on(과거를 회상하다)과는 다르게, 실제 기록을 다시 살펴보는 느낌입니다.
  - **e.g.** Sometimes, it's helpful to **look back at** what we've achieved to motivate ourselves. 가끔은 우리가 해낸 일들을 되돌아보는 게 동기 부여에 도움이 된다.

가브리엘 포인트 | look back at vs. look back on

- **look back at**: (기록을) 다시 보다 (일기, 사진, 노트, 이메일 등 실제 자료를 다시 보는 느낌)
  - e.g. I looked back at my old journal entries. 나는 예전 일기 기록을 다시 읽어 봤다.

- **look back on**: (경험을) 회상하다 (look back이 말 그대로 '물리적으로 뒤를 돌아보다'라는 뜻이라면 look back on은 '과거의 경험이나 기억을 돌이켜보다, 회상하다'라는 뜻)
  - e.g. I look back on my childhood with fond memories. 나는 내 어린 시절을 좋은 기억으로 회상한다.
  - e.g. Someday, we'll look back on this and laugh. 언젠가 우리는 이 일을 돌아보며 웃게 될 것이다.

🌱 **entry**는 보통 '출입, 참가, 출품작' 등의 뜻으로 쓰이는데, 일기, 블로그 등에 작성한 기록 하나하나를 가리키기도 합니다.
- e.g. His diary has over a hundred **entries**. 그의 일기에는 100개 이상의 기록이 있다.

3 My husband and I love **flipping through the pages**, **reminiscing about** our past adventures.

남편과 나는 페이지를 넘기며 지난 여행을 추억하는 걸 좋아한다.

🌱 **flip through the pages**는 '페이지를 휙휙 넘기다'라는 뜻으로, 책이나 앨범 등의 여러 페이지를 가볍게 넘기며 볼 때 사용됩니다.
- e.g. She **flipped through the magazine** while waiting. 그녀는 기다리는 동안 잡지를 휙휙 넘겨 가면서 봤다.

📎 **reminisce about**은 '~을 추억하다'라는 뜻으로, 주로 과거의 좋은 기억을 떠올릴 때 사용됩니다.

e.g. We **reminisced about** our college days. 우리는 대학 시절을 추억했다.

 가브리엘 포인트 원어민들이 자주 쓰는 비슷한 표현

- **take a trip down memory lane**: 추억 여행을 떠나다, 옛날을 회상하다
  (과거를 회상하며 좋았던 순간들을 떠올릴 때 쓰는 표현으로, 슬픈 기억보다는 즐거운 기억에 주로 사용됨)
  e.g. I always take a trip down memory lane whenever I hear this song. 이 노래를 들을 때마다 항상 추억에 잠기게 된다.

---

4 Another thing I **can't get enough of**? Stickers!

내가 또 너무 좋아하는 게 뭔지 아는가? 바로 스티커다!

📎 **can't get enough of**는 '~을 정말 좋아하다'라는 뜻으로, 무언가를 아무리 해도 질리지 않을 정도로 좋아할 때 사용됩니다.

e.g. I **can't get enough of** this song! 이 노래 완전 중독돼서 계속 듣고 있어!

---

5 I use all kinds of stickers and decorative papers to **bring each entry to life**.

나는 다양한 스티커와 장식용 종이를 사용해서 각각의 기록을 생동감 있게 만든다.

📎 **bring ~ to life**는 '~을 생동감 있게 만들다'라는 뜻으로, 작품이나 분위기를 더 활기차게 만들 때 사용됩니다.

e.g. Music **brings the party to life**. 음악이 파티 분위기를 살려 준다.

가브리엘 포인트 — 원어민들이 자주 쓰는 비슷한 표현

- **make ~ pop**: ~을 돋보이게 하다, 생동감 있게 만들다 (디자인, 색상, 스타일, 발표, 요리 등 다양한 상황에서 사용 가능)

  e.g. These colors really make your artwork pop. 이 색들이 네 작품을 정말 돋보이게 한다.

  e.g. A little lemon juice will make the flavors pop. 약간의 레몬즙이 맛을 확 살려 줄 것이다.

---

6 **Creating** my own little masterpieces with beautiful illustrations **helps me deal** with stress.

아름다운 삽화로 나만의 작은 작품을 만드는 것은 내가 스트레스를 해소하는 데 도움이 된다.

- 「동명사 주어 + helps + 목적어 + (to) 동사원형」은 '~하는 것이 …하는 데 도움이 되다'라는 의미이며, 이 문장에서는 creating이 동명사로서 주어 역할을 하고 있습니다. 구어체나 일상 영어에서는 to 없이 동사원형을 쓰는 게 더 자연스럽고 자주 쓰입니다.

  e.g. **Writing** in a journal **helps me process** my emotions. 일기를 쓰는 것은 내 감정을 정리하는 데 도움이 된다.

---

7 Sadly, I **haven't been able to find the time for** it lately.

아쉽게도 요즘은 스크랩북을 만들 시간이 없었다.

🔖 **haven't been able to find the time for**는 '~할 시간을 내지 못하다'라는 뜻으로 바쁘거나 우선 순위가 밀려서 어떤 일을 하지 못하고 있을 때 사용됩니다.

`e.g.` I **haven't been able to find the time for** reading lately. 요즘 책 읽을 시간이 없었다.

<u>8</u> So, I've decided to **set aside some time** and **treat myself to** some scrapbooking.

그래서 시간을 따로 내서 스크랩북을 하는 걸 나를 위한 작은 선물로 삼기로 했다.

🔖 **set aside some time**은 '시간을 따로 내다'라는 뜻으로, 일정한 시간을 특정한 활동을 위해 확보할 때 사용됩니다.

`e.g.` I **set aside some time** every morning for meditation. 나는 매일 아침 명상을 위한 시간을 따로 낸다.

🔖 **treat oneself to**는 '자신을 위해 ~을 선물하다'라는 뜻으로, 스스로에게 보상 차원에서 뭔가를 할 때 사용됩니다.

`e.g.` I **treated myself to** a nice dinner after a long day. 긴 하루 끝에 맛있는 저녁을 내게 선물했다.

가브리엘 포인트 원어민들이 자주 쓰는 비슷한 표현

- **reward oneself with**: ~로 스스로에게 보상을 주다 (열심히 노력한 후 스스로에게 무언가로 보상할 때)

  `e.g.` I **rewarded myself with** a shopping spree. 나 스스로에게 쇼핑으로 보상했다.

9 It'll be **my little form of self-care**.

이것이 나만의 작은 자기 관리 방법이 될 것이다.

- **my little form of**는 '~하는 나만의 작은 방식'이라는 의미로 of 뒤에 명사를 써서 무엇을 하기 위한 방식인지 구체적으로 밝혀 줍니다.
  - **e.g.** Listening to music is **my little form of** relaxation. 음악을 듣는 것은 나만의 작은 휴식 방법이다.

- **self-care**는 자신의 신체적, 정신적 건강을 위한 활동을 의미하며 휴식, 취미, 운동, 명상 등 스스로를 돌보는 모든 활동을 포함합니다.
  - **e.g.** Journaling every night is my way of practicing **self-care**. 매일 밤 일기를 쓰는 것은 내가 자기 관리를 실천하는 방법이다.

10 **No matter how** busy life gets, I want to **keep creating** something beautiful to look back on.

아무리 바쁜 삶이 되어도, 돌아볼 수 있는 아름다운 무언가를 계속 만들어 가고 싶다.

- **no matter how**는 '아무리 ~하더라도'라는 의미로 조건에 상관없이 결과가 동일함을 강조하는 표현입니다.
  - **e.g.** **No matter how** tired I am, I always read before bed. 아무리 피곤해도, 나는 항상 자기 전에 책을 읽는다.

- **keep -ing**는 '~하는 것을 계속하다, 지속하다'라는 의미로 어떤 행동이나 상태가 지속적으로 반복될 때 사용하는 표현입니다.
  - **e.g.** He **keeps making** the same mistake. 그는 같은 실수를 계속한다.

DAY 15 — A Special Chuseok with Loved Ones

Today was the day we headed to Yangsan to spend Chuseok with my husband's family!

In English, Chuseok is often called Korean Thanksgiving, but it's actually quite different from Thanksgiving in the U.S. Back home, we usually just eat together and catch up, but in Korea, families also gather to honor their ancestors through traditional ceremonies.

We hit the road around 11 a.m. Dinner wasn't until 5, but we had a long drive ahead.

"I could really use a cup of coffee. Can we grab one at a rest area on the way?" I asked my husband.

"Sure, honey! No problem. There's a rest area coming up—we can stop by."

Once we arrived, everything went smoothly. We all worked together in the kitchen, then spent the evening laughing and talking.

I feel so lucky to have such an amazing family! I may not have grown up with Chuseok, but it's become a special part of my life.

 **Reading Points**

1 Today was the day we **headed to Yangsan** to spend Chuseok with my husband's family!

오늘은 남편의 가족과 함께 추석을 보내기 위해 양산으로 향한 날이었다!

- 「**head to + 장소**」는 '~로 향하다, 가다'라는 의미로 어떤 장소로 이동할 때 자연스럽게 사용하는 표현입니다.
  - e.g. We **headed to the airport** early in the morning. 우리는 아침 일찍 공항으로 향했다.

2 In English, Chuseok **is** often **called Korean Thanksgiving**, but it's actually **quite different from** Thanksgiving in the U.S.

영어로는 추석을 보통 '한국의 추수감사절'이라고 부르지만, 사실 미국의 추수감사절과는 꽤 다르다.

- 「**be called + 명사**」는 '~라고 불리다'라는 의미로 특정한 사람이나 사물의 이름이나 별명을 설명할 때 쓰는 표현입니다.
  - e.g. Seoul **is called the heart of Korea**. 서울은 한국의 심장이라고 불린다.

- **quite different from**은 '~와 꽤 다른'이라는 의미입니다.
  - e.g. His personality is **quite different from** mine. 그의 성격은 내 성격과 꽤 다르다.

3 **Back home**, we usually just eat together and **catch up**, but in Korea, families also **gather to honor** their ancestors through traditional ceremonies.

나의 고향에서는 보통 함께 식사하고 이야기하는 정도지만, 한국에서는 가족들이 모여 조상님을 기리는 전통 의식을 함께 치른다.

- **back home**은 '고향에서, 내가 원래 살던 곳에서는'이라는 의미로 자신이 원래 살던 곳과 현재 사는 곳을 비교할 때 사용하는 표현입니다.
  - e.g. **Back home**, we don't celebrate Chuseok. 우리 고향에서는 추석을 안 지낸다.

- **catch up**은 '밀린 이야기를 나누다'라는 의미로 오랜만에 만난 친구나 가족과 소식을 나눌 때 사용하는 표현입니다.
  - e.g. Let's meet and **catch up** this weekend! 이번 주말에 만나서 밀린 이야기 좀 하자!

- 「**gather to + 동사원형**」은 '~하기 위해 모이다'라는 의미로 특정 목적을 위해 사람들이 한곳에 모일 때 사용하는 표현입니다.
  - e.g. The students **gathered to discuss** their project. 학생들이 프로젝트를 논의하기 위해 모였다.

가브리엘 포인트 : gather vs. come together vs. assemble

- **gather to + 동사원형**: 특정 행동을 하기 위해 모이다 (일상적인 모임)
  - e.g. We **gathered to** sing carols. 우리는 캐롤을 부르기 위해 모였다.

- **come together to + 동사원형**: 공동의 목적을 수행하기 위해 결속하다 (협력, 단합 강조)
  - e.g. The community **came together to** help the victims. 지역 주민들은 피해자들을 돕기 위해 단합했다.

- **assemble to + 동사원형**: 어떤 일을 하기 위해 조직적이고 공식적으로 모이다
  - **e.g.** The team assembled to discuss the strategy. 팀이 전략을 논의하기 위해 모였다.

4 We **hit the road** around 11 a.m. Dinner **wasn't until 5**, but we **had a long drive ahead**.

우리는 오전 11시쯤 출발했다. 저녁 식사는 5시였지만, 먼 길을 가야 했기 때문이다.

- **hit the road**는 '출발하다, 길을 떠나다'라는 뜻으로, 여행이나 외출을 시작할 때 사용됩니다.
  - **e.g.** Let's **hit the road** early tomorrow to avoid traffic. 내일 일찍 출발해서 교통 체증을 피하자.

 가브리엘 포인트 원어민들이 자주 쓰는 비슷한 표현

- **head out**: (어딘가로) 나가다, 출발하다 (leave와 비슷하지만 더 일상적인 느낌)
  - **e.g.** We should head out soon if we don't want to be late. 늦기 싫으면 곧 출발해야 해.

- 「**not until + 시간**」은 '~가 되어서야 비로소', 또는 '~까지는 …하지 않다'라는 뜻으로, 어떤 일이 특정 시점 이전에는 일어나지 않다가 그 시점이 되어서야 일어났다는 의미를 강조할 때 사용됩니다.
  - **e.g.** The meeting is **not until next week**. 회의는 다음 주나 되어야 열린다.

🌿 **have a long drive ahead**는 '먼 거리를 운전해야 하다'라는 뜻으로, 운전에 소요되는 시간이나 물리적인 거리뿐만 아니라 예정된 여정이나 여행이 많이 남아 있음을 표현할 때 사용합니다.

> **e.g.** We **have a long drive ahead**, so let's get some snacks. 우리 먼 길 가야 하니까 간식 좀 챙기자.

---

5 "**I could really use** a cup of coffee. Can we **grab one** at a rest area **on the way**?" I asked my husband.

"커피 한 잔 정말 마시고 싶어. 가는 길에 휴게소에서 사도 될까?" 내가 남편에게 물었다.

🌿 **I could really use ~**는 '지금 ~가 정말 필요하다'라는 뜻으로, 여기서 use는 '사용하다'라는 의미보다는 '필요하다(need)'의 느낌에 가깝습니다. 이때 really를 넣어서 사용하는 경우가 많은데 그러면 좀 더 '간절하게' 들립니다.

> **e.g.** **I could really use** a nap. 지금 낮잠 한숨 자면 딱 좋겠어.

가브리엘 포인트 — I could use vs. I need

- **I could use**: ~하면 좋겠다, ~을 원한다 (덜 직접적이면서 좀 더 공손하고 부드러운 느낌)

- **I need**: ~가 꼭 필요하다 (더 강하고 필수적인 느낌)
  > **e.g.** I could really use some coffee right now. 지금 커피 마시면 딱이겠어. (부드럽고 자연스러운 어감) **vs.** I need some coffee right now. 나 커피가 당장 필요해. (강하고 직접적인 어감)

🌿 **grab one on the way**는 '가는 길에 하나 사다'라는 의미로 어디에 들러 빠르게 뭔가를 살 때 사용하는 표현입니다. 상황에 따라 one 대신에 다양한 단어가 올 수 있습니다.

> **e.g.** Let's **grab a bite on the way**. 가는 길에 간단히 뭐 먹자.

가브리엘 포인트 원어민들이 자주 쓰는 비슷한 표현

- **pick up ~ on the[one's] way**: 중간에 들러서 ~을 사다, 가져오다 (어디에 가는 길에 들러서 무언가를 사거나 가져올 때)

  e.g. I'll pick up some snacks on my way home. 집 가는 길에 간식 좀 사 갈게.

  e.g. Should I pick up anything on the way home? 집에 오는 길에 뭐 사 올까?

---

6 "Sure, honey! No problem. There's a rest area **coming up**—we can **stop by**."

"그럼, 자기야! 문제없어. 곧 휴게소가 나오니까 들르면 돼."

🌱 **come up**은 '(장소가) 가까워지다, 다가오다', '(어떤 일이) 다가오다, 발생하다'라는 의미로 주로 곧 있을 미래의 일을 나타낼 때 사용됩니다.

e.g. There's a gas station **coming up** soon. 곧 주유소가 나올 거야.

🌱 **stop by**는 '잠깐 들르다'라는 뜻으로, 이동 중에 어떤 장소에 짧게 방문할 때 사용됩니다.

e.g. Can you **stop by** the store and get some milk? 가게에 잠깐 들러서 우유 좀 사 올 수 있어?

---

7 **Once we arrived**, everything **went smoothly**.

우리가 도착하자마자 모든 것이 순조롭게 진행되었다.

- 「once+주어+동사」는 '일단 ~하면', '~하자마자'라는 의미로 어떤 일이 일어난 직후에 발생하는 상황을 묘사할 때 사용됩니다.

  e.g. **Once you finish** your homework, you can go out. 일단 숙제 끝내면, 밖에 나가도 돼.

- **go smoothly**는 '순조롭게 진행되다'라는 의미로 일이 계획대로 잘 진행되거나 예상했던 대로 문제없이 흘러갈 때 사용하는 표현입니다.

  e.g. The wedding **went smoothly** without any issues. 결혼식이 아무 문제 없이 순조롭게 진행되었다.

8 We all worked together in the kitchen, then **spent the evening laughing** and **talking**.

우리는 다 같이 주방에서 요리를 준비했고, 그런 후에 함께 웃고 이야기하며 저녁 시간을 보냈다.

- 「spend+시간/돈/노력+-ing」는 '~하는 데 …를 쓰다'라는 의미로 특정한 활동을 하거나 여가를 보내는 데 들이는 시간, 돈, 노력 등을 설명할 때 많이 사용하는 표현입니다.

  e.g. I **spend most of my day taking** care of my baby. 나는 하루 대부분을 아기를 돌보는 데 쓴다.

9 I **feel** so **lucky to have** such an amazing family!

이렇게 멋진 가족이 있다는 게 정말 행운이라고 느낀다!

- 「feel lucky to+동사원형」은 '~해서 운이 좋다고 느끼다'라는 뜻으로, 감사한 마음을 표현할 때 사용됩니다.

  e.g. I **feel lucky to have** such great friends. 나는 이렇게 좋은 친구들이 있어서 운이 좋다고 느낀다.

10 I may not **have grown up with** Chuseok, but it**'s become a** special **part of** my life.

나는 추석을 경험하며 자라지는 않았지만, 이제는 내 삶의 특별한 일부가 되었다.

- **grow up with**는 '~와 함께 성장하다'라는 의미로 어떤 환경, 문화, 사람 또는 특정한 경험과 함께 성장했음을 나타낼 때 사용하는 표현입니다.
  - e.g. He **grew up with** strict parents, so he learned to be disciplined from a young age. 그는 엄격한 부모님 밑에서 자라서 어릴 때부터 절제하는 법을 배웠다.

- **become a part of**는 '~의 일부가 되다'라는 의미로 특정 그룹, 문화, 조직 등의 중요한 일부가 되거나 깊이 연관될 때 사용하는 표현입니다.
  - e.g. Learning Korean **has become a part of** my daily routine. 한국어 공부가 내 일상의 일부가 되었다.

DAY 16 — Engine Light On, Fingers Crossed

My car's engine light started blinking today, which meant it was time to take it to the mechanic. My dad taught me how to change the oil and handle basic maintenance when I was younger, but beyond that, I'm pretty lost when it comes to cars.

So, after work, I swung by the mechanic.

"My engine light started flashing this morning. Could you check it out for me?"

"Sure thing. Seems like your car's in pretty good shape—it shouldn't take us too long," the mechanic said.

"It's nice of you to say so, but I really just do the bare minimum. I'm hoping it's nothing serious—money's a bit tight right now."

He assured me not to worry and said I could come pick it up in a few days. Now, I just have to cross my fingers and hope that the bill isn't too painful!

 **Reading Points**

> 1 My car's **engine light** started blinking today, which meant it was time to **take it to the mechanic**.
>
> 오늘 내 차의 엔진 경고등이 깜빡이기 시작했다. 그 말은 곧 정비소에 갈 때라는 뜻이다.

🌸 **engine light**은 '엔진 경고등'이라는 뜻으로, 차량에 엔진 관련 문제가 있을 때 계기판에 뜨는 경고등을 가리킵니다.

e.g. If your **engine light** turns on, you should get your car checked. 엔진 경고등이 켜지면 차 점검을 받아야 한다.

🌸 **take the car to the mechanic**은 '차를 정비소에 가져가다'라는 뜻으로, 자동차 수리를 맡길 때 사용됩니다. 본문의 대명사 it은 my car를 가리킵니다.

e.g. I need to **take my car to the mechanic** before my road trip. 장거리 여행 전에 내 차를 정비소에 맡겨야 한다.

 가브리엘 포인트 원어민들이 자주 쓰는 비슷한 표현

- **get the car looked at**: 차 점검을 받다

  e.g. I should get my car looked at before winter. 겨울이 오기 전에 차 점검을 받아야겠다.

  e.g. The noise is back? Didn't you get the car looked at already? 소리 또 나? 너 차 이미 점검 맡기지 않았어?

2 My dad taught me how to change the oil and **handle basic maintenance** when I was younger, but beyond that, I'm pretty **lost when it comes to** cars.

어릴 때 아빠가 나한테 엔진 오일 교환하는 법이랑 기본적인 정비 방법을 가르쳐 주셨지만, 그 이상 차에 관해서는 전혀 모른다.

🍃 **handle basic maintenance**는 '기본적인 정비를 하다'라는 뜻으로, 간단한 차량 점검이나 수리를 할 때 사용됩니다.

e.g. He knows how to **handle basic maintenance**, like checking the tire pressure. 그는 타이어 공기압 확인 같은 기본 정비는 할 줄 안다.

🍃 **be lost when it comes to**는 '~에 대해서는 잘 모른다'라는 뜻으로, 특정한 주제나 기술에 대해 지식이 부족할 때 사용됩니다.

e.g. I'm completely **lost when it comes to** fixing electronics. 나는 전자 기기 수리에 대해선 완전 문외한이다.

가브리엘 포인트 원어민들이 자주 쓰는 비슷한 표현

- **clueless about**: ~에 대해 전혀 모르는 (어떤 것에 대해 전혀 모르거나 이해하지 못하는 상태일 때)

    e.g. I'm **clueless about** car repairs. 나는 자동차 수리에 대해 아무것도 모른다.

    e.g. She looked completely **clueless about** why everyone was laughing. 그녀는 왜 모두가 웃는지 전혀 감을 못 잡는 것 같았다.

3 So, after work, I **swung by** the mechanic.

그래서 퇴근 후 정비소에 잠깐 들렀다.

- **swing by**는 '~에 잠깐 들르다'라는 뜻으로, 짧게 방문할 때 사용됩니다.
- **e.g.** I'll **swing by** the grocery store on my way home. 집에 가는 길에 마트에 잠깐 들를 것이다.

4 "My engine light started **flashing** this morning. Could you **check it out** for me?"

"오늘 아침에 엔진 경고등이 깜빡이기 시작했어요. 한번 봐 주실 수 있나요?"

- **flash**는 '깜빡이다'라는 뜻으로, 자동차 경고등이나 신호등이 깜빡이는 것을 묘사할 때 사용됩니다.
- **e.g.** The warning light started **flashing** on my dashboard. 계기판에서 경고등이 깜빡이기 시작했다.

- **check out**은 '점검하다, 확인하다'라는 뜻으로, 누군가의 관심을 끌거나, 직접 보거나 경험해 보도록 권할 때 '한번 확인해 봐'라는 의미로 자주 사용됩니다. 또한, 무언가를 살펴보거나 점검할 때도 쓰이는 표현입니다.
- **e.g.** I'll **check out** the issue and get back to you. 문제를 확인해 보고 다시 알려 드릴게요.

가브리엘 포인트 : 원어민들이 자주 쓰는 비슷한 표현

- **take a look at**: ~을 한번 살펴보다 (look at보다 더 자연스럽고 부드러운 표현으로, 무언가를 살펴보거나 검사해 달라고 가볍게 요청하거나 제안할 때 많이 쓰임)
  - **e.g.** Can you take a look at my brakes? 브레이크 좀 봐 줄 수 있어요?

5 "Sure thing. Seems like your car's **in pretty good shape**—it shouldn't take us too long," the mechanic said.

"그럼요. 차 상태가 꽤 좋아 보이네요. 오래 걸리진 않을 거예요."라고 정비사가 말했다.

 **be in pretty good shape**은 '상태가 꽤 좋다'라는 뜻으로, 물건이나 사람의 컨디션이 괜찮을 때 사용됩니다.

e.g. My laptop is old, but it's still **in pretty good shape**. 내 노트북은 오래됐지만 아직 상태가 괜찮다.

가브리엘 포인트 — '상태'를 나타내는 다양한 표현들

- **be in mint condition**: 완벽한 상태다 (새것처럼 흠 하나 없을 때)
  e.g. The laptop is in mint condition, just like new! 이 노트북은 완전 새것 같은 상태야!

- **be in good condition**: 좋은 상태다 (decent보다 더 좋은 상태일 때)
  e.g. The laptop is in good condition. 이 노트북은 좋은 상태다.

- **be in decent condition**: 상태가 괜찮다 (최상의 상태는 아니지만, 충분히 괜찮거나 사용할 만할 때)
  e.g. The laptop is in decent condition, but it's a bit slow. 이 노트북은 괜찮은 상태지만, 좀 느리다.

- **be in poor condition**: 상태가 나쁘다 (사용하기 어려울 정도일 때)
  e.g. The laptop is in poor condition and barely works. 이 노트북은 상태가 안 좋아서 거의 작동하지 않는다.

6 "It's nice of you to say so, but I really just **do the bare minimum**. I'm hoping it's nothing serious—**money's a bit tight** right now."

"그렇게 말씀해 주셔서 감사하지만, 사실 저는 최소한의 관리만 해요. 심각한 문제가 아니었으면 좋겠네요. 요즘 돈이 좀 빠듯해서요."

- **do the bare minimum**은 '최소한의 것만 하다'라는 뜻으로, 꼭 필요한 일만 할 때 사용됩니다.
  - e.g. I just **do the bare minimum** when it comes to cleaning. 나는 청소할 때 최소한의 것만 한다.

- **money's a bit tight**은 '돈이 빠듯하다'라는 뜻으로, 경제적으로 여유가 없을 때 사용됩니다.
  - e.g. I'd love to travel, but **money's a bit tight** right now. 여행 가고 싶지만 요즘 돈이 좀 빠듯하다.

7 He **assured** me not to worry and said I could **come pick** it up **in a few days**.

그는 걱정하지 말라고 나를 안심시키며, 며칠 후에 와서 차를 찾아가면 된다고 말했다.

- **assure**는 '~에게 확신시키다, 안심시키다'라는 의미로 상대방을 안심시키거나 어떤 사실을 확신하도록 할 때 사용됩니다.
  - e.g. She **assured** me that everything would be fine. 그녀는 모든 것이 괜찮을 거라고 나를 안심시켰다.

📎 「**come/go + 동사원형**」은 '와서/가서 ~하다'라는 의미로 come이나 go 뒤에 and 없이 바로 동사원형이 이어지며 두 동작이 자연스럽게 연결됨을 나타냅니다. come pick it up은 '와서 그것을 가져가다'라는 뜻으로, pick it up(가져가다) 앞에 come을 붙여 '어딘가로 이동해서 무언가를 가져가는' 동작 전체를 자연스럽게 표현한 것입니다.

> **e.g.** **Come check** it out! 와서 한번 확인해 봐!

📎 **in a few days**는 '며칠 후에'라는 의미입니다. 현재 시점에서 얼마 후에 일어날 일을 말할 때는 「in + 기간」을 사용해야 합니다. 「after + 기간」은 특정한 기간이 지난 후 일어난 사건을 강조할 때 씁니다.

> **e.g.** **In a few days**, I'll call you to confirm the details. 며칠 후에 세부 사항을 확인하기 위해 전화할게요.

가브리엘 포인트 — in a few days vs. after a few days

- **in a few days**: 지금부터 며칠 후에
  > **e.g.** I'll see you in a few days. (지금부터) 며칠 후에 보자.
- **after a few days**: 어떤 일이 있고 나서 며칠 후에
  > **e.g.** He felt better after a few days. 그는 며칠 지나고 나서 나아졌다.

---

8 Now, I just have to **cross my fingers** and hope that the bill isn't too painful!

이제 행운을 빌면서 수리비가 너무 많이 나오지 않길 바랄 뿐이다!

📎 **cross one's fingers**는 '행운을 빌다'라는 뜻으로, 좋은 결과를 바라면서 행운을 빌 때 사용하는 표현입니다.

> **e.g.** **I'm crossing my fingers** for good weather tomorrow. 내일 날씨가 좋길 바라고 있다.

가브리엘 포인트 원어민들이 자주 쓰는 비슷한 표현

- **Wish me luck!**: 행운을 빌어 줘!
    - e.g. I have a big test tomorrow. Wish me luck! 내일 중요한 시험이 있어. 행운을 빌어 줘!

- **hope for the best**: 좋은 결과를 바라다
    - e.g. I studied hard, now I just have to hope for the best. 열심히 공부했으니까, 이제 좋은 결과를 기대할 뿐이다.

A Hassle of a Trip, but Worth It in the End

We had to renew my Residence Card today, and wow—what a hassle! Since my in-laws were borrowing our car, we had to take the bus. The trip usually takes a little over an hour, but we missed one of our transfers and had to wait 25 minutes for the next one! I love our city for its kind people and great facilities, but public transportation can definitely be a pain sometimes.

Once we got to the Immigration Office, though, it was smooth sailing. The office in our town is way less busy than the one in Seoul, and the staff are a lot friendlier, too. I really owe my husband—he's helped me so much with all the paperwork and requirements that are hard for me to understand. Honestly, I don't know what I'd do without him.

Things are definitely more complicated for a foreigner living in Korea, but that's just how things work.

In the end, it's totally worth it to live in such an amazing country. A little extra paperwork is a small price to pay for getting to call this place home.

Reading Points

1 We had to **renew** my Residence Card today, and wow—**what a hassle!**

오늘 외국인 등록증을 갱신해야 했는데, 와… 정말 번거로웠다!

- **renew**는 '갱신하다, 연장하다'라는 의미로 면허증, 계약, 구독 등을 갱신할 때 쓰입니다.
  - **e.g.** I need to **renew** my passport soon. 곧 여권을 갱신해야 한다.

- **What a hassle!**은 '정말 번거로워!', '귀찮아!'라는 의미로 귀찮거나 까다로운 일을 해야 할 때 사용됩니다.
  - **e.g.** We had to go through security twice at the airport. **What a hassle!**
  우리는 공항에서 보안 검색을 두 번이나 받아야 했다. 진짜 귀찮았다!

2 Since my **in-laws** were borrowing our car, we had to take the bus.

시부모님이 우리 차를 빌려 가셔서 우리는 버스를 타야 했다.

- **in-laws**는 배우자의 부모 또는 그 외의 가족들을 가리키는 말입니다.
  - **e.g.** My **in-laws** are visiting us this weekend. 이번 주말에 시댁[처가] 식구들이 온다.

3 The trip usually takes **a little over** an hour, but we missed one of our transfers and had to wait 25 minutes for the next one!

보통 한 시간 조금 넘게 걸리는데, 환승 편을 놓쳐서 25분이나 다음 차를 기다려야 했다!

- **a little over**는 '~보다 조금 더'라는 의미로 보통 거리, 시간, 금액 등의 숫자 표현과 함께 사용하여 대략적인 수치를 나타낼 때 씁니다.
- **e.g.** The meeting lasted **a little over** an hour. 회의가 한 시간 조금 넘게 지속됐다.

4 I love our city **for** its kind people and great facilities, but public transportation can definitely **be a pain** sometimes.

친절한 사람들과 좋은 시설 때문에 우리 도시를 좋아하지만, 대중교통은 가끔 정말 불편하다.

- **for**는 '~ 때문에, ~ 덕분에'라는 의미로 이유를 나타낼 때 원어민들이 정말 많이 사용하는 전치사입니다. 한국 학습자들은 이유를 나타낼 때 대부분 because of를 많이 사용하는데, for를 쓰면 더 자연스럽고 부드러운 느낌을 줄 수 있습니다.
- **e.g.** I admire him **for** his honesty. 나는 그의 정직함 때문에 존경한다.

- **be a pain**은 '불편하다, 성가시다'라는 의미로 어떤 사람이나 일로 인해 성가시고 짜증 나는 경우에 사용되는 표현입니다.
- **e.g.** Waiting in long lines **is** such **a pain**. 긴 줄에서 기다리는 건 너무 성가시다.

5 Once we got to the Immigration Office, though, it was **smooth sailing**.

그런데 일단 이민국 사무소에 도착하자 모든 게 술술 풀렸다.

🌱 **smooth sailing**은 '매우 순조롭게 진행되는 것'이라는 의미로 배가 바람을 잘 타고 나아가는 모습에서 유래한 표현이며, 어떤 일이 별다른 문제 없이 잘 진행될 때 사용합니다.

> **e.g.** After the first few weeks, learning Korean was **smooth sailing**. 첫 몇 주가 지나고 나니 한국어 배우는 게 술술 풀렸다.

6 The office in our town is **way less** busy than the one in Seoul, and the staff are a lot friendlier, too.

우리 동네 사무소는 서울보다 훨씬 한산하고, 직원들도 훨씬 친절하다.

🌱 **way less** 뒤에 형용사나 부사가 오면 '훨씬 덜 ~한/하게'라는 의미가 되어 비교 대상보다 그 정도나 양이 훨씬 적거나 덜함을 강조하는 표현이 됩니다. 여기서 way는 '훨씬, 아주'를 뜻하는 부사입니다. much less 또는 a lot less와 비슷한 의미이지만 더 강한 어감을 띠는 구어체 표현입니다.

> **e.g.** This coffee is **way less** bitter than the one I had yesterday. 이 커피는 어제 마신 것보다 훨씬 덜 쓰다.

7 I really **owe my husband**—he's helped me so much with all the **paperwork** and requirements that are hard for me to understand.

정말 남편한테 큰 신세를 졌다. 나에게는 이해하기 어려운 서류 작업이랑 요구 사항들을 엄청 많이 도와주었다.

🌱 **owe someone**은 '(누군가에게) 빚지다, 신세를 지다'라는 의미로 말 그대로 누군가에게 돈을 갚아야 하거나 감사할 일이 있을 때 사용됩니다.

> **e.g.** I **owe you** one! 너한테 신세 졌어!(네 덕분이야!)

📎 **paperwork**은 '서류 작업'이라는 의미인데, 상황에 따라 계약서, 신청서, 법적 서류, 보고서 등 다양한 문서에 대해 사용됩니다.

> e.g. The **paperwork** for buying a house is so complicated. 집을 사기 위한 서류 작업은 엄청 복잡하다.

 가브리엘 포인트 paperwork vs. document vs. form vs. filing

- **paperwork**: 서류 작업 (계약서, 신청서 등 행정 및 공식적인 문서 처리)
  > e.g. I have a lot of paperwork to finish. 나는 끝내야 할 서류 작업이 많다.

- **document**: 문서, 서류 (실제 종이 문서나 파일 자체를 의미)
  > e.g. Please submit the required documents. 필요한 서류를 제출해 주세요.

- **form**: 양식, 신청서 (신청서, 설문지 등 특정한 목적을 위한 문서)
  > e.g. Fill out this form and sign at the bottom. 이 신청서를 작성하고 아래에 서명하세요.

- **filing**: 서류 정리, 문서 보관 (서류를 정리하고 분류하는 행위)
  > e.g. I spent the morning doing some filing at the office. 나는 아침 내내 사무실에서 서류 정리를 하는 데 시간을 보냈다.

---

8 Honestly, I don't know what I'd do without him.

솔직히 남편 없었으면 어떻게 했을지 모르겠다.

📎 **I don't know what I'd do without ~**은 '~이 없으면 어떻게 할지 모르겠다' 라는 의미로 누군가가 꼭 필요하다는 말이며, 감사의 표현으로 자주 사용됩니다.

> e.g. **I don't know what I'd do without** your support. 네 도움이 없었으면 정말 힘들었을 거야.

9 Things are definitely more complicated for a foreigner living in Korea, but **that's just how things work**.

한국에서 사는 외국인으로서 확실히 더 복잡하지만, 원래 그런 거지 뭐.

> That's just how things work.는 '원래 그런 거야.', '세상이 다 그런 거지.'라는 의미로 어떤 상황이 논리적으로 설명되지 않더라도, 현실이 그렇다는 걸 인정할 때 사용되는 표현입니다.
>
> e.g. Sometimes things don't go as planned, but **that's just how things work**. 때때로 계획대로 안 되지만, 원래 그런 거지 뭐.

가브리엘 포인트 원어민들이 자주 쓰는 비슷한 표현

- **That's just how things work.**: 원래 그런 거야. (일반적인 시스템이나 현실을 인정할 때)
    e.g. Sometimes the best candidate doesn't get the job. That's just how things work. 가끔 최고의 지원자가 채용되지 않는 경우가 있다. 원래 그런 거다.

- **That's just the way it is.**: 세상이 다 그래. (감성적이고 운명에 맡기는 느낌)
    e.g. Life is unfair, but that's just the way it is. 인생은 불공평하다. 세상이 다 그런 거다.

- **That's life.**: 그게 인생이야. (삶의 부조리함이나 불공평함을 받아들일 때)
    e.g. I lost the game, but that's life. 경기에서 졌다. 하지만 그게 인생이다.

- **It is what it is.**: 어쩔 수 없어. (주어진 상황을 받아들이고 현실을 인정할 때)
    e.g. We can't change the situation. It is what it is. 우리가 상황을 바꿀 수는 없다. 그냥 받아들여야지.

10 In the end, it's totally **worth it** to live in such an amazing country.

결국 이렇게 멋진 나라에서 사는 건 완전 가치 있는 일이다.

- **worth it**은 '그만한 가치가 있는'이라는 의미로 어떤 일에 시간, 돈, 노력 등을 들일 가치가 있다고 말할 때 사용됩니다.
  - **e.g.** Waking up early is hard, but it's **worth it**. 일찍 일어나는 건 힘들지만 그럴 만한 가치가 있다.

11 A little extra paperwork is **a small price to pay** for getting to call this place home.

약간의 서류 작업쯤은 이곳을 내 집이라 부를 수 있는 대가로 치면 별거 아니다.

- **a small price to pay**는 직역하면 '지불해야 할 적은 비용'이라는 의미로, 보통 '그 정도는 감수할 만한 일이다'라고 할 때 많이 쓰는 표현입니다. 큰 이익을 얻기 위해 치르는 작은 손해나 희생을 정당화할 때 사용됩니다.
  - **e.g.** Hard work is **a small price to pay** for success. 성공을 위해선 힘든 일쯤은 감수할 만하다.

DAY 18 — A Small Gesture with a Big Impact

I've had a lot on my plate lately, and today I was feeling a bit overwhelmed by it all. But something happened that completely turned my day around.

While I was out running an errand, a stranger gave me a quick once-over and said, "That dress looks great on you!"

Her compliment caught me off guard, but I thanked her right away. "Thanks, it's nice of you to say so!"

And just like that, we went our separate ways. No small talk, no ulterior motive—just a kind, passing compliment. It was such a simple moment, but it reminded me how small gestures can make someone's day.

It got me thinking—maybe I should start giving more compliments, too. Kindness is contagious, and I'm ready to spread it!

 **Reading Points**

> 1 I've had a lot on my plate lately, and today I was feeling a bit overwhelmed by it all.
>
> 요즘 할 일이 너무 많아서 정신없었는데, 오늘은 특히 부담이 컸다.

🔍 **have a lot on one's plate**는 '할 일이 많다, 바쁘다'라는 의미로 일, 공부, 가사 등 해야 할 일이 많아 정신없는 상황에서 쓰는 표현입니다.

e.g. I can't take on another project right now. I already **have a lot on my plate**. 지금은 다른 프로젝트를 맡을 수 없다. 이미 할 일이 너무 많다.

 **가브리엘 포인트** 원어민들이 자주 쓰는 비슷한 표현

- **be swamped with work**: 일이 산더미처럼 쌓여 있다 (직장인들이나 학생들이 업무나 과제가 너무 많을 때 일상적으로 사용하는 표현)

  e.g. A: Hey, wanna grab dinner tonight? 이봐, 오늘 저녁 같이 먹을까?
  B: I wish I could, but I'm swamped with work. 그러고 싶은데, 일이 너무 많아.

🔍 **feel overwhelmed by**는 '~에 압도당하다'라는 의미로 주로 감정(스트레스, 감동)이 과잉 상태이거나 일이 많아서 감당하기 힘들 때 사용됩니다.

e.g. She **felt overwhelmed by** the amount of work she had to do. 그녀는 해야 할 일의 양에 압도당했다.

2 But something happened that completely **turned my day around**.

그런데 어떤 일이 있었고, 그 덕분에 하루가 완전히 바뀌었다.

- **turn one's day around**는 '~의 하루를 완전히 바꾸다'라는 의미로, 기분이 안 좋거나 일이 잘 안 풀리는 상태였는데 어떤 사소한 계기(칭찬, 커피 한 잔, 좋은 소식 등)가 하루를 긍정적으로 변화시켰을 때 쓰는 표현입니다.
- **e.g.** That cup of coffee really **turned my day around**. 그 한 잔의 커피가 내 하루를 완전히 바꿨다.

3 While I was out **running an errand**, a stranger **gave me a** quick **once-over** and said, "That dress looks great on you!"

볼일을 보러 나갔는데, 어떤 낯선 사람이 나를 한번 훑어보더니, "그 원피스 정말 잘 어울려요!"라고 말했다.

- **run an errand**는 '심부름하다, 볼일을 보다'라는 의미로 은행 업무나 장보기 등 간단한 볼일을 보러 갈 때 쓰는 표현입니다.
- **e.g.** I need to **run a few errands** before dinner. 저녁 먹기 전에 몇 가지 볼일을 봐야 한다.

- **give someone a once-over**는 '~를 한번 훑어보다'라는 의미로 상대방의 옷차림이나 외모를 짧게 살펴볼 때 쓰이는데, 긍정적인 의미로도 쓰이지만 때로는 부정적인 느낌을 줄 수도 있습니다. quick을 붙이면 빠르게 훑어본다는 느낌이 강조됩니다.
- **e.g.** He **gave me a** quick **once-over** before speaking. 그는 말을 하기 전에 나를 한번 훑어봤다.

가브리엘 포인트 give someone a once-over vs. glance at

- **give someone a once-over**는 상대방의 옷차림, 외모, 건강 상태 등을 전체적으로 훑어보며 평가하는 느낌인 반면에, **glance at**은 짧게 한번 흘깃 보는 행동으로 평가보다는 순간적인 시선의 움직임을 묘사합니다. 쉽게 말하면 면접관이 지원자의 복장을 한번 훑어볼 때는 give someone a once-over를, 회의 중에 슬쩍 시계를 볼 때는 glance at을 씁니다.
  - e.g. The doctor gave the patient a once-over and said he seemed fine. 의사가 환자를 한번 훑어보더니 괜찮아 보인다고 했다. vs. He glanced at his phone during the meeting. 그는 회의 중에 핸드폰을 흘깃 봤다.

4 Her compliment **caught me off guard**, but I thanked her right away. "Thanks, **it's nice of you to say** so!"

그 칭찬이 갑자기 들려서 좀 당황했지만, 바로 감사 인사를 했다. "고마워요, 그렇게 말해 주셔서 기분 좋네요!"

- **catch someone off guard**는 '~를 당황하게 하다, 예상치 못한 순간에 놀라게 하다'라는 의미로 상대방이 예상치 못한 말을 하거나, 갑자기 어떤 일이 벌어졌을 때 쓰는 표현입니다.
  - e.g. I **was caught off guard** when my boss asked me to give a presentation on the spot. 상사가 갑자기 발표하라고 해서 완전 당황했다.

가브리엘 포인트 catch someone off guard vs. take someone by surprise

- **catch someone off guard**는 심리적으로 준비가 안 된 사람을 당황스럽게 하거나 놀라게 하는 느낌이라면 **take someone by surprise**는 보통 예상치 못한 긍정적인 놀라움을 유발할 때 쓰는 표현입니다.

> **e.g.** Her unexpected question caught me off guard. 그녀의 예상치 못한 질문이 나를 당황하게 했다. **vs.** Her visit took me by surprise. 그녀의 깜짝 방문이 날 놀라게 했다. (반가움의 뉘앙스)

📎 「It's + 형용사 + of + 사람 + to + 동사원형」은 '~하다니 참 …하다'라는 의미로 사람의 성격이나 행동에 대해 평가할 때 쓰는 표현입니다.

> **e.g.** It was thoughtful of you to bring snacks for everyone. 모두를 위해 간식을 챙겨 오다니 배려심이 깊으시네요.

 **가브리엘 포인트** 「It's + 형용사 + of + 사람 + to + 동사원형」 구문에서 자주 쓰이는 형용사

다음 단어들은 느낌상 차이가 있을 뿐 모두 '~한 행동을 해 줘서 감사하다'라고 할 때 쓰는 표현입니다.

- **nice**: 친절한
  > **e.g.** It's nice of you to help me with my bags. 짐까지 들어 주시고 정말 감사해요.

- **kind**: 다정한
  > **e.g.** It's kind of you to say that. 그렇게 말해 주셔서 감사합니다.

- **sweet**: 다정하고 따뜻한 (말투 등이 따뜻할 때)
  > **e.g.** It's sweet of you to check on me. 나를 걱정해 줘서 고마워요.

- **generous**: 관대한
  > **e.g.** It was generous of you to donate so much. 그렇게 많이 기부하시다니, 참 관대하시네요.

- **thoughtful**: 배려심 있는
  > **e.g.** It was really thoughtful of you to bring me tea. 나한테 차를 가져다주다니, 참 배려심 있네요.

DAY 18 163

5 And **just like that**, we **went our separate ways**.

그리고 바로 우리는 그냥 각자의 길을 갔다.

- **just like that**은 '그렇게 간단하게, 순식간에, 그대로, 그 순간'이라는 의미로, 다양한 상황에서 쓸 수 있습니다. 대표적으로 다음과 같은 세 가지 상황에서 자주 쓰입니다.

    1) 어떤 일이 순식간에 너무 쉽게 벌어질 때
        - **e.g.** He quit his job **just like that**. 그는 그냥 그렇게 일을 그만뒀다.

    2) 아무 이유 없이 갑자기 무언가가 변할 때
        - **e.g.** They ended their relationship **just like that**. 그들은 별다른 이유도 없이 관계를 끝냈다.

    3) 추가적인 고민이나 과정 없이 바로 행동이 이루어질 때
        - **e.g.** He made his decision **just like that**. 그는 바로 결정을 내렸다.

- **go one's separate ways**는 '각자 자기의 길을 가다'라는 의미로 관계가 끝나거나, 잠시 함께 있다가 각자 다른 방향으로 갈 때 쓰는 표현입니다.
    - **e.g.** After college, we **went our separate ways**. 우리는 대학 졸업 후 각자의 길을 갔다.

6 No small talk, no **ulterior motive**—just a kind, passing compliment.

가벼운 대화도 없었고, 숨은 의도도 없는, 그저 친절한 지나가는 칭찬이었다.

- **ulterior motive**는 '숨은 의도, 다른 꿍꿍이'라는 의미로, 누군가가 겉으로는 친절하지만 속으로 다른 의도를 감추고 있을 때 쓰는 표현입니다.
    - **e.g.** I hope he doesn't have an **ulterior motive** for being so nice. 그가 그렇게 친절한 데 숨은 의도가 없는 거면 좋겠다.

7 It was **such a simple moment**, but it **reminded** me how small gestures can **make someone's day**.

아주 사소한 순간이었지만, 작은 행동이 누군가의 하루를 얼마나 밝게 만들 수 있는지를 다시금 깨닫게 됐다.

- 「such a/an + 형용사 + 명사」는 '정말 ~한 …'이라는 의미로, 어떤 대상이나 상황을 강조할 때 사용되는 표현입니다. 감탄이나 강한 인상을 나타낼 때 자주 쓰이며, 감정이나 반응을 강조하는 데 효과적입니다.
  - **e.g.** It was **such a beautiful wedding**. 정말 아름다운 결혼식이었다.

- **remind**는 '상기시키다, 다시 기억나게 하다'라는 뜻입니다. 주로 누군가에게 어떤 사실, 약속, 의무 등을 알려 줘야 할 때 사용됩니다. 또한, 어떤 사람이나 상황이 과거의 기억이나 감정을 떠올리게 할 때도 쓰이며, 문맥에 따라 감정을 불러일으키는 회상이나 자연스러운 연상을 표현하는 데에도 사용됩니다.
  - **e.g.** Can you **remind** me about the meeting tomorrow? 내일 회의 있다는 거 나중에 다시 알려 줄래요?

- **make one's day**는 '~의 하루를 행복하게 하다'라는 의미로 작은 행동이 상대방에게 큰 즐거움이나 긍정적인 영향을 주었을 때 쓰는 표현입니다. 안 좋았던 상황이 좋아질 때 쓰는 turn one's day around와 비슷하지만, 항상 부정적인 상황에서 회복되는 것만을 의미하지는 않는다는 점에서 차이가 있습니다.
  - **e.g.** The compliment you gave me really **made my day**! 네가 해 준 칭찬이 정말 내 하루를 빛냈어!

8 It **got me thinking**—maybe I should start giving more compliments, too.

그래서 생각해 봤다. 나도 더 많은 칭찬을 해 볼까?

> 🔖 **get someone thinking**은 '~에게 생각하게 하다, 생각할 계기를 주다'라는 의미로 어떤 사건이 계기가 되어 새로운 깨달음을 얻거나 깊이 생각하게 될 때 사용하는 표현입니다.
>
> **e.g.** His words **got me thinking** about my future. 그의 말이 내 미래에 대해 생각하게 했다.

9 Kindness is **contagious**, and I'm ready to spread it!

친절은 전염성이 있으니까, 나부터 퍼뜨려야겠다!

> 🔖 **contagious**는 '전염성이 있는, 쉽게 퍼지는'이라는 의미입니다. 보통 질병과 관련해서 사용되지만 감정, 행동, 분위기 등이 사람들에게 빠르게 퍼진다는 의미로도 자주 사용됩니다.
>
> **e.g.** Positivity is **contagious**, so try to stay optimistic. 긍정은 전염성이 있으므로 낙관적인 마음을 유지하세요.

 가브리엘 포인트 — 칭찬할 때 쓰는 유용한 표현

- You look great today! 오늘 정말 멋져 보여!
- That color really suits you! 그 색깔 너랑 정말 잘 어울려!
- I love your haircut! 머리 스타일 너무 예쁘다!
- You did an amazing job on that! 그거 정말 잘했어!
- You have such great energy! 너 정말 긍정적인 에너지가 넘쳐!

DAY 19 — A Dentist Visit and a Guilty Conscience

I've been putting off going to the dentist for a while now, but yesterday, I suddenly got a toothache. So, I made an appointment online and went in this morning to see what was wrong. I'm afraid I wasn't as prepared as I should have been...

"Have you been flossing regularly?" the dentist asked me.

"Uh... well... I try," I mumbled.

She gave me a look that made me feel like I was back in elementary school getting scolded by a teacher.

"I hear that from every patient!"

"Well, I feel the same way every time I come here—like I should've done a better job taking care of my teeth!" I admitted.

Fortunately, no cavities this time around. Maybe next time I'll actually stick to my flossing routine. Maybe...?

 **Reading Points**

1 **I've been putting off** going to the dentist for a while now, but yesterday, I suddenly got a toothache.

한동안 치과에 가는 걸 미뤘는데, 어제 갑자기 치통이 생겼다.

- put off는 '미루다, 연기하다'라는 의미로 해야 할 일을 나중으로 미룰 때 사용하는 표현입니다.
- **e.g.** I kept **putting off** my homework until the last minute. 나는 숙제를 계속 미루다가 마감 직전에 했다.

2 So, I **made an appointment** online and went in this morning to see what was wrong.

그래서 온라인으로 예약을 잡고 오늘 아침에 가서 어떤 문제가 있는지 알아봤다.

- make an appointment는 '예약을 잡다'라는 의미로 병원, 미용실 등을 예약할 때 사용하는 표현입니다.
- **e.g.** I need to **make an appointment** with my doctor. 의사 선생님과 진료 예약을 해야 한다.

3 **I'm afraid** I wasn't **as prepared as I should have been**…

그런데 준비가 좀 부족했던 것 같다….

🌱 **I'm afraid**는 '유감이지만, 미안하지만'이라는 의미로 안 좋은 소식을 전할 때, 혹은 조심스럽게 말할 때 사용하는 표현입니다.

e.g. **I'm afraid** we're out of stock. 죄송하지만 재고가 없어요.

🌱 「**as + 형용사 + as I should have been**」는 '원래 그랬어야 했던 것만큼 ~하지 못했다'라는 의미로 자신의 과거 태도나 상태에 대한 아쉬움이나 반성을 나타낼 때 쓰는 표현입니다.

e.g. I wasn't **as confident as I should have been** during the interview.
나는 면접에서 원래만큼 자신감이 없었다. (면접 때 더 자신감 있게 보였어야 하는데 그러지 못했다는 아쉬움)

---

4 "**Have you been flossing** regularly?" the dentist asked me.

"치실 사용은 규칙적으로 하고 계신가요?"라고 의사 선생님이 물었다.

🌱 **Have you been -ing ~?**는 '(최근까지) 계속 ~하고 있었나요?'라는 의미로, 과거의 어느 시점부터 지금까지 계속해서 이어지고 있는 일에 대해 묻는 표현입니다. 즉, 최근까지 어떤 습관이나 행동이 지속되었는지를 확인하는 느낌입니다.

e.g. **Have you been exercising** lately? 요즘 운동하고 있어? (과거부터 현재까지 꾸준히 운동을 해 오고 있는지 묻는 느낌)

🌱 **floss**는 '치실을 사용하다', '치실'이라는 의미로 동사와 명사의 형태가 같은 단어입니다.

e.g. I always **floss** before going to bed. 나는 자기 전에 항상 치실을 사용한다. (동사)

e.g. Do you have any **floss**? 혹시 치실 있니? (명사)

5 "Uh... well... I try," I mumbled.

"어... 음... 노력은 하는데요."라고 나는 중얼거렸다.

🌱 **mumble**은 '중얼거리다, 웅얼거리다'라는 의미로 자신 없거나 부끄러운 상황에서 작은 목소리로 말할 때 사용하는 표현입니다.

e.g. I tend to **mumble** when I'm nervous. 나는 긴장하면 중얼거리는 편이다.

 가브리엘 포인트 원어민들이 자주 쓰는 비슷한 표현

- **whisper**: 속삭이다 (소리를 낮춰서 말할 때)
  e.g. She whispered the secret to me. 그녀는 내게 비밀을 속삭였다.

- **mutter**: 투덜거리다 (짜증 난 듯 작게 혼잣말할 때)
  e.g. He muttered complaints about his boss. 그는 상사에 대해 투덜거리며 불평했다.

- **slur**: 불분명하게 말하다 (술에 취하거나 피곤해서 발음이 흐릿할 때)
  e.g. He was so drunk that he slurred his words. 그는 너무 취해서 말을 흐릿하게 했다.

- **stammer**: 말을 더듬다 (긴장하거나 당황해서 말을 반복할 때)
  e.g. He stammered when he tried to speak in front of the crowd. 그는 사람들 앞에서 말하려다가 말을 더듬었다.

6 She **gave me a look** that **made me feel like** I was back in elementary school **getting scolded** by a teacher.

그녀는 초등학교 때 선생님한테 혼나던 기분이 들게 하는 표정을 지었다.

🌱 **give someone a look**은 '~에게 특정한 표정을 짓다, 눈길을 주다'라는 의미로 특정한 감정을 담아 누군가를 바라볼 때 쓰는 표현이며, 대화 중에 상대방의 눈빛 만으로도 감정이 전달될 때 정말 많이 씁니다.

> **e.g.** She **gave him a look** that said, "Don't even think about it." 그녀는 그에게 "꿈도 꾸지 마."라는 듯한 눈빛을 보냈다.

🌱 **make someone feel like**은 '~에게 …한 기분이 들게 하다'라는 의미로 어떤 상황, 사람, 행동이 특정한 감정을 유발할 때 사용하는 표현입니다.

> **e.g.** His words **made me feel like** I wasn't good enough. 그의 말 때문에 나는 부족한 사람처럼 느껴졌다.

🌱 **get scolded**는 '혼나다, 꾸중 듣다'라는 의미로 주로 아이들이나 학생들이 부모님, 선생님 등에게 혼날 때, 혹은 직장에서 상사에게 지적받을 때 쓰는 표현입니다.

> **e.g.** I **got scolded** by my manager for missing the deadline. 마감 기한을 놓쳐서 매니저한테 혼났다.

가브리엘 포인트 — 원어민들이 자주 쓰는 비슷한 표현

- **get told off**: 혼나다, 야단맞다 (get scolded보다 더 일상적이고 감정적인 느낌)
  > **e.g.** I got told off for being late to the meeting. 회의에 늦어서 혼났다.

- **get chewed out**: 호되게 혼나다 (get scolded보다 더 강한 느낌)
  > **e.g.** He got chewed out by his dad for crashing the car. 그가 아빠 차를 박살 내는 바람에 엄청 혼났다.

7 "I hear that from every patient!"

"그 말, 모든 환자에게서 듣는 거예요!"

🌱 **I hear that from ~**은 '~에게서 늘 듣는다'라는 말로 누군가로부터 같은 말을 자주 듣는 경우에 쓰는 표현입니다. 보통 불평, 조언, 변명, 칭찬 등을 반복적으로 들을 때 사용되며, 때로는 짜증스럽거나 예상했던 뻔한 말을 들었을 때도 쓸 수 있습니다.

e.g. **I hear that from** my boss all the time. 그 말, 상사한테 맨날 들어.

8 "Well, I **feel the same way** every time I come here—like I **should've done a better job taking** care of my teeth!" I admitted.

"근데 저도 매번 올 때마다 똑같이 느껴요. 치아를 더 잘 관리했어야 했다는 생각이요!"라고 나는 인정했다.

🌱 **feel the same way**는 '똑같이 느끼다'라는 의미로 상대방의 감정이나 의견에 공감할 때 사용하는 표현입니다. 상대방이 하는 말에 대해 완전히 같은 느낌을 갖고 있다는 뉘앙스를 띕니다.

e.g. I was surprised to find out that many of my colleagues **feel the same way** about the new manager. 새 매니저에 대해 많은 동료들이 나와 같은 생각을 가지고 있다는 것을 알고 놀랐다.

 **가브리엘 포인트** I feel the same way. vs. I agree. vs. I can relate.

다음 표현은 모두 '공감, 동의'를 나타내는 말이지만, 어조와 뉘앙스에 조금씩 차이가 있습니다.

- **I feel the same way.**: 감정적으로 공감할 때
  - e.g. I feel the same way about this book! 이 책에 대해 나도 똑같이 느껴!
- **I agree.**: 논리적으로 동의할 때
  - e.g. I agree that we need to work harder. 우리가 더 열심히 일해야 한다는 점에 동의한다.
- **I can relate.**: 경험적으로 공감할 때
  - e.g. I can relate to your story. I've been through the same thing. 네 이야기 공감돼. 나도 같은 일을 겪어 봤어.

🔖 「should've done a better job -ing」는 '~하는 걸 더 잘했어야 했는데'라는 의미로 과거에 제대로 하지 못한 일에 대해 후회할 때 쓰는 표현입니다.

e.g. I **should've done a better job managing** my time. 시간 관리를 더 잘했어야 했는데.

9 Fortunately, no **cavities this time around**.

다행히 이번에는 충치가 없었다.

🔖 **cavity**는 '충치'를 뜻하는 단어로 보통 have a cavity(충치가 있다), get a cavity(충치가 생기다), fill a cavity(충치를 치료하다) 등으로 자주 사용됩니다.

e.g. I have a **cavity** in my molar. 어금니에 충치가 생겼다.

🔖 **this time around**는 '이번에는, 이번 경우에는'이라는 의미로 과거와 다른 결과, 경험, 상황을 강조할 때 쓰이는 표현입니다. 과거의 실수를 되풀이하지 않겠다고 다짐하며 "이번에는 다를 거야!"라고 할 때 자주 쓰입니다.

e.g. I got a cold last winter, but I hope I stay healthy **this time around**. 지난겨울엔 감기에 걸렸는데, 이번엔 건강하게 지내고 싶다.

가브리엘 포인트 | this time vs. this time around

- **this time**: 단순히 '이번'을 의미
  - **e.g.** I'll do better this time. 이번에 잘할 거야.

- **this time around**: 이전과 비교하여 '이번에는' 다르다는 것을 강조
  - **e.g.** I'll do better this time around. 이번엔 지난번보다 더 잘할 거야.

10 Maybe next time I'll actually **stick to** my flossing routine. Maybe...?

다음번에는 치실 사용 습관을 정말 제대로 지킬지도 모르겠다. 아마도…?

🌱 **stick to**는 '~을 고수하다, 꾸준히 하다'라는 의미로 규칙, 습관, 계획 등을 계속해서 유지할 때 사용하는 표현입니다.

e.g. Let's **stick to** the original plan. 원래 계획대로 하자.

가브리엘 포인트 | stick to vs. adhere to vs. keep up with

- **stick to**: ~을 고수하다 (규칙, 습관, 다이어트 등 일상적인 상황에서)
  - **e.g.** I need to stick to my study schedule. 나는 공부 계획을 계속 유지해야 한다.

- **adhere to**: ~을 고수하다 (법, 규정, 정책 등 격식적이고 공식적인 상황에서)
  - **e.g.** Employees must adhere to company policies. 직원들은 회사 정책을 준수해야 한다.

- **keep up with**: 시류[유행]를 따르다 (속도, 트렌드, 학업 등)
  - **e.g.** I'm trying to keep up with the latest fashion trends. 나는 최신 패션 트렌드를 따라가려고 한다.

Talking, Venting, and Feeling a Little Lighter

I usually talk with my best friend from the States about once a month, and today was one of those days. She's married with a daughter and just bought a new house.

"Send me some pictures of your new place! Are you planning to remodel anything?" I asked.

"We're planning on fixing up some things, but we're not there yet. We started looking into it, and renovating anything is ridiculously expensive. I don't even want to know what my next bill is going to look like!"

"You know what? I feel the same way! Adulting is pricier than I ever imagined," I agreed.

We didn't solve anything, but at least we got to vent. Sometimes that's all you need to take a little weight off your chest.

 **Reading Points**

1 I **talk with** my best friend from the States about once a month, and today was one of those days.

나는 보통 미국에 있는 가장 친한 친구와 한 달에 한 번 정도 통화하는데, 오늘이 바로 그날이었다.

- **talk with**는 '~와 대화하다'라는 의미로 상대방과 대화를 주고받는 느낌이며 친구, 동료 등과의 대화에 적절한 표현입니다.
  - e.g. I **talked with** my coworker about the project. 나는 동료와 프로젝트에 대해 이야기했다.

 가브리엘 포인트 talk to vs. talk with

- **talk to**: 한 사람이 주로 말하고 상대방은 들을 때
  - e.g. I need to talk to my professor. 교수님과 상담해야 한다.
- **talk with**: 서로 주고받는 대화일 때
  - e.g. I talked with my friend for hours. 친구와 몇 시간 동안 이야기했다.

2 She's **married with** a daughter and just bought a new house.

그녀는 결혼해서 딸이 있고, 최근에 새집을 장만했다.

- **be married with**는 '결혼해서 ~ 명의 자녀가 있다'라는 의미입니다. 한국 학습자들은 대부분 She's married and has two daughters. 같은 식으로 표현하는 경향이 있는데, 원어민들은 전치사 with를 활용해 간단하게 표현합니다.
  - e.g. He's **married with** two kids. 그는 결혼해서 아이가 둘 있다.

가브리엘 포인트 be married vs. get married

- **be married**: 결혼한 상태를 나타낼 때
  - e.g. She is married to a lawyer. 그녀는 변호사와 결혼한 상태다.
- **get married**: 결혼하는 행위 자체를 나타낼 때
  - e.g. They got married last year. 그들은 작년에 결혼했다.

3 "Send me some pictures of your new place! **Are you planning to remodel** anything?" I asked.

"새집 사진 좀 보내 줘! 혹시 리모델링할 계획 있어?" 내가 물었다.

「Are you planning to + 동사원형 ~?」은 '~할 계획이 있나요?'라는 의미로 미래의 계획이나 특정한 행동을 할 의도가 있는지를 물어볼 때 자연스럽게 쓰입니다.

e.g. **Are you planning to buy** a new car? 새 차를 살 계획이 있나요?

 **가브리엘 포인트** Are you planning to + 동사원형 ~? vs. Do you plan to + 동사원형 ~?

- **Are you planning to + 동사원형 ~?**: 상대방이 이미 계획을 세우고 있거나 구체적인 준비가 진행되고 있을 가능성이 높을 때
  - e.g. Are you planning to go to the party this weekend? 이번 주말 파티에 갈 계획이 있어? (이미 고민 중이거나 준비 중일 가능성이 있는 상황)
- **Do you plan to + 동사원형 ~?**: 상대방의 계획 유무와는 상관없이 단순히 의도를 물을 때
  - e.g. Do you plan to study abroad in the future? 나중에 유학 갈 생각이 있어? (구체적인 계획을 염두에 두지 않은 막연한 질문)

즉, 「Are you planning to+동사원형 ~?」은 가까운 미래의 일에 대해 물어볼 때, 「Do you plan to+동사원형 ~?」은 장기적인 계획에 대해 물어볼 때 주로 사용됩니다.

🌱 **remodel**은 '리모델링하다'라는 의미로 건물이나 방의 구조를 변경하는 것을 뜻합니다. 비슷한 의미의 renovate가 기존 상태를 개선(페인트칠, 바닥 교체 등)하는 것을 뜻하는 반면, remodel은 구조 자체를 변경(벽 허물기, 방 추가 등)하는 것을 뜻하므로 두 단어를 구별해서 사용해야 합니다.

> **e.g.** They **remodeled** the living room. 그들은 거실 구조를 바꿨다. **vs.**
> We **renovated** the old house. 우리는 오래된 집을 새롭게 단장했다.

4 "We're planning on fixing up some things, but we're not there yet.

"고칠 부분이 좀 있긴 한데, 아직 시작도 못 했어.

🌱 **be planning on -ing**는 '~할 계획이다'라는 의미로 미래에 할 일을 나타낼 때 사용합니다.

> **e.g.** I'm **planning on moving** next year. 나는 내년에 이사 갈 계획이다.

🌱 **be not there yet**은 글자 그대로 해석하면 '아직 거기에 도착하지 않았다'지만, 비유적으로 '아직 목표에 도달하지 않았다', '아직 진행 중이다', '아직 완성되지 않았다'라는 의미로 사용됩니다.

> **e.g.** I've been saving money for a new car, but I'm **not there yet**. 새 차를 사려고 돈을 모으고 있는데, 아직 목표 금액엔 못 미쳤다.

5 We started **looking into** it, and renovating anything is ridiculously expensive.

알아보니까 뭐 하나 바꾸는 게 말도 안 되게 비싸더라고.

- **look into**는 '조사하다, 알아보다'라는 의미로 어떤 문제나 정보를 깊이 조사할 때 사용하는 표현입니다.
- **e.g.** I'll **look into** that issue. 그 문제를 조사해 보겠다.

 가브리엘 포인트 | look into vs. check out

- **look into**: 조사하다, 주의 깊게 살피다 (심도 있게 조사할 때)
    - **e.g.** I **looked into** the company's background before applying.
    나는 지원하기 전에 그 회사에 대한 정보를 조사했다.
- **check out**: 확인하다, 한번 보다 (단순히 확인할 때)
    - **e.g.** **Check out** this new café! 이 새로 생긴 카페 한번 봐 봐!

6 **I don't even want to know** what my next bill is going to look like!"

다음 청구서가 얼마나 나올지 알고 싶지도 않아!"

- **I don't even want to know** ~는 '~은 알고 싶지도 않아'라는 의미로 애써 부정하고 싶을 때 쓰는 표현입니다.
- **e.g.** **I don't even want to know** how much that costs. 그게 얼마인지 알고 싶지도 않다.

7 "You know what? I **feel the same way**! **Adulting** is pricier than I ever imagined," I agreed.

"그거 있지? 나도 완전 공감해! 어른으로 산다는 게 생각보다 훨씬 돈이 많이 드는 것 같아." 내가 맞장구쳤다.

- **feel the same way**는 '똑같이 느끼다, 공감하다'라는 의미입니다.
  - e.g. I **feel the same way** about work stress. 직장 스트레스에 대해 나도 같은 느낌이다.

- **adulting**은 '어른으로 살아가는 것', '어른의 책임을 다하는 것'이라는 의미로 adult(어른)와 -ing가 결합된 신조어입니다. 어른이 되면 생기는 책임이나 의무를 표현하는 말로, 세금 및 각종 청구서 처리, 집 청소 등 힘들거나 귀찮은 일을 할 때 농담조로 사용됩니다.
  - e.g. I'm so bad at **adulting**. I just burned my dinner. 나는 어른 노릇을 너무 못한다. 방금 저녁을 태워 버렸다. (농담조)

8 We didn't solve anything, but at least we **got to vent**.

우리가 뭔가 해결한 건 아니었지만, 그래도 하소연이라도 할 수 있어서 다행이었다.

- 「**get to + 동사원형**」은 '~할 수 있게 되다'라는 의미입니다. 상황에 따라 다양한 의미로 쓸 수 있지만, 여기서는 「have the chance to + 동사원형(~할 기회를 가지다)」과 비슷한 의미로 사용되었습니다.
  - e.g. I finally **got to meet** my favorite celebrity! 드디어 내가 제일 좋아하는 연예인을 만날 수 있었다!

- **vent**는 '하소연하다, 털어놓다'라는 의미로 짜증, 불만, 스트레스 등을 말로 풀어내는 것을 뜻합니다.

e.g. Thanks for listening to me **vent**. I feel so much better now. 내 하소연 들어 줘서 고마워. 이제 한결 나아졌어.

가브리엘 포인트 { vent vs. complain }

- **vent**: 감정 등을 터뜨리다, 발산하다 (보통 친구에게 하소연할 때)

  e.g. I just need to vent about my stressful day. 오늘 스트레스 받은 일에 대해 하소연 좀 해야겠어.

- **complain**: 불만을 제기하다, 항의하다 (고객 불만이나 문제 등을 공식적으로 제기할 때)

  e.g. She complained to the manager about the bad service. 그녀는 나쁜 서비스에 대해 관리자에게 불평했다.

9 Sometimes **that's all you need** to **take a** little **weight off your chest**.

가끔은 그냥 털어놓는 것만으로도 마음이 한결 가벼워지는 법이니까.

- **that's all you need**는 '그게 전부야, 그것만 있으면 돼'라는 의미로 어떤 것을 성취하거나 해결하기 위해 필요한 것이 딱 그만큼이면 된다고 강조하는 표현입니다.

  e.g. A little bit of patience, practice, and this book! **That's all you need** to become fluent in English. 약간의 인내와 연습, 그리고 이 책! 영어를 유창하게 하려면 그것만 있으면 된다.

- **take a weight off one's chest**는 '마음의 짐을 덜다'라는 의미로 주로 감정적인 부담이나 고민을 누군가에게 이야기한 후 속이 후련해지는 느낌을 받을 때 사용하는 표현입니다.

  e.g. Talking to you really **took a weight off my chest**. 너와 얘기하니까 마음이 한결 가벼워졌어.

A Spouse's Plea for Moral Support

My husband came home last week with a weird, foreboding look on his face.

"What's wrong? What's with that look? Is something wrong?" I asked.

"My boss asked me to go golfing with him this weekend. I've never played golf in my life, but it would be rude to say no. Please, come with me—I don't think I can get through it on my own."

"Are you sure you want me to come? It's not like I've ever played golf before, either…" I said.

"We'll both be uncomfortable, but on the bright side, at least I won't be the only one who's awful! I need your moral support," he pleaded.

"Okay, I'll go with you. Let's make fools of ourselves together," I laughed.

It could be a complete disaster or maybe even the best experience ever. Either way, it's going to be memorable!

Reading Points

1 My husband came home last week with a weird, **foreboding** look on his face.

지난주에 남편이 뭔가 불길한 기운이 감도는 이상한 표정을 하고 집에 들어왔다.

- **foreboding**은 명사로는 '불길한 예감', 형용사로는 '불길한, 안 좋은 예감을 주는' 이라는 의미이며, 어떤 일이 잘못될 것 같은 느낌을 줄 때 사용하는 표현입니다. a foreboding feeling(불길한 느낌)이라는 표현으로도 자주 쓰입니다.
- **e.g.** I had a **foreboding** feeling before the exam. 시험 전에 왠지 불길한 느낌이 들었다.

2 "What's wrong? **What's with** that look? Is something wrong?" I asked.

"무슨 일이야? 그 표정은 뭐야? 무슨 문제 있어?"라고 내가 물었다.

- **What's with ~?**는 '왜 그래?', '무슨 일이야?'라는 의미로 상대방의 행동이나 표정이 평소와 다를 때 자연스럽게 이유를 묻는 표현입니다.
- **e.g.** **What's with** the long face? 왜 그렇게 우울한 얼굴이야?

3 "My boss **asked me to go** golfing with him this weekend. **I've never played** golf **in my life**, but **it would be rude to say** no.

"이번 주말에 상사가 나에게 골프 치러 가자고 했어. 평생 한 번도 골프를 쳐 본 적 없지만, 거절하면 실례일 것 같아.

DAY 21

🌷 「ask someone to + 동사원형」은 '~에게 …해 달라고 부탁하다'라는 의미로 어떤 일을 요청하거나 부탁할 때 사용하는 표현입니다.

> **e.g.** I **asked** my friend **to help** me move. 나는 친구에게 이사하는 걸 도와달라고 부탁했다.

가브리엘 포인트 — 원어민들이 자주 쓰는 비슷한 표현

- **tell someone to + 동사원형**: ~에게 …하라고 말하다 (업무 지시 등의 강한 요청)
    > **e.g.** My boss **told** me **to finish** the report. 상사가 보고서를 끝내라고 했다.

- **request someone to + 동사원형**: ~에게 …해 달라고 요청하다 (격식을 갖춘 정중한 표현)
    > **e.g.** I **requested** the manager **to reconsider** my application. 나는 매니저에게 내 지원서를 다시 검토해 달라고 요청했다.

🌷 「I've never + 과거분사(p.p.) + in my life」는 '평생 한 번도 ~을 해 본 적 없다'라는 의미로 과거부터 현재까지 단 한 번도 그런 경험이 없었음을 강조할 때 사용됩니다. 주로 누군가의 경험 부족을 나타내거나, 어떤 일을 처음 하게 되는 상황임을 강조하고 싶을 때 자주 쓰입니다.

> **e.g.** **I've never eaten** sushi **in my life**. 나는 평생 한 번도 초밥을 먹어 본 적 없다.

🌷 「It would be rude to + 동사원형」은 '~하면 실례일 것이다'라는 의미로 어떤 행동이 무례할 가능성이 있을 때 쓰는 표현입니다.

> **e.g.** **It would be rude to leave** without saying goodbye. 인사도 안 하고 가는 건 무례할 것이다.

4 Please, come with me—I don't think I can **get through** it on my own."

제발, 같이 가 줘. 나 혼자서는 버틸 수 없을 것 같아."

🌸 **get through**는 '어려운 상황을 버티다, 헤쳐 나가다'라는 의미로 주로 어려움을 극복하는 상황에서 많이 쓰입니다. go through와 혼동하기 쉬운데, get through 는 어려움을 극복하는 것에 더 초점이 맞춰진 표현입니다.

> **e.g.** I don't know how I **got through** that tough time. 어떻게 내가 그 힘든 시기를 버텼는지 모르겠다.

 **가브리엘 포인트** get through vs. go through

- **get through**: (어려운 일이나 상황을) 견디다, 버텨 내다
  > **e.g.** With your help, I can get through this. 네 도움 덕분에 이걸 이겨 낼 수 있어.

- **go through**: (어떤 일이나 과정을) 겪다, 경험하다
  > **e.g.** She went through a lot last year. 그녀는 작년에 많은 일을 겪었다.

5 "Are you sure you want me to come? **It's not like** I've ever played golf before, either..." I said.

"정말 내가 가길 원하는 거야? 그렇다고 해서 나도 골프를 쳐 본 건 아닌데…."라고 내가 말했다.

🌸 **It's not like** ~는 '그렇다고 해서 ~인 건 아니다'라는 의미로 어떤 사실이나 상황을 반박하면서 말하는 사람의 감정을 강조하는 느낌이 있습니다.

> **e.g.** **It's not like** I don't want to go—I just don't have the money right now. 그렇다고 해서 내가 가고 싶지 않은 건 아니야. 지금 당장은 돈이 없어서 그래.

6 "We'll both be uncomfortable, but **on the bright side**, at least I won't be the only one who's awful! I need your **moral support**," he **pleaded**.

"우리 둘 다 불편하겠지만, 긍정적으로 보면 적어도 나만 못하는 건 아니잖아! 당신이 옆에서 힘이 되어 줘야 해."라고 그가 간청했다.

🌱 **on the bright side**는 '긍정적으로 보면, 좋은 점을 보자면'이라는 의미로 부정적인 상황에서도 긍정적인 점을 찾을 때 사용하는 표현입니다.

e.g. **On the bright side**, at least it's not raining! 긍정적으로 보면, 적어도 비는 안 오잖아!

🌱 **moral support**는 같이 있어 주면서 '정신적 지지, 위로, 응원 등을 해 주는 것'을 의미합니다.

e.g. She didn't say much, but just having her there was great **moral support**. 그녀가 많은 말을 하진 않았지만, 그냥 옆에 있어 주는 것만으로도 큰 힘이 되었다.

🌱 **plead**는 '간청하다, 애원하다'라는 의미로 간곡하게 요청하는 느낌입니다.

e.g. He **pleaded** with his parents to let him go on the trip. 그는 부모님께 여행 가게 해 달라고 간청했다.

7 "Okay, I'll go with you. Let's **make fools of ourselves** together," I laughed.

"좋아, 같이 갈게. 같이 망신당하자."라고 나는 웃으며 말했다.

🌱 **make a fool of oneself**는 '망신당하다, 바보 같은 행동을 하다'라는 의미로 실수를 하거나 무언가에 서툴러서 창피를 당할 때 쓰는 표현입니다.

> **e.g.** I **made a fool of myself** when I tripped on stage. 나는 무대에서 넘어져서 망신당했다.

8 It could be a complete disaster or maybe even the best experience ever. **Either way**, it's going to be **memorable**!

이건 완전한 재앙이 될 수도 있고, 어쩌면 최고의 경험이 될 수도 있다. 어쨌든 기억에 남을 거다!

- either way는 '어떻게 되든, 어느 쪽이든'이라는 의미로 결과가 A든 B든 상관없다고 할 때 사용하는 표현입니다.

  > **e.g.** **Either way**, we'll have fun! 어떻게 되든 우리 재밌을 거야!

- memorable은 '기억에 남을 만한'이라는 의미로 특별해서 잊지 못할 것 같은 대상을 묘사할 때 쓰입니다.

  > **e.g.** That was a **memorable** trip! 정말 기억에 남는 여행이었다!

Learning the Art of Kimchi from My Mother-in-Law

This year for my birthday, I asked my mother-in-law to teach me how to make kimchi. Since my birthday is in December, it's the perfect time—many Korean families gather around this time of year to prepare their yearly batch.

We planned to make it together when she visited over my birthday weekend.

"I got everything we need!" I told her excitedly.

"Okay, wonderful! Let's get everything set up! We'll start with the cabbage and salt first—bring them over here," my mother-in-law said.

My husband walked into the kitchen and raised an eyebrow, "What are you both up to?"

"Making kimchi!" I grinned. "Get your gloves on and join us!"

The whole family got involved, working together to make the perfect kimchi. Even my father-in-law pitched in, carefully rubbing the seasoning mix into the cabbage. And of course, we finished it all off with an amazing meal of boiled pork belly—because nothing pairs better with fresh kimchi!

Reading Points

1 This year for my birthday, I **asked my mother-in-law to teach** me how to make kimchi.

올해 내 생일을 맞아, 나는 시어머니께 김치 만드는 법을 가르쳐 달라고 부탁했다.

- 「**ask someone to + 동사원형**」은 '~에게 …해 달라고 요청하다'라는 의미로 어떤 행동을 부탁하거나 요청할 때 사용되는 표현입니다.
- **e.g.** I **asked my friend to look** after my dog. 친구에게 내 강아지 좀 돌봐 달라고 부탁했다.

2 Since my birthday is in December, it's the perfect time—many Korean families **gather around** this time of year to prepare their yearly **batch**.

내 생일이 12월이라 이 시기가 딱 맞았다. 많은 한국 가족이 이맘때쯤 한 해 동안 먹을 김치를 담그기 위해 모이기 때문이다.

- **gather around**는 '모이다, 함께 모여들다'라는 의미로 가족 행사나 모임 같은 특정한 이유로 사람들이 모일 때 사용되는 표현입니다.
- **e.g.** We **gathered around** the campfire and shared stories. 우리는 모닥불 주위에 모여서 이야기를 나눴다.

 가브리엘 포인트 원어민들이 자주 쓰는 비슷한 표현

- **get together**: 모이다, 합쳐지다 (친구들과 모일 때처럼 좀 더 일상적인 상황)
  - **e.g.** Let's get together this weekend! 이번 주말에 만나자!

- **assemble**: 모이다, 집합하다 (공식적인 모임이나 조직 등)
  - **e.g.** The students assembled in the auditorium. 학생들이 강당에 모였다.

🌸 **batch**는 '한 번에 만들어지는 양, 일괄 처리되는 묶음'을 뜻하며, 한 번에 많은 양을 만들거나 처리할 때 사용됩니다.
- **e.g.** I baked a **batch** of cookies. 나는 쿠키를 한 판 구웠다.

3 We planned to make it together when she visited over my birthday weekend.

우리는 내 생일이 있는 주말 동안 시어머니께서 방문하시면 함께 만들기로 계획했다.

🌸 「**plan to**+동사원형」은 '~할 계획이다'라는 의미로 어떤 일을 하기로 미리 정했을 때 사용하는 표현입니다.
- **e.g.** I **plan to travel** to Europe next year. 나는 내년에 유럽 여행을 계획하고 있다.

🌸 「**over**+특정 기간」은 '~ 동안'이라는 의미로 일정한 기간 동안 어떤 일이 지속적으로 일어날 때 사용합니다.
- **e.g.** I studied a lot **over the summer**. 나는 여름 동안 공부를 많이 했다.

가브리엘 포인트 — over vs. during

over와 **during**은 기본적으로 둘 다 '~ 동안'이라는 뜻을 가지고 있지만 구분해서 사용해야 합니다. over는 특정 기간 등인 내내 계속되거나 반복될 때 사용하는 반면, during은 특정한 기간 중 어느 한 시점에 발생할 때 사용합니다.

- **e.g.** I got the flu over vacation, so I couldn't enjoy my trip. 휴가 내내 독감에 걸려서 여행을 제대로 즐길 수 없었다. (단순히 하루 이틀 아팠던 게 아니라 휴가 기간 내내 아팠다는 느낌)

> **e.g.** I got sick during vacation, but I felt better after a few days. 휴가 중에 아팠지만, 며칠 지나자 괜찮아졌다. (휴가 내내 아팠던 것이 아니라 휴가 기간 중 며칠 정도 아팠다는 느낌)

4 "I **got everything we need**!" I told her excitedly.

"필요한 거 다 준비했어요!" 나는 신나서 말했다.

- 「**get everything + 주어 + need**」는 '필요한 걸 다 준비하다'라는 의미로 필요한 재료나 물건을 다 마련했을 때 사용되는 표현입니다.
- **e.g.** Before the trip, I **got everything we needed**. 여행 전에 우리에게 필요한 걸 다 준비했다.

5 "Okay, wonderful! **Let's get everything set up**! We'll **start with** the cabbage and salt first—**bring** them **over** here," my mother-in-law said.

"좋아, 완벽해! 자, 모든 걸 세팅해 보자! 먼저 배추랑 소금부터 시작할 거야. 여기로 가져와 줘." 시어머니께서 말씀하셨다.

- 「**Let's get + 명사 + 과거분사(p.p.)**」는 '~을 …한 상태로 만들자', '~을 …하게 처리하자'라는 의미로 특정한 대상을 어떤 상태가 되게 하거나 처리할 때 사용합니다.
- **e.g.** **Let's get the table cleaned** up. 테이블을 깨끗이 치우자.

- **set up**은 '(필요한 것들을) 준비하다, 세팅하다'라는 의미로 기계, 장비, 행사, 공간 등을 준비할 때 쓰는 표현입니다.
- **e.g.** Let's **set up** the chairs for the meeting. 회의를 위해 의자를 세팅하자.

 **가브리엘 포인트** set up vs. prepare

- **set up**: 설치하다, 세팅하다 (필요한 물품을 배치하거나 새로 갖추는 것을 의미할 때)
    - **e.g.** It took me an hour to set up my new computer. 새 컴퓨터를 세팅하는 데 한 시간 걸렸다.
- **prepare**: 준비하다 (전반적인 준비 과정을 의미할 때)
    - **e.g.** I need to prepare for my presentation. 나는 발표를 준비해야 한다.

🌱 **start with**는 '~부터 시작하다'라는 뜻으로, 어떤 작업이나 과정에서 가장 먼저 하는 일을 말할 때 사용합니다. 요리, 프로젝트, 대화 주제 등 다양한 상황에서 순서상의 첫 단계를 나타낼 때 쓰입니다.

e.g. You should **start with** the easiest questions first. 먼저 가장 쉬운 질문부터 시작하는 게 좋다.

🌱 **bring over**는 '(가까이로) 가져오다, 데려오다'라는 의미로 상대방이 어떤 물건이나 사람을 내가 있는 곳으로 가져오거나 데려오게 할 때 쓰는 표현입니다.

e.g. Can you **bring over** some snacks? 과자 좀 가져와 줄 수 있어?

---

6 My husband walked into the kitchen and **raised an eyebrow**. "**What are you** both **up to?**"

남편이 부엌으로 들어오더니 의아한 표정을 지었다. "둘이 뭐 하고 있어?"

🌱 **raise an eyebrow**는 '의아해하다, 놀라다'라는 의미로 예상하지 못한 일이 벌어지거나 의심스러운 상황에 서해 놀라거나 당황할 때 사용되는 표현입니다.

e.g. He **raised an eyebrow** when he saw my new haircut. 그는 내 새로운 헤어스타일을 보고 놀라는 표정이었다.

🌱 **What are you up to?**는 '뭐 하고 있어?'라는 의미로 상대방이 하고 있는 일이나 계획을 물을 때 사용되는 표현입니다.

> **e.g.** **What are you up to** this weekend? 이번 주말에 뭐 할 거야?

---

7 "Making kimchi!" I **grinned**. "**Get your gloves on** and join us!"

"김치 만들고 있어!" 나는 활짝 웃으며 말했다. "장갑 끼고 같이 하자!"

🌱 **grin**은 '활짝 웃다'라는 의미로 보통 입을 크게 벌리고 치아가 보이게 웃을 때 쓰는 표현입니다.

> **e.g.** She **grinned** when she saw the surprise. 그녀는 깜짝 선물을 보고 활짝 웃었다.

🌱 **get ~ on**은 '~을 착용하다, 몸에 걸치다'라는 의미로 명령문에 많이 쓰이며, 특히 아이들에게 "빨리 입어!"라고 말할 때 자연스럽게 사용할 수 있습니다.

> **e.g.** **Get your gloves on** before handling the meat. 고기 다루기 전에 장갑을 껴.

---

8 The whole family **got involved**, working together to make the perfect kimchi.

우리 가족 모두가 함께 힘을 합쳐 완벽한 김치를 만들었다.

🌱 **get involved**는 '참여하다, 관여하다'라는 의미로 특정한 활동에 적극적으로 참여할 때 사용되는 표현입니다.

> **e.g.** I **got involved** in a charity project. 나는 자선 프로젝트에 참여했다.

9 Even my father-in-law **pitched in**, carefully **rubbing the seasoning mix into the cabbage**.

심지어 시아버지께서도 거드시며 양념을 배추에 정성스럽게 바르셨다.

- **pitch in**은 '돕다, 거들다'라는 의미로 여러 사람이 함께 일할 때 도와주는 상황에서 사용되는 표현입니다.
  - **e.g.** Everyone **pitched in** to clean up after the party. 모두가 파티 후에 뒷정리를 도왔다.

- **rub A into B**는 'A를 B에 문지르다'라는 의미로 양념을 음식에 버무리거나 화장품을 피부에 바를 때 사용할 수 있습니다.
  - **e.g.** She **rubbed lotion into her hands**. 그녀는 로션을 손에 발랐다.

10 And of course, we **finished it all off with** an amazing meal of boiled pork belly—because nothing **pairs better with** fresh kimchi!

그리고 역시나 우리는 환상적인 수육 한 상으로 마무리했다. 신선한 김치와 더 잘 어울리는 건 없으니까!

- **finish ~ off with/finish off ~ with**는 '~을 …로 마무리하다'라는 의미로 어떤 활동을 무언가로 마무리할 때 사용되는 표현입니다.
  - **e.g.** We **finished off the night with** a movie. 우리는 영화를 보며 밤을 마무리했다.

- **pair well with**는 '~와 잘 어울리다'라는 의미로 음식 조합이 좋을 때 사용됩니다. 여기서는 well의 비교급인 better를 써서 의미를 강조하고 있습니다.
  - **e.g.** Wine **pairs well with** cheese. 와인은 치즈와 잘 어울린다.

Finally Planning a Much-Needed Date

My husband and I have both been busy, and we haven't really had time to go on a proper date. So today, we were trying to decide what to do this weekend when we go out.

"How does rock-climbing sound? There's a new place that just opened about a half-hour's drive away," I suggested.

"Um, I'm not really in the mood for something too active. I'd rather do something more relaxing. How about a drive to the beach?" he said.

"The beach is too far. After such a long drive, it's hard to actually enjoy it," I replied.

"Oh! I've got it! My friend told me about a parrot café not too far from here. Want to go check it out?"

"Oh my gosh, yes! That sounds amazing!"

Let's just hope the parrots like us as much as we're going to like them!

 **Reading Points**

> **1** My husband and I **have** both **been busy**, and we **haven't really had time to go** on a proper date.
>
> 남편과 나는 둘 다 바빠서 제대로 된 데이트를 할 시간이 별로 없었다.

🔖 **have been busy**는 '바빴다, 바쁜 상태였다'라는 의미로 최근까지 바쁜 상태였음을 나타냅니다.

> **e.g.** I **have been busy** with work lately. 나는 요즘 일 때문에 바빴다.

🔖 「**haven't really had time to** + 동사원형」은 '~할 시간이 별로 없었다'라는 의미로 어떤 일을 하려고 했지만 바쁘거나 다른 일이 있어서 제대로 할 시간이 없었다고 말할 때 사용됩니다.

> **e.g.** I **haven't really had time to exercise** this week. 이번 주에는 운동할 시간이 별로 없었다.

 가브리엘 포인트　원어민들이 자주 쓰는 비슷한 표현

- **haven't had a chance to** + 동사원형: ~할 기회가 없었다 (더 부드러운 느낌으로, 시간이 없었다기보다 '기회를 놓쳤다'는 뉘앙스)
  > **e.g.** I **haven't had a chance to call her yet.** 아직 그녀에게 전화할 기회가 없었다.

- **haven't gotten around to** + 명사/동명사: 아직 ~까지 신경 쓸 시간이 없었다 (바빠서 어떤 일을 미뤄 둔 상태)
  > **e.g.** I **haven't gotten around to cleaning my room.** 아직 방 청소할 시간이 없었다.

2 So today, we were trying to decide **what to do** this weekend when we go out.

그래서 오늘, 이번 주말에 나가서 무엇을 할지 고민하고 있었다.

- 「의문사+to부정사(to+동사원형)」는 '무엇을/언제/어디서 ~할지'라는 의미로 보통 무언가를 결정해야 하는 상황이나 조언을 구할 때 자주 사용하는 표현입니다.

  e.g. I can't decide **what to eat** for lunch. 점심으로 뭘 먹을지 못 정했다.

 가브리엘 포인트 「의문사+to부정사」 vs. 간접의문문

- 의문사+to부정사

  e.g. I don't know what to do. 뭘 해야 할지 모르겠어. (간단하고 부드러운 느낌)

- 간접의문문

  e.g. I don't know what I should do. 무엇을 해야 할지 모르겠어요. (좀 더 정중하고 논리적인 느낌)

3 "**How does** rock-climbing **sound**? There's a new place that just opened about **a half-hour's drive** away," I suggested.

"암벽 등반 어때? 차로 30분쯤 거리에 새로 생긴 곳이 있더라고." 내가 제안했다.

- **How does ~ sound?**는 '~하는 거 어때?'라는 의미로 상대방에게 의견을 물을 때 자연스럽게 사용하는 표현입니다.

  e.g. **How does** dinner at 7 **sound**? 7시에 저녁 식사 어때?

📌 「a+시간+'s+drive」는 '차로 ~시간 거리'라는 의미이며, 운전해서 이동하는 데 걸리는 시간을 표현할 때 사용됩니다.

e.g. There's a great restaurant just **a ten-minute's drive** from here.
여기서 차로 10분만 가면 맛집이 있다.

4 "Um, **I'm not** really **in the mood for** something too active. **I'd rather do** something more relaxing. **How about** a drive to the beach?" he said.

"음, 너무 활동적인 건 별로 하고 싶지 않은데. 좀 더 편안한 게 좋겠어. 해변으로 드라이브 가는 건 어때?" 남편이 말했다.

📌 **be in the mood for**는 '~할 기분이다'라는 의미로 어떤 일을 하고 싶다고 말할 때는 물론이고, 부정문을 써서 하고 싶지 않다고 말할 때도 많이 사용합니다.

e.g. She's **not in the mood for** going out tonight. 그녀는 오늘 밤 외출할 기분이 아니다.

 가브리엘 포인트 원어민들이 자주 쓰는 비슷한 표현

- **feel like -ing**: ~하고 싶다 (비격식적이고 일상적인 표현)
  e.g. I feel like watching a movie. 영화 보고 싶다.

- **be up for**: ~할 의향이 있다 (어떤 일을 할 마음이 있는지 물을 때)
  e.g. Are you up for a game of basketball? 농구 한 게임 할래?

📌 「I'd rather+동사원형」은 '차라리 ~하고 싶다'라는 의미로, 두 가지 선택지 중에서 하나를 더 선호할 때 사용하는 표현입니다.

e.g. **I'd rather take** a nap than watch TV. TV 보는 것보다 낮잠을 자고 싶다.

DAY 23　199

🔖 **How about ~?**은 '~하는 건 어때?'라는 의미로 상대방에게 제안하거나 아이디어를 제시할 때 자연스럽게 쓰는 표현입니다. How about 뒤에는 명사나 동명사, 또는 '주어 + 동사'가 올 수 있습니다.

`e.g.` **How about** watching a movie tonight? 오늘 밤 영화 보는 거 어때?

---

5 "The beach is too far. After **such a long drive**, it's hard to actually enjoy it," I replied.

"해변은 너무 멀어. 그렇게 오래 운전하고 나면 제대로 즐기기도 힘들잖아." 내가 답했다.

🔖 「**such a/an + 형용사 + 명사**」는 '정말 ~한 …'이라는 의미로 특정한 사람, 사물, 상황을 강조할 때 사용됩니다.

`e.g.` After **such a long day**, I just want to rest. 정말 긴 하루를 보낸 후라, 그냥 쉬고 싶다.

 **가브리엘 포인트**   such vs. so

- **such a/an + 형용사 + 명사**: 명사를 강조할 때
- **so + 형용사/부사**: 형용사나 부사를 강조할 때

✅ It was so a beautiful place.라고 쓸 수 있을까요?
→ 쓸 수 없습니다.
so 뒤에는 명사가 바로 올 수 없기 때문입니다. so 뒤에 명사를 쓰고 싶다면 「so + 형용사 + a/an + 명사」 순으로 써야 합니다. 마찬가지로 It was such beautiful.도 틀린 표현입니다. such 뒤에는 명사가 있어야 하기 때문입니다.

`e.g.` It was **such a beautiful** place. 그곳은 정말 아름다운 장소였다.
  vs. The place was **so beautiful**. 그 장소는 정말 아름다웠다.

6 "Oh! **I've got it!** My friend told me about a parrot café not too far from here. Want to go **check** it **out**?"

"오! 좋은 생각이 났어! 내 친구가 여기서 멀지 않은 곳에 앵무새 카페가 있다고 했어. 가 볼까?"

- **I've got it!**은 '좋은 생각이 났어!'라는 의미로 문제의 해결책이 떠올랐을 때나 갑자기 아이디어가 떠오를 때 사용하는 표현입니다.
  - **e.g.** A: How can we fix this? 이걸 어떻게 해결하지?
    B: **I've got it!** Let's try this. 좋은 생각이 있어! 이 방법을 써 보자.

- **check out**은 '한번 가서 보다, 확인하다'라는 의미로 새로 알게 된 장소나 물건을 직접 가서 보거나 살펴볼 때 쓰는 표현입니다. it과 같이 대명사가 목적어로 쓰일 경우에는 check it out처럼 표현합니다.
  - **e.g.** There's a new café in town. Let's go **check** it **out**. 동네에 새 카페가 생겼대. 가서 한번 보자.

7 "Oh my gosh, yes! **That sounds amazing**!"

"세상에, 완전 좋아! 그거 진짜 재밌겠다!"

- 「**That sounds**+형용사」는 '~인 것 같다'라는 의미로 어떤 형용사를 쓰는지에 따라 다양한 감정과 반응을 표현할 수 있습니다.
  - **e.g.** That sounds fun(interesting/awful/boring). 그거 재밌겠다(흥미롭겠다/끔찍하겠다/지루하겠다).

8 **Let's just hope** the parrots like us **as much as** we're going to like them!

우리가 그 앵무새들을 좋아하는 만큼, 그 앵무새들도 우리를 좋아해 주길 바랄 뿐이다!

🌱 **let's just hope**는 '~하길 바라자, ~하기만을 바랄 뿐이다'라는 의미로, 결과를 확신할 수 없을 때나 긍정적인 기대, 가벼운 희망을 표현할 때 쓰입니다.

e.g. **Let's just hope** the weather stays nice. 날씨가 계속 좋길 바라자.

가브리엘 포인트 { 원어민들이 자주 쓰는 비슷한 표현 }

- **Knock on wood!**: 계속 행운이 있기를! (나쁜 일이 일어나지 않길 바랄 때)
  e.g. I haven't caught a cold all year. Knock on wood! 올해 감기에 한 번도 안 걸렸다. 부디 계속 안 걸리길!

🌱 **as much as**는 '~만큼이나'라는 의미로 양, 강도, 감정 등을 비교하거나 강조할 때 사용합니다.

e.g. He ate **as much as** five burgers in one sitting! 그는 한 번에 무려 햄버거 다섯 개를 먹었다.

Early Bird vs. Night Owl

When I was in college, I didn't wake up early unless I absolutely had to. I usually woke up around 9:00 or 10:00, went to class, then headed to my part-time job a few times a week. But recently, I heard that waking up early is better for both health and motivation, so I've been trying to make the switch.

The biggest challenge, though, is that waking up early means I also have to go to bed earlier. That's been the hardest adjustment for me. I used to wind down at night by doing things I enjoy, like scrapbooking or watching movies. But if I go to bed early, I can't do those things at night—and doing them in the morning just doesn't feel the same.

So there are definitely pros and cons to being an early bird versus a night owl. I'm still figuring out which lifestyle suits me best. I want to take the healthier route, but I'm not sure if it'll work out the way I hope.

Reading Points

1 When I was in college, I didn't wake up early **unless I absolutely had to**.

대학생 때 나는 꼭 필요하지 않으면 일찍 일어나지 않았다.

- **unless I absolutely have to**는 '정말 필요한 경우가 아니면'이라는 의미로 어떤 행동이 특정한 조건에서만 일어날 때 사용되는 표현입니다.
- **e.g.** I don't drink coffee **unless I absolutely have to** stay awake. 나는 정말 깨어 있어야 하는 경우가 아니면 커피를 안 마신다.

2 I usually **woke up** around 9:00 or 10:00, went to class, then **headed to** my part-time job a few times a week.

나는 보통 아침 9시나 10시쯤에 일어나서 수업에 갔다. 그러고 나서 일주일에 몇 번은 아르바이트하러 갔다.

- **wake up**은 '잠에서 깨다'라는 의미입니다. get up은 일어나서 활동을 시작하는 것을 의미하는 반면 wake up은 단순히 잠에서 깨는 것을 뜻합니다.
- **e.g.** I **woke up** early but stayed in bed for an hour. 나는 일찍 깼지만 한 시간 동안 침대에 있었다. **vs.** I **got up** early and went for a run. 나는 일찍 일어나서 조깅을 했다.

- **head to**는 '~로 가다'라는 의미로 특정한 장소로 이동할 때 자주 사용되는 표현입니다.
- **e.g.** After work, I**'m heading to** the gym. 나는 퇴근 후에 헬스장에 갈 것이다.

3 But recently, I heard that waking up early is better for both health and motivation, so I've been trying to **make the switch**.

그런데 최근에 일찍 일어나는 것이 건강과 동기 부여에 더 좋다고 들어서, 나도 그렇게 바꿔 보려고 노력 중이다.

🌱 **make the switch**는 '변경하다, 전환하다'라는 의미로 생활 습관, 직업, 취미 등을 바꿀 때 사용되는 표현입니다.

> **e.g.** I used to drink soda, but **I made the switch** to sparkling water. 나는 원래 탄산음료를 마셨는데, 탄산수로 바꿨다.

4 The biggest **challenge**, though, is that **waking up early means I also have** to go to bed earlier.

하지만 가장 큰 문제는 일찍 일어나려면 일찍 자야 한다는 것이다.

🌱 **challenge**는 '도전, 난관, 어려운 일'이라는 의미로 이겨 내야 할 어려운 상황이나 해결해야 할 과제를 가리키는 단어입니다. '도전하다, 이의를 제기하다'라는 뜻의 동사로도 쓰입니다.

> **e.g.** Raising children is a **challenge**, but it's worth it. 아이를 키우는 것은 어려운 일이지만, 그만한 가치가 있다.

가브리엘 포인트 | challenge 관련 표현

- **take on a challenge**: 도전을 받아들이다, 도전하다
  > **e.g.** She decided to take on the challenge of running a marathon. 그녀는 마라톤에 도전하기로 결심했다.

- **face a challenge**: 난관에 직면하다
  > **e.g.** We faced many challenges when starting our business. 우리는 사업을 시작할 때 많은 난관에 직면했다.

- **rise to the challenge**: 난관을 극복하다
    - **e.g.** He really rose to the challenge and completed the project successfully. 그는 정말로 난관을 극복하고 프로젝트를 성공적으로 마쳤다.
- **challenge authority**: 권위에 도전하다
    - **e.g.** She challenged authority and fought for her rights. 그녀는 권위에 도전하며 자신의 권리를 위해 싸웠다.

🔖 「동명사 주어 + means + 주어 + 동사」는 '~한다는 건 …해야 한다는 뜻이다'라는 의미로 어떤 행동이 다른 결과를 가져올 때 사용되는 표현입니다.

e.g. **Studying abroad means you'll have** to adapt to a new culture. 유학을 간다는 것은 새로운 문화에 적응해야 한다는 뜻이다.

5 That's been the hardest adjustment for me.

그것이 나에게 가장 어려운 적응 과정이었다.

🔖 **adjustment**는 '적응, 조정'이라는 의미로 새로운 환경, 습관, 방식 등에 적응하는 상황에서 쓰입니다.

e.g. Moving to a new city was a big **adjustment**. 새로운 도시로 이사하는 건 적응할 게 많았다.

6 I used to wind down at night by doing things I enjoy, like scrapbooking or watching movies.

나는 보통 밤에 스크랩북 만들기나 영화 보기 같은 내가 좋아하는 일을 하면서 하루를 마무리했었다.

🌱 **wind down**은 '긴장을 풀다, 편안하게 마무리하다'라는 의미로 하루 일과를 마감할 때나, 바쁜 일정 후 휴식을 취할 때 사용되는 표현입니다.

e.g. I like to **wind down** by reading before bed. 나는 자기 전에 독서를 하면서 긴장을 푸는 것을 좋아한다.

7 But if I go to bed early, I can't do those things at night—and doing them in the morning just doesn't **feel the same**.

하지만 일찍 자려면 이런 것들을 밤에 할 수 없고, 아침에 하는 것은 느낌이 다르다.

🌱 **feel the same**은 '같은 느낌이 들다, 똑같이 느끼다'라는 의미로 상대방의 감정이나 의견에 공감할 때 사용하는 표현입니다. 상대방의 말에 완전히 동감한다는 뉘앙스를 줄 수 있습니다.

e.g. Watching a movie at home doesn't **feel the same** as watching it in a theater. 집에서 영화를 보는 건 영화관에서 보는 것과는 느낌이 다르다.

8 So there are definitely **pros and cons** to being an **early bird** versus a **night owl**.

그래서 아침형 인간과 저녁형 인간의 삶에는 확실히 장단점이 있다.

🌱 **pros and cons**는 '장점과 단점'이라는 의미로 어떤 대상의 긍정적인 측면과 부정적인 측면을 비교할 때 사용되는 표현입니다.

e.g. There are **pros and cons** to working from home. 재택근무에는 장단점이 있다.

가브리엘 포인트 pros and cons vs. advantages and disadvantages

- **pros and cons**: 일상적으로 가볍게 장단점을 비교할 때
  - e.g. Let's discuss the pros and cons of living in a big city. 대도시 거주의 장단점을 이야기해 보자.

- **advantages and disadvantages**: 비즈니스나 학문적인 글과 같은 공식적인 상황에서 장단점을 비교할 때
  - e.g. We need to analyze the advantages and disadvantages of this strategy. 우리는 이 전략의 장단점을 분석해야 한다.

🔖 **early bird**는 '아침형 인간', **night owl**은 '저녁형 인간'이라는 의미입니다. early bird는 "The early bird catches the worm.(일찍 일어나는 새가 벌레를 잡는다.)"에서 유래한 표현으로 아침에 일찍 일어나는 사람을 가리킵니다. night owl은 올빼미가 야행성이기 때문에 생긴 표현으로, 아침보다는 밤에 더 활동적인 사람을 가리킵니다.

- e.g. I'm an **early bird**, but my roommate is a **night owl**, so our schedules never match. 나는 아침형 인간인데 내 룸메이트는 저녁형 인간이라서 우리는 (서로) 일정이 전혀 맞지 않는다.

---

9 I'm still figuring out which lifestyle suits me best.

나는 아직도 어떤 생활 패턴이 나한테 가장 맞는지 고민 중이다.

🔖 **figure out**은 '알아내다, 해결하다, 이해하다'라는 의미로, 어떤 문제나 상황을 파악하거나 해결책을 찾을 때 사용됩니다. 쉽게 결정하기 어려운 상황에서 고민하며 답을 찾는다는 뉘앙스를 담고 있기도 합니다.

- e.g. I need to **figure out** what to wear to the wedding. 결혼식에 무엇을 입을지 (고민인데) 결정해야 한다.

🔖 **suit someone best**는 '~에게 가장 잘 맞다'라는 의미로 무언가가 누군가에게 가장 적합하거나 잘 맞는다고 말할 때 쓰입니다.

e.g. This workout routine **suits me best**. 이 운동 루틴이 나한테 가장 잘 맞는다.

 가브리엘 포인트 suit vs. fit vs. match vs. work

- **suit someone best**: ~에게 가장 적합하다, 가장 잘 어울리다 (성격이나 취향에 가장 잘 부합할 때)
  e.g. This job suits me best. 이 일이 나한테 가장 잘 맞는다.

- **fit someone best**: ~에게 크기, 모양, 조건 등이 가장 잘 맞다 (물리적인 크기나 조건이 가장 적절할 때)
  e.g. This size fits me best. 이 사이즈가 나한테 제일 잘 맞는다.

- **match someone best**: ~에게 가장 잘 어울리다 (특정한 스타일이나 조합이 잘 어울릴 때)
  e.g. This color matches you best. 이 색깔이 너한테 제일 잘 어울린다.

- **work best for someone**: ~에게 가장 효과적이다 (주어진 상황에서 최적의 선택일 때)
  e.g. Morning workouts work best for me. 아침 운동이 나한테 가장 효과적이다.

10 I want to **take the healthier route**, but I'm not sure if it'll **work out the way I hope**.

나는 더 건강한 방식을 선택하고 싶지만, 내가 원하는 대로 잘 될지는 모르겠다.

🔖 「**take the + 형용사 + route**」는 '~한 길[방식]을 선택하다'라는 의미로 물리적인 길뿐만 아니라 삶의 방식이나 접근법까지 포함하여 어떠한 방식을 선택할 때 사용하는 표현입니다.

e.g. He **took the safer route** and invested in bonds instead of stocks.
그는 더 안전한 길을 택해서 주식 대신 채권에 투자했다.

🔖 **work out the way I hope**는 '잘 되다, 잘 풀리다, 잘 해결되다'라는 뜻을 가진 work out과 '내가 바라는 방식대로'라는 뜻의 the way I hope가 합쳐진 표현으로 '내가 바라는 대로 일이 잘 풀리다'라는 의미입니다.

e.g. I'm trying to switch to a morning routine, but I'm not sure if it'll **work out the way I hope**. 아침형 루틴으로 바꾸려고 노력 중인데, 내가 바라는 대로 될지는 모르겠다.

 가브리엘 포인트 work out vs. turn out

- **work out**: 잘 해결되다, 좋은 결과를 내다 (의도한 대로 진행될 때)
  e.g. Everything worked out in the end. 결국 모든 게 잘 해결됐다.

- **turn out**: 결과적으로 ~하게 되다 (예상과 다를 수도 있음)
  e.g. The event turned out better than we expected. 행사가 기대보다 더 잘 진행됐다.

Brownies for the Potluck

Some of my friends are hosting a potluck this weekend, and I got put in charge of dessert. I'm making some of my famous brownies—along with some fruit and ice cream to go with them.

My mom has an amazing brownie recipe that was passed down from my grandmother. I used to bake them all the time for my friends' birthdays at school, and at one point, they started nagging me if I didn't bring them! They've always been a crowd favorite, so I know they'll be a hit at the party.

After a quick trip to the store, I got started on my secret recipe. The smell of freshly baked chocolate filled the kitchen, and as soon as I took them out of the oven, my husband appeared.

"What are you making, honey?" he asked.

"They're for the potluck this weekend—no sampling allowed!" I warned.

Now, let's just hope I can get them to the potluck before my husband eats them all!

Reading Points

> **1** Some of my friends **are hosting a potluck** this weekend, and I **got put in charge of** dessert.
>
> 이번 주말에 친구들이 포틀럭 파티를 여는데, 나는 디저트를 맡게 되었다.

- **host a potluck**은 '포틀럭 파티를 주최하다'라는 의미입니다. potluck은 각자 음식을 가져와서 함께 나눠 먹는 식사 모임을 가리키며, 미국에서 흔한 문화입니다. 'pot(냄비) + luck(운)'에서 유래했으며, 어떤 음식이 나올지 모른다는 의미를 내포하고 있습니다.

    e.g. We're hosting a potluck—feel free to bring your favorite dish! 우리가 포틀럭 파티를 여는데, 좋아하는 음식 아무거나 가져와!

- **get put in charge of**는 '~을 맡게 되다, 책임지게 되다'라는 의미로 어떤 임무가 부여될 때 사용합니다.

    e.g. I got put in charge of organizing the company picnic. 내가 회사 야유회 준비를 맡게 됐다.

가브리엘 포인트 be in charge of vs. get put in charge of

- **be in charge of**: 자발적으로 책임을 맡은 경우
    e.g. I am in charge of planning the event. 나는 행사 기획을 맡고 있다.
- **get put in charge of**: 누군가가 시켜서 책임을 맡게 된 경우
    e.g. I got put in charge of planning the event. 나는 행사 기획을 맡게 됐다.

2 I'm making some of my famous brownies—**along with** some fruit and ice cream to **go with** them.

나는 내가 자랑하는 브라우니를 만들 것이다. 그리고 곁들일 과일과 아이스크림도 준비할 것이다.

- **along with**는 '~와 함께, 곁들여'라는 의미로 어떤 것을 다른 무언가에 포함시키거나 추가할 때 사용하는 표현입니다.
  - **e.g.** He ordered a coffee **along with** a slice of cake. 그는 케이크 한 조각과 함께 커피를 주문했다.

- **go with**는 '~와 어울리다, 곁들이다'라는 의미로 음식뿐 아니라 옷, 색상, 음악 등 다양한 조합에서 사용할 수 있습니다.
  - **e.g.** This dress needs some nice shoes to **go with** it. 이 드레스에는 잘 어울리는 신발이 필요하다.

3 My mom has an amazing brownie recipe that **was passed down** from my grandmother.

우리 엄마는 할머니에게서 물려받은 끝내주는 브라우니 레시피를 가지고 계시다.

- **be passed down (from A to B)**는 '(A에서 B로) 전해 내려오다'라는 의미로 유산, 전통, 레시피, 가르침 등이 세대를 거쳐 전달될 때 사용하는 표현입니다.
  - **e.g.** This necklace **has been passed down** for generations. 이 목걸이는 대대로 전해 내려온 것이다.

4 I **used to bake** them all the time for my friends' birthdays at school, and **at one point**, they started **nagging me** if I didn't bring them!

나는 학창시절 친구들의 생일마다 항상 브라우니를 구워 갔는데, 어느 순간부터 내가 안 가져가면 친구들이 잔소리를 하기 시작했다!

- 「**used to + 동사원형**」은 '예전에 ~하곤 했다'라는 의미로 과거에 반복적으로 했던 일을 나타낼 때 사용됩니다.
  - **e.g.** I **used to play** soccer every weekend. 나는 주말마다 축구를 하곤 했다.

- **at one point**는 '어느 순간, 한때'라는 의미로 특정한 시점을 강조할 때 유용한 표현입니다.
  - **e.g.** **At one point**, I thought about quitting my job. 한때 직장을 그만둘까 고민했다.

- **nag someone (about)**은 '(~에 대해) …에게 잔소리하다'라는 의미로 보통 상대방에게 뭔가를 하도록 하거나 같은 얘기를 반복할 때 사용합니다. 긍정적인 의미보다는 짜증을 유발하는 잔소리의 뉘앙스가 강합니다.
  - **e.g.** My mom always **nags me about** cleaning my room. 엄마는 내게 방을 치우라고 늘 잔소리하신다.

5 They've always been **a crowd favorite**, so I know they'll **be a hit** at the party.

이 브라우니는 언제나 인기 만점이라, 이번 파티에서도 대박 날 거라고 확신한다.

🔖 **a crowd favorite**은 '많은 사람이 좋아하는 것'이라는 의미로 특정한 음식, 노래, 공연, 스포츠 선수 등 대중적으로 인기 있는 것을 가리킬 때 사용하는 표현입니다.

e.g. This song is **a crowd favorite** at concerts. 이 노래는 콘서트에서 늘 인기다.

🔖 **be a hit**은 '대박 나다, 성공하다'라는 의미로 무언가가 많은 사람들의 관심과 호응을 받거나 잘 팔리는 경우에 사용하는 표현이며, 영화, 음악, 제품, 아이디어, 행사 등 여러 대상에 쓸 수 있습니다.

e.g. The new restaurant **was a hit** with the locals. 그 새 레스토랑은 현지인들에게 인기 폭발이었다.

 가브리엘 포인트 be a hit vs. go viral

- **be a hit**: 대박 나다, 히트하다 (특정한 장소나 행사에서 인기를 얻을 때)
  e.g. Her cake was a hit at the party. 그녀의 케이크가 파티에서 대박 났다.
- **go viral**: 입소문이 나다 (소셜 미디어 등에서 폭발적으로 유명해질 때)
  e.g. The video went viral overnight. 그 영상이 하룻밤 만에 엄청 화제가 됐다.

---

6 After a quick trip to the store, I **got started on** my secret recipe.

가게에 잠깐 다녀온 후, 나만의 비법 레시피로 브라우니를 만들기 시작했다.

🔖 **get started on**은 '~을 시작하다'라는 의미로 어떤 일, 프로젝트, 작업 등을 본격적으로 시작할 때 사용하는 표현입니다. 즉, '어떤 일을 시작하는 과정에 들어간다'라는 의미입니다.

e.g. Let's **get started on** the project. 이제 프로젝트를 시작하자.

가브리엘 포인트 { get started on vs. start vs. begin vs. kick off }

- **get started on**: ~을 시작하다 (구체적인 작업이나 과업을 본격적으로 시작할 때)
  - **e.g.** If you get started on that topic, we'll be here all night. 네가 그 주제로 시작하면, 우리 밤새야 할 거야.

- **start**: 시작하다 (일반적인 '시작'의 의미로, 활동, 프로젝트, 기계 가동 등 그 대상이 더 넓음)
  - **e.g.** I want to start exercising more. 운동을 더 많이(자주) 하고 싶다.

- **begin**: 시작하다 (좀 더 격식 있고 문어체적인 느낌)
  - **e.g.** The conference will begin at 9 a.m. 회담은 오전 9시에 시작될 것이다.

- **kick off**: 본격적으로 시작하다 (행사, 프로젝트 등을 힘차게 시작할 때)
  - **e.g.** The company kicked off the new campaign last week. 그 회사는 지난주에 새 캠페인을 본격적으로 시작했다.

---

7 The smell of freshly baked chocolate filled the kitchen, and **as soon as** I took them out of the oven, my husband appeared.

갓 구운 초콜릿 향이 주방을 가득 채웠고, 내가 오븐에서 브라우니를 꺼내자마자 남편이 나타났다.

🌸 **as soon as**는 '~하자마자'라는 의미의 접속사로, 어떤 일이 일어나자마자 곧바로 다른 일이 이어질 때 사용하는 표현입니다.

e.g. As soon as the bell rang, the students ran out. 종이 울리자마자 학생들이 뛰어나갔다.

8 "**What are you making**, honey?" he asked.

"자기야, 뭐 만들고 있어?" 그가 물었다.

🌱 **What are you making?**은 이 문장에서 '무슨 음식을 만들고 있어?'라는 의미로 쓰였습니다. 비슷한 표현으로 What's cooking?이 있는데, 조금 더 일상적인 느낌입니다.

> **e.g.** Mmm, that smells delicious! **What are you making?** 음, 냄새가 끝내주는데! 뭐 만들고 있어?

9 "They're for the potluck this weekend—**no sampling allowed**!" I warned.

"이거 이번 주말 포틀럭 파티용이야. 시식 금지!" 나는 경고했다.

🌱 **No ~ allowed!**는 '~ 금지!'라는 의미로 공식적인 규칙이나 금지 사항을 강조할 때 사용하는 표현입니다.

> **e.g.** **No smoking allowed!** 흡연 금지!

🌱 **sampling**은 '맛보기, 시식' 등 음식을 조금만 맛보거나 제품 등을 시험해 보는 것을 뜻합니다.

> **e.g.** There's free wine **sampling** at the event. 그 행사에서는 무료 와인 시음이 있다.

10 Now, let's just hope I can **get them to the potluck** before my husband eats them all!

이제, 남편이 전부 먹어 치우기 전에 브라우니를 파티에 가져갈 수 있길 바랄 뿐이다!

> 🔖 **get A to B**는 'A를 B로 가져가다, 데려가다'라는 의미로, A(사람이나 물건)를 B(목적지)에 도착하게 만들거나 이동시키는 상황에서 사용됩니다. 직접 운반하거나, 수단을 이용해 보내거나, 도달하게 도와주는 행위 전반을 포함합니다.
>
> **e.g.** We need to **get these boxes to the office** before noon. 우리는 이 상자들을 정오 전에 사무실로 가져가야 한다.
>
> **e.g.** Can you **get me to the airport** by 7? 나를 공항에 7시까지 데려다줄 수 있어?

DAY 26
Singing, Laughing, and Loving Life with My In-Laws

Tonight, we went out to dinner with my in-laws, and my father-in-law and I shared some beer and soju together. My mother-in-law and my husband are both pretty weak when it comes to alcohol, so they usually don't drink. That means my father-in-law and I get to enjoy chatting and drinking together while they keep us company and enjoy the atmosphere.

After dinner, we headed to karaoke! I always request my husband to sing "Yeosu Night Sea"—his voice is like a dream. My mother-in-law has a deep, soulful voice that is so touching. And you know what? I never realized it before, but my father-in-law is also an amazing singer! He has a husky voice that makes people want to sing along. It must run in the family!

Singing at karaoke melted all my stress away—no wonder I feel so much better now! If someone asked me, "What's it like being married to a Korean and living close to your in-laws?", I would say: "Every day is a new adventure, and so much fun!"

Reading Points

1 Tonight, we **went out to dinner** with my in-laws, and my father-in-law and I **shared some beer and soju together**.

오늘 저녁, 시부모님과 저녁을 먹으러 나갔고, 시아버지와 나는 함께 맥주와 소주를 나눠 마셨다.

- **go out to dinner**는 '저녁을 먹으러 나가다'라는 의미로 친구, 가족, 연인과 함께 외식할 때 사용하는 표현입니다.
  - **e.g.** We **went out to dinner** to celebrate our anniversary. 우리는 기념일을 축하하려고 저녁을 먹으러 나갔다.

- **share some drinks together**는 '함께 술을 나누다, 술을 마시다'라는 의미로 단순히 '같이 마셨다'는 의미라기보다 함께 술을 즐기며 대화를 나눴다는 느낌을 줍니다.
  - **e.g.** I **shared a bottle of wine** with my best friend. 가장 친한 친구와 와인 한 병을 나눠 마셨다.

2 My mother-in-law and my husband are both pretty weak **when it comes to** alcohol, so they usually don't drink.

시어머니와 남편은 술에 관해서라면 둘 다 아주 약해서 보통 마시지 않는다.

- **when it comes to**는 '~에 관해서라면'이라는 의미로 특정 주제에 대해 이야기 할 때 유용한 표현입니다.
  - **e.g.** He is very confident **when it comes to** public speaking. 그는 발표에 관해서라면 매우 자신감이 있다.

3 **That means** my father-in-law and I **get to enjoy** chatting and drinking together while they **keep us company** and **enjoy the atmosphere**.

그래서 시아버지와 나는 술을 마시며 이야기하고 남편과 시어머니는 옆에서 함께 있어 주며 분위기를 즐긴다.

- **That means ~**는 '그 말은 즉 ~라는 뜻이다'라는 의미로 앞 문장의 내용을 강조하거나 부연 설명할 때 사용됩니다.
    - **e.g.** He got a promotion. **That means** he'll be earning more money. 그가 승진했다. 즉, 돈을 더 많이 벌게 된다는 뜻이다.

- **「get to + 동사원형」**은 '~할 기회를 갖다, ~할 수 있게 되다'라는 의미로 평소에 쉽게 못하는 일을 특별한 기회를 통해 할 수 있게 되었을 때 사용합니다.
    - **e.g.** I finally **got to visit** Paris last year. 작년에 드디어 파리를 방문할 수 있었다.

- **keep someone company**는 '~와 함께 있어 주다, 동행해 주다'라는 의미로 누군가가 혼자 있지 않도록 곁에서 시간을 보내 주는 것을 의미합니다.
    - **e.g.** I **kept my grandma company** while she was in the hospital. 할머니가 병원에 계실 때 곁에서 함께 있어 드렸다.

- **enjoy the atmosphere**는 '분위기를 즐기다'라는 의미로 특정한 공간이나 상황에서의 분위기를 만끽할 때 사용됩니다.
    - **e.g.** The restaurant has great music, and I love **enjoying the atmosphere**. 그 레스토랑은 음악이 좋아서 나는 그 분위기를 즐기는 걸 좋아한다.

4 After dinner, we **headed to** karaoke!

저녁을 먹고 우리는 노래방에 갔다!

📌 **head to**는 '~로 향하다, 가다'라는 의미로 go to와 비슷하지만, 조금 더 자연스럽고 회화체적인 표현입니다.

> **e.g.** We **headed to** the mall after lunch. 우리는 점심 먹고 쇼핑몰에 갔다.

---

5 I always **request my husband to sing** "Yeosu Night Sea"—his voice is **like a dream**.

나는 항상 남편에게 〈여수 밤바다〉를 불러 달라고 부탁하는데, 그의 목소리는 마치 꿈같다.

📌 「**request someone to + 동사원형**」은 '~에게 …해 달라고 요청하다'라는 의미로 ask와 비슷하지만 조금 더 격식을 갖춘 느낌입니다.

> **e.g.** She **requested me to send** her the documents. 그녀는 나에게 문서를 보내 달라고 요청했다.

📌 **like a dream**은 '꿈같은, 매우 아름다운'이라는 의미로 보통 아름답거나 신비로운 상황을 묘사할 때 사용됩니다.

> **e.g.** The view from the mountaintop was **like a dream**. 산 정상에서 본 풍경은 마치 꿈같았다.

---

6 My mother-in-law has a **deep, soulful voice** that is so **touching**.

시어머니는 깊고 감성적인 목소리를 가지고 계셔서 정말 감동적이다.

📌 **deep, soulful voice**는 '깊고 감성적인 목소리'라는 의미로 soulful은 감성이 풍부하고 감동적인 느낌을 줄 때 사용하는 형용사입니다.

> **e.g.** The singer has a **deep, soulful voice** that touches people's hearts. 그 가수는 깊고 감성적인 목소리로 사람들의 마음을 울린다.

🔖 **touching**은 '감동적인'이라는 의미로 어떤 경험이나 말, 행동 등이 사람의 감정을 깊이 울릴 때 사용됩니다.

e.g. His speech was so **touching** that I almost cried. 그의 연설이 너무 감동적이어서 눈물이 날 뻔했다.

가브리엘 포인트   touching vs. moving vs. heartwarming vs. inspiring

- **touching**: 감동적인, 감정을 울리는 (가슴 뭉클한 감동이 부드럽게 전해지는 느낌)

    e.g. The letter you wrote me was really touching. 네가 쓴 편지는 정말 감동적이었어.

- **moving**: 가슴을 울리는, 눈물 나게 감동적인 (touching보다 더 강한 감동, 눈물이 날 정도로 울컥하는 느낌)

    e.g. The movie had a really moving scene at the end. 그 영화는 마지막에 정말 가슴을 울리는 장면이 있었다.

- **heartwarming**: 따뜻한 감동을 주는 (touching보다 더 따뜻하고 포근한 느낌)

    e.g. The story of the lost puppy finding its home was really heartwarming. 길 잃은 강아지가 집을 찾는 이야기는 정말 따뜻한 감동을 줬다.

- **inspiring**: 영감을 주는, 감명을 주는 (동기 부여가 되거나 삶에 대한 교훈을 주는 느낌)

    e.g. His speech was very inspiring. 그의 연설은 정말 감명을 주었다.

7 And **you know what? I never realized it before**, but my father-in-law is also an amazing singer!

그리고 있잖아? 난 전에 몰랐는데, 시아버지도 엄청난 가수시다!

- **You know what?** 은 '있잖아, 그거 알아?'라는 의미로 어떤 이야기를 꺼낼 때 자주 사용됩니다.
  - e.g. **You know what?** I met a celebrity today! 있잖아? 나 오늘 연예인 만났어!

- **never realized it before** 는 '예전엔 몰랐다'라는 의미로 어떤 사실을 새롭게 깨달았을 때 사용합니다.
  - e.g. I **never realized it before**, but saying "thank you" means so much.
    전에는 몰랐는데, "고마워"라고 말하는 게 정말 큰 의미가 있더라.

8 He has a husky voice that makes people want to sing along. It must **run in the family**!

허스키한 목소리는 모든 사람들이 노래를 따라 부르게 만들 정도다. 이 가족은 음악적인 재능이 유전인가 보다!

- **run in the family** 는 '(특정 성격, 능력, 질병 등이) 집안 내력이다, 유전이다'라는 의미로 어떤 특성이 가족 구성원 여러 명에게 나타날 때 사용합니다. 식구들 사이에 성격, 재능, 외모, 건강 상태, 말투, 버릇 같은 공통점이 있을 때 쓰입니다.
  - e.g. That sense of humor really **runs in your family**! 너희 집안은 유머 감각이 정말 남다르다!

 **가브리엘 포인트** — run in the family vs. take after vs. inherit vs. be passed down

- **run in the family**: 집안 내력이다 (가족에게 공통으로 나타나는 유전, 버릇, 재능 등)
  - e.g. Musical talent runs in the family. 음악적 재능은 집안 내력이다.
- **take after + 사람**: ~를 닮다 (성격·외모 등이 특정 가족 구성원을 닮았을 때)
  - e.g. She takes after her mom in both looks and attitude. 그녀는 외모와 태도가 엄마를 닮았다.
- **inherit + 명사**: ~을 물려받다 (재산, 유산 등)
  - e.g. He inherited a house from his grandfather. 그는 할아버지로부터 집을 물려받았다.
- **be passed down**: 대대로 전해지다 (물건, 이야기, 전통 등)
  - e.g. This recipe has been passed down for generations. 이 요리법은 여러 세대에 걸쳐 대대로 전해져 내려왔다.

9 Singing at karaoke **melted all my stress away**—**no wonder** I feel so much better now!

노래방에서 노래하니까 모든 스트레스가 사라졌다. 어쩐지 기분이 훨씬 좋아졌더라니!

- **melt ~ away**는 '~을 녹아 없어지게 하다, 사라지게 하다'라는 의미로 긴장, 걱정, 스트레스 등이 자연스럽게 사라질 때 사용합니다.
  - e.g. His warm hug **melted my worries away**. 그의 따뜻한 포옹이 내 걱정을 사라지게 했다.

- **no wonder ~**는 '어쩐지 ~하더라, ~한 것도 당연하다'라는 의미로 어떤 상황이나 결과에 대해 이유를 이해했을 때, 놀랍지 않다는 의미로 씁니다.
  - e.g. **No wonder** he's tired—he's been working all day! 그가 피곤한 것도 당연하지. 하루 종일 일했잖아!

10 If someone asked me, "**What's it like** being married to a Korean and living close to your in-laws?", **I would say**: "**Every day is a new adventure**, and so much fun!"

누군가 나에게 "한국인과 결혼해서 시댁 가까이에 사는 게 어때요?"라고 묻는다면, 나는 이렇게 말할 것이다. "매일이 새로운 모험이고, 정말 재미있어요!"

- **What's it like ~?**는 '~하는 건 어떤 느낌이에요?'라는 의미로 어떤 경험에 대해 물어볼 때 자주 쓰이는 표현입니다.
  - e.g. **What's it like** studying abroad? 유학 생활은 어때?

- **I would say ~**는 '나는 ~라고 말할 거야'라는 의미로, 실제로 누가 묻지는 않았지만 만약 묻는다면 '~라고 대답할 거야'라는 가정적인 상황에서 자주 쓰이는 표현입니다.
  - e.g. If you asked me about my trip, **I would say** it was unforgettable! 네가 내 여행에 대해 물어본다면, 절대 잊지 못할 경험이었다고 말할 거야!

- **Every day is a new adventure.**는 '매일이 새로운 모험이다.'라는 의미로 일상에서 겪는 다양한 일들을 긍정적으로 표현하는 말입니다.
  - e.g. Life with kids is never boring—**every day is a new adventure**! 아이들과 함께하는 삶은 절대 지루하지 않다. 매일이 새로운 모험이다!

A Stranger's Warning

Something scary happened to me today. I was on my way to work, talking to someone on the phone, when someone stopped me just as I was about to enter my academy's building.

"Sorry, I'll have to let you go," I hung up and looked at the person in front of me.

"Thank goodness, I caught you just in time," she said in a winded voice. "The unthinkable will happen if you don't listen to me. Quit your job. It's way too dangerous for you here. They will find you."

After saying that, she just turned around and left! Well, I didn't want to admit that she had scared me, so I just kept making my way to work. I held in all my emotions until I got home.

"What are you so worked up about?" my husband worried.

After I told him the story, I asked, "Am I being too dramatic? It feels like I should quit my job! I can't stop thinking about what she said. What if she's psychic? And who is 'they'? What if I have to face her on my way to work again? I'm going crazy over this!"

My husband said my worrying was justified, but there's nothing we can do. I hope nothing bad happens!

Reading Points

> **1** **Something scary happened to me** today.
>
> 오늘 나에게 무서운 일이 있었다.

- 「Something + 형용사 + happened to me」는 '어떤 일이 나에게 일어났다'라는 의미로 평소와는 다른 어떤 일이 자신에게 벌어졌을 때 자연스럽게 쓰는 표현입니다.
- **e.g.** **Something funny happened to me** yesterday. 어제 웃긴 일이 있었다.

> **2** I was **on my way to** work, **talking** to someone **on the phone**, when someone **stopped me just as I was about to enter** my academy's building.
>
> 나는 출근길에 전화로 누군가와 이야기 중이었고, 학원 건물에 막 들어가려던 순간 누군가가 나를 멈춰 세웠다.

- **on my way to**는 '~로 가는 길에'라는 의미로 이동 중인 상황을 나타낼 때 자주 쓰이는 표현입니다.
- **e.g.** I was **on my way to** work when it started raining. 출근하던 길에 비가 내리기 시작했다.

- **talk on the phone**은 '전화 통화를 하다'라는 의미입니다. 비슷한 표현인 be on the phone도 자주 쓰이는데, '전화 통화 중이다'라는 의미로, 통화 중인 상태에 초점을 맞춘 표현입니다.
- **e.g.** She**'s on the phone** with a client. 그녀는 고객과 통화 중이다.

🔖 **stop someone**은 '~를 멈추게 하다, 불러 세우다'라는 의미로 상대방의 움직임을 멈추게 할 때 사용합니다.

> **e.g.** She **stopped me** to ask for directions. 그녀는 나를 멈춰 세우고 길을 물어봤다.

🔖 「**just as + 주어 + be about to + 동사원형**」은 '막 ~하려던 찰나에'라는 의미로 어떤 일이 일어나기 바로 직전, 타이밍이 아주 아슬아슬할 때 사용됩니다. 이야기에 긴장감이나 드라마틱한 느낌을 줄 때 자주 쓰입니다.

> **e.g.** **Just as I was about to reply** to his message, my phone battery died. 막 그의 메시지에 답장하려던 순간, 핸드폰 배터리가 나갔다.

3 "Sorry, I'll have to let you go," I hung up and looked at the person in front of me.

"죄송해요, 끊어야겠어요." 나는 전화를 끊고 내 앞에 있는 사람을 바라봤다.

🔖 **I'll (have to) let you go.**는 '이제 통화 종료해야겠어요.'라는 의미로 전화 통화를 끝맺을 때 쓰는 표현입니다.

> **e.g.** **I'll have to let you go**, but let's talk again soon. 이제 끊어야겠어, 조만간 다시 이야기하자.

🔖 **hang up**은 '전화를 끊다'라는 의미로 전화 통화를 물리적으로 종료할 때 사용합니다.

> **e.g.** She **hung up** suddenly. 그녀가 갑자기 전화를 끊었다.

<u>4</u> "**Thank goodness**, I caught you **just in time**," she said in a **winded** voice.

"다행이에요. 딱 맞춰서 당신을 붙잡았네요." 그녀는 숨 가쁜 목소리로 말했다.

- **thank goodness**는 '다행이다'라는 의미로 안 좋은 상황을 면했을 때 쓰입니다.
  - e.g. **Thank goodness** I brought an umbrella! 우산을 가져와서 다행이야!

- **just in time**은 '아슬아슬하게 제시간에 (딱 맞춰서)'라는 의미로 어떤 장소에 막 도착했거나 일을 마감 직전에 간신히 끝냈을 때 사용합니다. 마지막 순간에 겨우 시간에 맞춘 상황을 표현할 때 쓰입니다.
  - e.g. I arrived **just in time** for the meeting. 회의에 딱 맞춰 도착했다.

- **winded**는 '숨이 찬, 숨을 헐떡이는'이라는 의미로 보통 운동을 하거나 급하게 움직인 후, 숨이 가빠진 상태를 묘사할 때 사용됩니다. 형용사로 쓰이며, be winded 또는 in a winded voice(숨찬 목소리로) 형태로 자주 쓰입니다.
  - e.g. He was so **winded** he couldn't speak. 그는 너무 숨이 차서 말을 못 했다.

가브리엘 포인트 winded vs. out of breath vs. breathless vs. panting

- **winded**: 숨이 찬 (갑자기 숨이 가빠 말하기도 힘들 때)
  - e.g. She spoke in a winded voice after chasing her dog. 그녀는 개를 쫓아간 후 숨이 찬 목소리로 말했다.
- **out of breath**: 숨이 가쁜 (운동 직후나 무거운 것을 들어서 숨이 찰 때)
  - e.g. I'm so out of breath. Let's take a break. 너무 숨차. 잠깐 쉬자.
- **breathless**: 숨이 막힌 (감동, 공포, 긴장 등 감정에 압도될 때)
  - e.g. The ending of the movie left me breathless. 영화 결말이 너무 감동적이라 숨이 막혔다.

- **panting**: 헐떡거리는 (더위나 달리기 등으로 강아지처럼 숨이 가빠질 때)
  - e.g. He came in panting, trying to catch his breath. 그는 헉헉거리며 들어왔고 숨을 고르려고 애썼다.

5 "**The unthinkable** will happen if you don't listen to me. Quit your job. It's **way too** dangerous for you here. They will find you."

"내 말을 안 들으면 상상도 못 할 일이 일어날 거예요. 일 그만두세요. 여기 너무 위험해요. 그들이 당신을 찾을 거예요."

- **the unthinkable**은 '상상도 못 할 일'이라는 뜻으로, 극단적이고 끔찍한 상황을 예고할 때 사용됩니다.
  - e.g. He feared **the unthinkable** might happen. 그는 상상도 못 할 일이 일어날까 봐 두려워했다.

 가브리엘 포인트 — the unthinkable vs. the unexpected

- **the unthinkable**: (너무 충격적이거나 두려워서) 생각조차 하기 싫은 일
  - e.g. The unthinkable happened—the plane crashed. 너무나 충격적인 일이 발생했다. 비행기가 충돌했다.
- **the unexpected**: 예상하지 못한 일 (가치 중립적이거나 긍정적 뉘앙스)
  - e.g. Life is full of the unexpected. 인생은 예기치 못한 일들로 가득하다.

- **way too**는 '너무, 지나치게'라는 의미로, 기대보다 훨씬 과하거나 심한 상황을 표현할 때 자주 사용됩니다. 보통 부정적인 뉘앙스를 담고 있습니다.
  - e.g. I was **way too** nervous before my presentation. 나는 발표 전에 너무 긴장했다.

6 After saying that, she just **turned around** and left!

그녀는 그 말을 하고 그냥 돌아서고는 떠났다!

- **turn around**는 '돌아서다, 방향을 바꾸다'라는 의미로 누군가가 갑작스럽게 행동을 멈추고 반대 방향으로 몸을 돌릴 때 자주 사용됩니다. 대화나 행동의 전환점을 묘사할 때도 쓰입니다.
  - **e.g.** He **turned around** suddenly when he heard his name. 그는 자신의 이름을 듣고 갑자기 돌아섰다.

7 Well, I didn't want to **admit that she had scared me**, so I just kept **making my way to** work.

솔직히 그녀가 나를 놀라게 했다는 걸 인정하기 싫어서 그냥 학원으로 갔다.

- 「**admit (that)** + 주어 + 동사」는 '~라고 인정하다'라는 의미로 실수, 잘못, 진실 등을 인정할 때 사용됩니다.
  - **e.g.** I **admit that I was** wrong. 내가 틀렸다는 걸 인정한다.

 가브리엘 포인트 원어민들이 자주 쓰는 비슷한 표현

- **confess**: 죄, 잘못 등을 자백[인정]하다 (죄책감을 느끼는 상황)
  - **e.g.** He confessed that he had stolen the money. 그는 돈을 훔쳤다고 자백했다.
- **acknowledge**: 공식적으로 인정하다 (좀 더 격식을 갖춘 느낌)
  - **e.g.** The company acknowledged that there was a problem. 회사는 문제가 있었다는 것을 인정했다.

🌱 **scare someone**은 '~을 놀라게 하다, 겁먹게 하다'라는 의미입니다.

e.g. The loud noise **scared her** so much. 큰 소음이 그녀를 깜짝 놀라게 했다.

🌱 **make one's way to**는 '~로 가는 중이다'라는 의미로 특정한 목적지를 향해 가는 중일 때 사용하는 표현이며, 물리적인 장소뿐만 아니라 목표를 향해 나아가는 의미로도 쓰입니다. go to보다 조금 더 과정을 강조하는 느낌입니다.

e.g. He **made his way to** the exit. 그는 출구로 향했다. (장소로 향할 때)

e.g. She **is** slowly **making her way to** becoming a great writer. 그녀는 훌륭한 작가가 되기 위해 천천히 나아가고 있다. (목표를 향해 나아갈 때)

 가브리엘 포인트 원어민들이 자주 쓰는 비슷한 표현

- **go to**: ~에 가다 (단순히 가는 것을 의미할 뿐 가는 과정을 강조하지 않음)
  e.g. I went to the mall. 나는 쇼핑몰에 갔다.

- **head to**: ~에 가려고 방향을 잡다 (make one's way to보다 가벼운 느낌)
  e.g. I'm heading to the café now. 지금 카페로 가는 중이다.

- **get to**: ~에 도착하다 (목적지 도착에 초점을 둠)
  e.g. I finally got to the airport. 드디어 공항에 도착했다.

---

8 I held in all my emotions until I got home.

온갖 감정을 속으로 누르며 퇴근할 때까지 견뎠다.

🌱 **hold in**은 '(감정이나 신체적 반응을) 참다, 억누르다'라는 의미로 감정이나 신체적 반응(눈물, 웃음, 분노, 배설 욕구 등)을 억지로 참아야 하는 상황에서 쓰이며, 자연스럽게 표출되는 것을 억제하는 뉘앙스가 있습니다.

e.g. I had to **hold in** my sneeze during the meeting. 회의 중에 재채기를 참아야 했다.

9 "What are you so **worked up** about?" my husband worried.

"왜 그렇게 초조해 보여?" 남편이 걱정하며 물었다.

🌱 **worked up**는 '초조한, 신경이 날카로워진'이라는 뜻으로, 화, 불안, 걱정 등으로 인해 감정이 과하게 고조된 상황에서 자주 쓰입니다.

e.g. He was so **worked up** about the presentation that he couldn't sleep. 그는 발표 걱정 때문에 잠을 못 잤다.

 **가브리엘 포인트** be/get worked up vs. be/get upset

- **be/get worked up**: 흥분하다, 불안해하다 (걱정, 분노, 불안, 당황 등으로 흥분해서 감정이 격해지고 신경이 날카로워진 상태)
  e.g. Don't get so worked up over a small mistake. 작은 실수에 그렇게 흥분하지 마.

- **be/get upset**: 속상하다, 화가 나다 (실망, 화, 슬픔 등으로 울적하거나 서운한 기분 상태이지만 밖으로 거칠게 드러내지는 않는 정도)
  e.g. I was really upset when you didn't call. 네가 전화 안 해서 정말 속상했어.

10 After I told him the story, I asked, "Am I being **too dramatic**? It **feels like I should quit** my job!

그에게 모든 이야기를 해 준 뒤 물어봤다. "내가 너무 과민 반응하는 걸까? 정말 직장을 그만둬야 할 것 같아!

🌱 **too dramatic**은 '너무 과장된'이라는 의미로 어떤 반응이나 행동이 지나치거나 필요 이상으로 감정적일 때 사용됩니다.

> **e.g.** You're being **too dramatic**. It's not that bad! 너무 과민 반응하는 거야. 그렇게 나쁘진 않아!

🌱 「It feels like + 주어 + 동사」는 '~인 것 같은 기분이 들다'라는 의미로 사실 여부에 대한 확신은 없지만, 그런 느낌이 강하게 들 때 사용됩니다.

> **e.g.** **It feels like something bad is** about to happen. 뭔가 안 좋은 일이 일어날 것 같은 느낌이 든다.

11 **I can't stop thinking about** what she said. **What if she's psychic?** And who is 'they'? **What if I have to face** her on my way to work again? I'm going crazy **over this!**"

그녀가 한 말이 자꾸 머릿속에 떠올라. 혹시 그녀가 진짜 예지력이 있으면 어쩌지? 그리고 '그들'은 대체 누구지? 출근길에 또 마주치기라도 하면 어쩌지? 이 일 때문에 미칠 것 같아!"

🌱 **can't stop thinking about**은 '~에 대해 계속 생각하게 되다'라는 의미로, 어떤 일이 머릿속을 떠나지 않을 때 사용됩니다.

> **e.g.** **I can't stop thinking about** the great time we had last week. 지난주 우리가 함께 보낸 멋진 시간이 계속 생각난다.

🌱 「**What if + 주어 + 동사 ~?**」는 '~하면 어쩌지?'라는 의미로 미래에 일어날 수도 있는 일에 대한 걱정이나 불안을 표현할 때 사용합니다.

> **e.g.** **What if we get** lost? 길 잃으면 어쩌지?

🌱 **psychic**은 '초능력이 있는, 마음을 읽는'이라는 의미로 사람의 생각이나 미래를 읽는 능력을 묘사할 때 사용되며 직감적으로 사실을 맞출 때도 비유적으로 사용합니다.

> **e.g.** Are you **psychic**? You always know what I'm thinking! 너 내 마음을 읽는 거야? 항상 내가 무슨 생각 하는지 다 알더라!

🔖 **face**는 '~을 대면하다'라는 의미로 누군가와 직접 마주하거나 어려운 상황을 대면해야 할 때 사용합니다.

e.g. I don't know how to **face** my boss after that mistake. 그 실수 이후로 어떻게 상사 얼굴을 봐야 할지 모르겠다.

🔖 **over**는 단순히 '~ 위에'라는 공간적 의미를 넘어, '~을 두고, ~ 때문에, ~에 대한'이라는 의미로 어떤 문제의 원인, 이유, 대상을 나타낼 때도 자주 쓰입니다. 본문에서 **over this**는 '이 일 때문에, 이것을 두고'라는 뜻으로 특정한 사건이나 상황을 두고 고민하거나 감정을 느끼는 맥락에서 사용되었습니다.

e.g. They got into a big fight **over** money. 그들은 돈 문제로 크게 싸웠다.

 가브리엘 포인트 — over vs. because of

- **over this**: 이 일 때문에 (후회나 실망 같은 부정적 감정을 동반하는 논쟁적이고 부정적인 이유일 때)
   - **e.g.** I quit my job over this. 이 일 때문에 회사를 때려치웠다. (이 사건 때문에 감정적으로 화가 나서 사표를 던진 느낌)

- **because of this**: 이 때문에 (단순히 원인을 제시하는 객관적이고 중립적인 뉘앙스)
   - **e.g.** I quit my job because of this. 이 일 때문에 회사를 그만두었다. (좋은 이유인지 나쁜 이유인지 알 수 없음)

12 My husband said my worrying was **justified**, but **there's nothing we can do**. **I hope nothing bad happens!**

남편은 내가 걱정하는 것도 이해된다고 했지만, 우리가 할 수 있는 건 없다고 했다. 아무 일도 없기를 바랄 뿐이다!

🌱 **justified**는 '정당한, 타당한'이라는 의미로 어떤 행동이나 결정에 합리적이고 정당한 이유가 있을 때 사용됩니다. 즉, 누군가가 한 일이 충분히 이해되거나 타당하다고 여겨지는 상황에서 쓸 수 있습니다.

> **e.g.** I don't think your reaction was **justified**. 네 반응이 정당했다고 생각하지 않아.

🌱 「**There's nothing + 주어 + can do**」는 '~가 할 수 있는 게 없다'라는 의미로 주어진 상황에서 더 이상의 대응 방법이 없을 때 사용합니다.

> **e.g.** It's out of our hands. **There's nothing we can do**. 그건 우리 손을 떠났다. 우리가 할 수 있는 건 없다.

🌱 **I hope nothing bad happens.**는 '아무 일도 없었으면 좋겠다.'라는 의미로 미래에 벌어질지도 모르는 부정적 상황이 걱정될 때 그런 일이 없기를 바라면서 쓰는 표현입니다.

> **e.g.** **I hope nothing bad happens** during the trip. 여행 중에 아무 일 없길 바란다.

가브리엘 포인트 — hope vs. wish

- **hope**: 현실에서 가능성이 있는 일에 대한 바람
  > **e.g.** I hope it doesn't rain tomorrow. 내일 비가 안 왔으면 좋겠다.
- **wish**: 현재와 반대되는 일이나 일어날 가능성이 낮은 일에 대한 바람
  > **e.g.** I wish I were taller. 내 키가 더 컸으면 좋겠다. (이미 성인이 된 상태여서 키가 더 클 가능성이 없음)

A New Family Christmas Tradition Begins

In the U.S., Christmas is a time of year to gather with family, eat way too much food, and exchange presents. The whole month leading up to Christmas—and sometimes even in November—you can hear carols playing everywhere. People decorate their houses with lights and winter-themed decorations, making everything feel festive and cozy.

In Korea, I've noticed that Christmas feels a bit different. It's not quite as big of a deal as it is in the States, and it's often treated more like a date night than a family holiday. So this year, I decided to bring a little Christmas spirit to our family celebration in Korea.

I bought a bunch of silly gifts and wrapped them all up. Then, we played games together, earning "money" to use for buying gifts at the end. It was a blast! Everyone had so much fun playing, laughing, and unwrapping their surprise presents.

   I think we've just created a new family Christmas tradition!

Reading Points

1 In the U.S., Christmas is a time of year to gather with family, eat **way too much** food, and exchange presents.

미국에서 크리스마스는 가족과 모이고, 아주 많은 음식을 먹고, 선물을 교환하는 시기이다.

> **way too much**는 '너무 과하게 많은'이라는 의미로 too much만으로도 과하다는 의미가 전달되지만 way too much는 훨씬 더 과한 느낌을 줍니다. 보통 음식, 돈, 일 등의 양이 지나치게 많을 때 사용됩니다.
>
> **e.g.** I ate **way too much** pizza last night. 어젯밤에 피자를 너무 많이 먹었다.

2 The whole month **leading up to** Christmas—and sometimes even in November—you can hear carols playing everywhere.

크리스마스 한 달 전부터, 심지어 11월에도 어디서나 캐럴이 들려온다.

> **leading up to**는 '~에 가까워지는'이라는 의미로 중요한 행사나 시기가 다가오기까지의 특정 기간을 말할 때 사용됩니다.
>
> **e.g.** The weeks **leading up to** my wedding were so busy. 내 결혼식이 다가오는 몇 주 동안 정말 바빴다.

3 People **decorate their houses with lights and winter-themed decorations, making everything feel festive and cozy**.

사람들은 집을 반짝이는 조명과 겨울 테마 장식으로 꾸미며서, 모든 것이 축제 같고 아늑하게 느껴지게 한다.

- **decorate A with B**는 'A를 B로 꾸미다'라는 의미로 어떤 공간이나 물건을 특정 장식 요소로 꾸밀 때 사용되는 표현입니다.
  - **e.g.** We **decorated the Christmas tree with colorful ornaments**. 우리는 크리스마스 트리를 화려한 장식품으로 꾸몄다.

- 「명사 + -themed」는 '~을 테마[주제]로 한, ~ 분위기의'라는 의미로 -themed를 사용하면 어떤 장소나 사물의 특정 테마나 분위를 묘사할 수 있습니다.
  - **e.g.** She wore a **Halloween-themed** costume. 그녀는 핼러윈 테마 의상을 입었다.

- 「make + 목적어 + feel + 형용사」는 '~를 …하게 느껴지도록[느끼도록] 만들다'라는 의미로 어떤 것으로 인해 특정 감정이나 인상을 받게 될 때 쓰입니다.
  - **e.g.** Her speech **made everyone feel emotional**. 그녀의 연설이 모두를 감동시켰다.

- **cozy**는 '아늑한, 포근한, 편안한'이라는 의미로 어떤 공간이 따뜻하고 편안한 느낌을 줄 때, 혹은 분위기나 관계가 친밀하고 따뜻한 느낌을 줄 때 쓰입니다.
  - **e.g.** The café had a **cozy** atmosphere, perfect for reading. 그 카페는 책 읽기 딱 좋은 아늑한 분위기였다.

4 In Korea, I've noticed that Christmas feels a bit different.

그런데 한국에서는 크리스마스가 조금 다르게 느껴진다.

- 「**notice (that) + 주어 + 동사**」는 '~라는 걸 알게 되다, 깨닫다'라는 의미로 notice는 어떤 것을 직접 보고, 듣고, 경험한 후 깨닫는 것을 의미합니다. 특히 여기서처럼 현재완료 시제로 쓰면 '과거부터 최근까지 경험하면서 알게 되었다'라는 의미입니다.
  - **e.g.** **I've noticed that he's been acting** differently these days. 요즘 그가 다르게 행동하고 있다는 걸 알게 되었다.

가브리엘 포인트 notice vs. realize vs. observe

- **I noticed (that) + 주어 + 동사**: 직접 보거나 듣고 깨달았을 때
  - e.g. I noticed that you got a haircut! 너 머리 잘랐구나!

- **I realized (that) + 주어 + 동사**: 생각해 보니 깨닫게 되었을 때
  - e.g. I realized that I left my phone at home. 집에 핸드폰을 두고 온 걸 깨달았다.

- **I observed (that) + 주어 + 동사**: 주의 깊게 살펴본 후 깨달았을 때
  - e.g. I observed that she always takes notes. 나는 그녀가 항상 필기한다는 걸 알았다.

---

5 It's **not quite as big of a deal as** it is in the States, and it's often **treated more like a date night than a family holiday**.

크리스마스가 미국만큼 큰 행사라고는 할 수 없고, 가족 행사라기보다는 연인과 보내는 날로 여겨지는 경우가 많다.

- **not quite as ~ as**는 '…만큼 완전히 ~인 것은 아니다'라는 뜻으로 나중에 오는 as 뒤에 비교 대상이 옵니다. not as ~ as(…만큼 ~하지 않다)가 직접적이고 단순한 비교의 뉘앙스를 띠는 반면, not quite as ~ as를 쓰면 좀 더 부드럽고 덜 단정적인 느낌을 줍니다.
  - e.g. This coffee is **not quite as strong as** I expected. 이 커피는 기대했던 것만큼 진하지 않다.

- **big of a deal**은 '중요한 일, 큰 행사'라는 의미로 특정 상황이나 일이 얼마나 중요한지, 또는 중요하지 않은지 표현할 때 사용합니다. 중요하지 않다고 할 때는 보통 not that big of a deal이라고 표현합니다.
  - e.g. It's **not that big of a deal**. Don't worry about it. 그렇게 큰일 아니야. 걱정하지 마.

🍃 **be treated like**는 '~처럼 여겨지다, 취급되다'라는 의미로 사람들이 무언가를 인식하거나 취급하는 특정한 방식을 설명할 때 사용되는 표현입니다.

e.g. I don't want to **be treated like** a child. 나는 어린애 취급받고 싶지 않다.

🍃 **more like A than B**는 'B라기보다는 A에 더 가까운'이라는 의미로 두 가지 대상을 놓고 비교하면서 한 쪽을 더 강조할 때 쓰는 표현입니다.

e.g. His advice was **more like criticism than support**. 그의 조언은 도움보다는 비판에 가까웠다.

6 So this year, I decided to **bring a little Christmas spirit** to our family celebration in Korea.

그래서 올해, 나는 한국에서 우리 가족만의 크리스마스 분위기를 좀 만들어 보기로 했다.

🍃 **bring ~ spirit**은 '~한 분위기나 감정을 불어넣다'라는 의미로 특정한 분위기나 감정을 만들어 내고 싶을 때 사용되는 표현입니다.

e.g. She always **brings a positive spirit** to work. 그녀는 항상 직장에 긍정적인 분위기를 가져온다.

7 I bought **a bunch of silly gifts** and **wrapped** them all **up**.

나는 재미있는 선물들을 한 묶음 사서 전부 포장했다.

🍃 **a bunch of**는 '한 묶음의, 여러 개의'라는 의미로 다수의 물건이나 사람을 뭉뚱그려 말할 때 쓰입니다.

e.g. There were **a bunch of** people waiting in line. 줄 서 있는 사람들이 엄청 많았다.

🍀 **silly gift**는 '장난스러운 선물, 재미있는 선물'이라는 의미로 쓸데없지만 받는 사람을 재미있게 해 주는 선물을 가리킵니다.

e.g. My brother loves collecting quirky items, so I sent him a **silly gift**, a clock that meows every hour. 내 동생은 기이한 아이템 수집을 좋아해서, 나는 그에게 재미있는 선물을 보냈는데, 매시간마다 야옹거리는 시계이다.

🍀 **wrap up**은 '포장하다'와 '마무리하다'의 두 가지 의미로 사용됩니다. 보통 wrap up 다음에 활동이나 일정 등이 나오면 '~을 마무리하다'라는 뜻이 됩니다.

e.g. I need to **wrap up** the gift before the party tonight. 오늘 밤 파티 전에 선물을 포장해야 한다.

e.g. Let's **wrap up** the project before the deadline. 마감 전에 프로젝트를 마무리하자.

가브리엘 포인트 원어민들이 자주 쓰는 비슷한 표현

- **package**: (제품을) 포장하다
  e.g. The company packages its products in eco-friendly materials. 그 회사는 제품을 친환경 포장재로 포장한다.

- **box up**: 상자에 넣다
  e.g. I need to box up these old books. 이 오래된 책들을 상자에 넣어야 한다.

---

8 Then, we played games together, earning "money" to use for buying gifts **at the end**.

그러고 나서 우리는 함께 게임을 하면서, 마지막에 선물을 사는 데 사용할 '돈'을 벌었다.

- **at the end**는 '마지막에, 끝에서'라는 의미로 특정 시점을 강조할 때 사용됩니다.

  e.g. **At the end** of the course, there will be a final exam that covers all the material. (수업) 과정이 끝날 때쯤 모든 내용을 다루는 최종 시험이 있을 것입니다.

가브리엘 포인트 — at the end vs. in the end

- **at the end**: 마지막 부분에서는 (시간, 공간, 사건 등의 끝부분을 의미)
  e.g. **At the end** of the movie, they got married. 영화 마지막 부분에서, 그들이 결혼을 했다.

- **in the end**: 결국, 마침내 (어떤 과정 후의 결과를 강조)
  e.g. **In the end**, we decided to stay home. 결국엔 그냥 집에 있기로 했다.

9 It was **a blast**!

정말 신나는 시간이었다!

- **a blast**는 '정말 즐거운 경험, 재미있는 일'이라는 의미로 파티, 여행, 모임 등이 매우 즐거웠을 때 자주 사용됩니다.

  e.g. The party last night was **a blast**! 어젯밤 파티 완전 신났어!

10 Everyone **had** so much **fun playing**, laughing, and unwrapping their surprise presents.

모두가 게임을 하고, 웃고, 깜짝 선물을 풀어 보면서 정말 즐거운 시간을 보냈다.

- **have fun -ing**는 '~하면서 재미있게 보내다'라는 의미로 특정한 행동을 하면서 즐거운 시간을 보내는 것을 의미합니다.
  - e.g. She always **has fun cooking** with her mom. 그녀는 엄마와 요리하면서 항상 즐거워한다.

11 I think we've just **created a** new family Christmas **tradition**!

우리가 새로운 가족 크리스마스 전통을 만든 것 같다!

- **create a tradition**은 '새로운 전통을 만들다'라는 의미로 가족이나 친구들 사이에서 특별한 이벤트를 정기적으로 하게 될 때 사용합니다.
  - e.g. We **created a** new family **tradition** of making pancakes every Sunday. 우리는 매주 일요일 팬케이크를 만드는 새로운 가족 전통을 만들었다.

Dog-Sitting Adventures

One of our friends was moving this weekend, and she asked us to watch her dog for the day while the movers took care of everything.

"Would you mind watching my dog for a few hours this Saturday? I'm worried he'll get underfoot while the movers are carrying things in and out," she asked.

"Of course! Your dog is adorable—we'd be happy to help!"

After she dropped him off, we tried to take him outside for a walk. At first, he was great. But then, he spotted a bird and took off after it—pulling the leash right out of our hands! Thankfully, we managed to catch him, but after that little scare, we decided it was safer to bring him inside.

We'd been considering getting a puppy of our own, and I was hoping this would be the perfect chance to convince my husband. But after chasing a runaway dog everywhere... I think he might need a little more convincing than I originally thought!

 **Reading Points**

> 1 One of our friends **was moving this weekend**, and she **asked us to watch her dog** for the day while the movers took care of everything.
>
> 우리 친구 중 한 명이 이번 주말에 이사하게 되었고, 이사하는 날 이삿짐 운반 업체가 짐을 운반하는 동안 강아지를 돌봐 달라고 부탁했다.

- 「be + -ing + 미래 시점」은 '(미래에) ~할 예정이다'라는 의미입니다. 진행형을 미래 시점 표현과 함께 써서 미래의 계획 등을 나타낼 수 있습니다. 여기서는 '이번 주말에 이사할 예정이었다'라는 뜻으로 쓰였습니다.
  - e.g. She **was leaving** for Paris **the next day**. 그녀는 다음날 파리로 떠날 예정이었다.

- 「ask someone to + 동사원형」은 '~에게 …을 부탁하다'라는 의미로 누군가에게 어떤 것을 요구하거나 부탁할 때 쓰는 표현입니다.
  - e.g. They **asked us to keep** it a secret. 그들은 우리에게 그것을 비밀로 해 달라고 부탁했다.

- **watch one's pet**는 '~의 반려동물을 돌보다, 보살피다'라는 의미로 여기서 watch는 주의를 기울여 보호하거나 돌보는 것을 의미합니다.
  - e.g. Can you **watch my cat** while I'm on vacation? 내가 휴가 가 있는 동안 고양이 좀 돌봐 줄 수 있어?

 가브리엘 포인트 — watch vs. look after vs. take care of

- **watch**: 잠시 돌봐 주다
  - e.g. I need someone to watch my dog this weekend. 이번 주말에 내 개를 돌봐 줄 사람이 필요하다.

- **look after**: 돌보다 (책임지고 보살피는 느낌)
  - e.g. She looked after her neighbor's dog for a week. 그녀는 일주일 동안 이웃의 강아지를 돌봐 줬다.
- **take care of**: 돌보다 (건강, 안전 관리 등)
  - e.g. I need to take care of my sick dog. 나는 내 아픈 강아지를 돌봐야 한다.

2 "Would you mind watching my dog for a few hours this Saturday? I'm worried he'll get underfoot while the movers are carrying things in and out," she asked.

"이번 주 토요일에 몇 시간 동안 우리 강아지를 돌봐 줄 수 있어? 이삿짐 운반하는 사람들이 짐을 들고 나를 때, 강아지가 방해될까 봐 걱정돼." 그녀가 말했다.

🌱 **Would you mind -ing?**는 '~해도 괜찮을까요?', '~해 주시겠어요?'라는 의미로 상대방에게 정중하게 부탁하거나 허락을 구할 때 사용합니다.
  - e.g. **Would you mind not making** so much noise? 너무 시끄럽게 하지 말아 줄래요?

🌱 **a few**는 '몇 개의, 약간의'라는 의미로 조금이지만 괜찮다는 긍정적인 뉘앙스입니다.
  - e.g. We still have **a few** minutes left. 아직 몇 분 남았다.

 가브리엘 포인트   a few vs. few

- **a few**: 몇 개의 (약간은 있는 느낌)
  - e.g. I have a few friends. 나는 친구가 몇 명 있다.
- **few**: 거의 없는 (부정적인 느낌)
  - e.g. I have few friends. 나는 친구가 거의 없다.

🌱 **get underfoot**은 '방해가 되다'라는 의미로 누군가의 동선이나 발밑에 있어서, 자유롭게 움직이기 어렵게 만들거나 방해가 되는 것을 의미합니다.

e.g. I don't want to **get underfoot**, so I'll stay out of the way. 방해하고 싶지 않으니까 비켜 있을게.

가브리엘 포인트 get underfoot vs. be in the way vs. be a nuisance

- **get underfoot**: 방해가 되다 (특히 아이나 동물이 방해가 될 때)
  e.g. Be careful! The dog keeps getting underfoot. 조심해! 강아지가 계속 발 밑에서 돌아다니니.

- **be in the way**: 길을 막다, 방해가 되다 (사람이나 사물이 방해가 될 때)
  e.g. Can you move? You're in the way. 비켜 줄래? 네가 길을 막고 있어.

- **be a nuisance**: 성가신 존재가 되다 (일반적으로 짜증을 유발할 때)
  e.g. The noise from construction is a real nuisance. 공사 소음이 진짜 성가시다.

🌱 **carry ~ in and out**은 '~을 안팎으로 나르다'라는 의미로 carry in(안으로 옮기다)과 carry out(밖으로 옮기다)이라는 표현이 합쳐져 짐 등을 안팎으로 나를 때 사용되는 표현입니다.

e.g. They **were carrying boxes in and out** all day. 그들은 하루 종일 박스를 안팎으로 나르고 있었다.

3 "Of course! Your dog is adorable—we'd be happy to help!"

"당연하지! 너희 강아지는 정말 귀여워. 기꺼이 도와줄게!"

🌱 **adorable**은 '사랑스러운, 정말 귀여운'이라는 의미로 cute보다 더 사랑스럽고 애정이 담긴 느낌입니다.

e.g. That baby is so **adorable**! 그 아기 정말 사랑스러워!

- 「would be happy to + 동사원형」은 '기꺼이 ~할게요'라는 의미로 '즐거운 마음으로 ~할 테니 부담 갖지 말라'라는 뜻을 전달하는 표현입니다.
  - e.g. I'd **be happy to answer** any questions. 질문 있으면 기꺼이 답변해 드릴게요.

4 After she **dropped** him **off**, we tried to **take him outside for** a walk.

친구가 강아지를 맡기고 간 후, 우리는 산책을 시키려고 밖으로 데려갔다.

- **drop off**는 '~을 내려 주다, 맡기다, 두고 가다'라는 의미로 차량에서 누군가를 특정 장소에 내려 줄 때 혹은 택배, 서류, 짐 등을 특정 장소에 가져다 놓을 때 사용됩니다.
  - e.g. She **dropped off** her kids at school. 그녀는 아이들을 학교에 내려 줬다.

- **take someone outside for**는 '~를 …을 위해 밖으로 데리고 나가다'라는 의미로 누군가를 특정한 목적(산책, 운동, 바람 쐬기 등)을 위해 실내에서 밖으로 데리고 나갈 때 사용됩니다.
  - e.g. Let's **take the kids outside for** some fresh air. 아이들을 밖으로 데리고 나가서 바람 좀 쐬게 하자.

5 **At first**, he was great. But then, he **spotted** a bird and **took off after** it—**pulling the leash right out of** our hands!

처음에는 얌전했다. 그런데 갑자기 새를 발견하더니 그걸 쫓아 전속력으로 뛰어갔다. 그 바람에 목줄이 손에서 빠져나가고 말았다!

- **at first**는 '처음에는'이라는 의미로 처음과 나중이 어떻게 달라졌는지 묘사할 때 쓰입니다.
  - e.g. **At first**, he was shy, but he quickly opened up. 그는 처음엔 수줍어했는데, 금방 마음을 터놓았다.

📎 **spot**은 '발견하다, 목격하다'라는 의미로 see보다 좀 더 '우연히 발견한' 뉘앙스를 띱니다.

`e.g.` I **spotted** my friend in the crowd. 나는 군중 속에서 친구를 발견했다.

📎 **take off after**는 '~을 쫓아서 전속력으로 달리다'라는 의미로 갑자기 빠르게 출발하여 누군가(또는 무언가)를 뒤쫓는 상황에서 사용하는 표현입니다. 보통은 동물이 무언가를 쫓을 때 많이 사용합니다.

`e.g.` My son **took off after** his dad while playing tag. 아들이 술래잡기하는 동안 아빠를 전속력으로 뒤쫓았다.

 가브리엘 포인트 — take off after vs. run after vs. chase after vs. go after

- **take off after**: 갑자기 쫓아 달려가다 (예상치 못하게 빠르게 뛰거나 출발하는 느낌)
  `e.g.` The dog took off after the rabbit. 개가 토끼를 쫓아 갑자기 달려갔다.

- **run after**: 뛰어서 쫓아가다 (빠르게 움직이지만 '갑자기'라는 느낌은 없음)
  `e.g.` The kids ran after the ice cream truck. 아이들이 아이스크림 트럭을 쫓아 달려갔다.

- **chase after**: 쫓다, 추격하다 (집요하게 추격하는 느낌)
  `e.g.` The detective chased after the suspect. 형사가 용의자를 뒤쫓았다.

- **go after**: 목표를 쫓다, 추구하다 (추격이 아닌 목표 달성을 위한 노력)
  `e.g.` You should go after your dreams. 당신의 꿈을 향해 나아가야 해요.

📎 **pull ~ right out of**는 '…에서 ~을 확 빼앗다'라는 의미로 right을 씀으로써 '완전히, 단번에'라는 느낌이 강조됩니다.

`e.g.` He **pulled the paper right out of** my hands. 그가 내 손에서 종이를 확 빼앗아 갔다.

6 **Thankfully**, we **managed to catch** him, but after **that little scare**, we decided it was safer to bring him inside.

다행히 우리가 강아지를 붙잡긴 했지만, 그 작은 소동 이후, 우리는 강아지를 안으로 데려오는 게 더 안전하겠다고 결론을 내렸다.

- **thankfully**는 '다행히도'라는 의미로 보통 부정적인 상황에서 더 나빠질 뻔했지만 다행히도 그렇게 되지 않았다고 할 때 쓰입니다.
  - **e.g.** **Thankfully**, no one was hurt in the accident. 다행히 사고에서 다친 사람은 없었다.

- 「**manage to** + 동사원형」은 '간신히 ~하다'라는 의미로 어려운 상황 속에서도 결국 무언가를 해냈을 때 쓰입니다
  - **e.g.** He **managed to catch** the train at the last minute. 그는 마지막 순간에 간신히 기차를 탔다.

- **that little scare**는 '그 작은 소동, 그 사소한 놀람'이라는 의미로 말 그대로 작은 놀람, 가벼운 두려움, 소동 등을 가리킵니다. 여기서 scare는 '놀람, 겁먹음'이라는 뜻의 명사로 쓰였습니다.
  - **e.g.** **That little scare** made me realize I need to be more careful. 그 작은 소동 덕분에 더 조심해야겠다는 걸 깨달았다.

7 **We'd been considering** getting a puppy **of our own**, and I **was hoping** this would be the perfect chance to **convince my husband**.

우리는 강아지를 키우는 걸 고민하고 있었고, 나는 이번이 남편을 설득할 완벽한 기회가 되기를 바랐다.

- **had been considering** ~은 '~을 고려해 오고 있었다'라는 의미로 과거부터 최근까지 계속 생각하고 있었음을 나타냅니다.
  - **e.g.** We'**d been considering** moving to a bigger house. 우리는 더 큰 집으로 이사 갈까 고민하고 있었다.

- **of one's own**은 '자신만의, 자기 소유의'라는 의미로 개인에게 속해 있거나, 그 사람만의 것임을 강조하는 표현입니다.
  - **e.g.** I finally got a place **of my own**. 드디어 내 집을 장만했다.

- **was/were hoping**은 '~을 바라던 중이었다'라는 의미로 과거 시점에서 어떤 기대를 가지고 있었던 상황을 나타냅니다. 경우에 따라 기대한 일이 실현되지 않았다는 뉘앙스를 전달할 수도 있습니다.
  - **e.g.** We **were hoping** to go on vacation, but our plans changed. 우리는 휴가를 가길 바랐지만, 계획이 바뀌었다.

- **convince someone**은 '~를 설득하다'라는 의미로 상대방이 어떤 생각, 의견, 결정, 행동을 바꾸도록 설득할 때 쓰입니다.
  - **e.g.** I'm trying to **convince my parents** to let me study abroad. 나는 유학을 가게 해 달라고 부모님을 설득하려고 노력 중이다.

 가브리엘 포인트 convince vs. persuade

- **convince**: 설득하다, 믿게 만들다 (마음이나 생각을 바꾸게 할 때)
  - **e.g.** He convinced me that he was right. 그는 자신이 옳다고 나를 설득했다.

- **persuade**: 설득하다, 행동하게 만들다 (어떤 행동을 하게 유도할 때)
  - **e.g.** He persuaded me to go with him. 그는 나를 설득해서 함께 가게 만들었다.

✔ **convince**는 상대방에게 내 말이 맞다고 확신시키는 것이고, **persuade**는 상대방이 내 말대로 행동하게 만드는 것입니다.

그러면 She persuaded me that ghosts are real.이라는 표현은 맞을까요?
→ 맞지 않습니다.
persuade를 쓰면 '유령을 믿는 행동을 하게 됐다'는 의미가 되기 때문에 어색합니다. 따라서 She convinced me that ghosts are real.(그녀는 유령이 실제로 존재한다고 나를 믿게 만들었다.)이라고 해야 합니다.

8 But after chasing a **runaway** dog everywhere… I think he might **need a little more convincing than I originally thought**!

그런데 도망친 강아지를 사방팔방 쫓아다니고 나니… 남편을 설득하려면 예상보다 더 많은 노력이 필요할 것 같다!

- **runaway**는 '통제되지 않는, 도망친, 걷잡을 수 없는'이라는 의미로 어떤 것이 손쓸 수 없을 정도로 빠르게 진행될 때 사용하는 단어입니다.
  - e.g. The police caught the **runaway** prisoner. 경찰이 도망친 죄수를 잡았다.
  - e.g. The company experienced **runaway** success with its new product. 그 회사는 신제품으로 인해 엄청난 성공을 거두었다.

- **need a little more convincing**은 '조금 더 납득[설득, 확신]이 필요하다'라는 의미로 완전히 납득되지 않아 더 많은 확신이 필요할 때 사용됩니다.
  - e.g. I like the idea, but I still **need a little more convincing**. 아이디어는 좋은데, 아직 좀 더 납득이 필요하다.

- **than I originally thought**는 '내가 원래 생각했던 것보다'라는 의미로 처음에 가진 생각과 실제가 많이 달랐을 때 사용합니다.
  - e.g. Learning Korean is more difficult **than I originally thought**. 한국어를 배우는 것이 내가 처음 생각했던 것보다 더 어렵다.

A Texting Mistake I'll Never Live Down

I was about to head home from work, when I suddenly started craving jokbal. So, I pulled out my phone and texted my husband.

Honey, why don't we have jokbal for dinner tonight? We can snuggle and watch Netflix.

It took him longer than usual to text me back, and I started wondering if something was wrong.

Then, my phone buzzed.

Um... boss? I could go for some jokbal, but I think you might've texted the wrong person... cuddling might be a bit too much...

I froze.

I had sent the text meant for my husband to the

new trainee! I had just given him my number today for work-related reasons and hadn't checked my chats carefully before hitting send.

> My bad! I must've gotten mixed up. I didn't mean to make you uncomfortable! I'll see you at work tomorrow!

I can't believe I accidentally asked my trainee to eat jokbal, snuggle, and watch Netflix. My husband could not stop laughing when I told him.

This jokbal better be amazing—because I need something to help me forget this disaster.

Reading Points

1 I **was about to head** home from work, when I suddenly started **craving** jokbal.

학원에서 퇴근하려던 참이었는데, 갑자기 족발이 너무 먹고 싶어졌다.

- 「**be about to** + 동사원형」은 '막 ~하려던 참이다'라는 의미로 어떤 행동을 바로 하려던 순간을 강조할 때 사용하는 표현입니다.
  - **e.g.** I **was about to call** you when you texted me. 네가 문자 보냈을 때, 막 전화하려던 참이었어.

- **crave**는 '(음식 등을) 갑자기 먹고 싶어 하다'라는 의미로 특정한 음식이나 경험이 간절히 생각날 때 사용하는 표현입니다.
  - **e.g.** I'**m craving** something sweet. 달달한 게 갑자기 당긴다.

2 So, I **pulled out** my phone and **texted my husband**.

그래서 나는 핸드폰을 꺼내 남편에게 문자를 보냈다.

- **pull out**은 '(주머니나 가방에서) 꺼내다'라는 의미로 어떤 물건을 가방, 주머니, 서랍 등에서 꺼낼 때 사용하는 표현입니다.
  - **e.g.** He **pulled out** his wallet and paid for the meal. 그는 지갑을 꺼내서 밥값을 냈다.

- **text someone**은 '~에게 문자를 보내다'라는 의미로 문자 메시지를 보낼 때 일반적으로 사용하는 표현입니다.
  - **e.g.** **Text me** when you get home. 집 도착하면 나한테 문자 보내.

 **가브리엘 포인트** text vs. message

- **text**: 일반적으로 '문자 메시지(SMS)를 보내다'라는 의미
- **message**: 모든 종류의 메시지(카톡, 이메일 포함)를 가리킬 수 있음

  e.g. I texted you yesterday. 어제 너한테 문자 보냈어. **vs.** I sent you a message on KakaoTalk. 너한테 카카오톡으로 메시지 보냈어.

---

3 *Honey, **why don't we have** jokbal for dinner tonight? We can **snuggle** and watch Netflix.*

자기야, 오늘 저녁에 족발 먹을까? 같이 껴안고 넷플릭스 보자.

🎀 「Why don't we + 동사원형 ~?」은 '우리 ~하는 게 어때?'라는 의미로 상대방에게 가벼운 제안을 할 때 사용하는 표현입니다.

e.g. **Why don't we go** out for dinner? 저녁 먹으러 나가는 거 어때?

🎀 snuggle은 '(포근하게) 껴안다, 바싹 기대다'라는 의미로 연인이나 가족끼리 다정하게 포옹하거나 기대고 싶을 때 사용하는 단어입니다.

e.g. Let's **snuggle** under the blanket. 이불 속에서 꼭 껴안고 있자.

---

4 *It took him longer than usual to text me back, and I started wondering if something was wrong.*

그런데 남편이 평소보다 문자에 답하는 데 오래 걸려서 혹시 무슨 일이 있나 싶었다.

🌱 「It takes + (사람) + 시간 + to + 동사원형」은 '(누가) ~하는 데 (얼마의) 시간이 걸리다'라는 의미인데, 보통 특정한 일이 예상보다 시간이 오래 걸렸을 때 사용하곤 합니다.

e.g. **It took me three hours to finish** my homework. 나는 숙제를 끝내는 데 세 시간이나 걸렸다.

🌱 **wonder if ~** 는 '~인지 궁금하다, ~인가 싶다'라는 의미로 어떤 일이나 상황에 대해 궁금증을 나타낼 때 사용하는 표현입니다.

e.g. I **wonder if** she'll come to the party. 그녀가 파티에 올지 궁금하다.

5 Then, my phone **buzzed**.

그러던 찰나, 핸드폰이 울렸다.

🌱 **buzz**는 '윙윙거리다, 진동하다'라는 의미로, 전화, 알람, 메시지 등으로 인해 휴대폰이 진동할 때, 혹은 벌이나 기계가 윙윙거리는 소리를 낼 때 사용됩니다.

e.g. The alarm **buzzed** loudly in the morning. 아침에 알람이 크게 울렸다.

6 Um… boss? I could **go for** some jokbal, but I think you **might've texted the wrong person**… **cuddling** might be **a bit too much**…

음… 원장님? 저도 족발은 괜찮은데, 근데 혹시 잘못 보내신 거 아닌가요… 껴안는 건 좀 과한 것 같은데요….

🌱 **go for**는 '~을 원하다, ~을 선택하다, ~가 당긴다, ~하고 싶다'라는 의미로 특정한 음식을 먹고 싶을 때나 어떤 활동을 하고 싶을 때 일상에서 사용하는 표현입니다.

e.g. I could **go for** some coffee right now. 지금 커피가 당긴다.

🔖 「might've/might have + 과거분사(p.p.)」는 '~했을지도 모른다'라는 의미로 과거에 어떤 일이 일어났을 가능성을 추측할 때 사용하는 표현입니다.

e.g. You **might've left** your keys at home. 네가 열쇠를 집에 두고 왔을지도 몰라.

🔖 **text the wrong person**은 '문자를 잘못 보내다'라는 뜻으로, 보내려던 사람이 아닌 다른 사람에게 실수로 문자를 보냈을 때 사용하는 표현입니다.

e.g. Oops, I think I **texted the wrong person.** 헉, 나 문자 잘못 보낸 것 같아.

🔖 **cuddle**은 '껴안다, 포옹하다'라는 의미로 연인이나 가족끼리 다정하게 안을 때 사용하는 단어입니다.

e.g. The baby loves to **cuddle** with his mom. 아기는 엄마랑 껴안는 걸 좋아한다.

🔖 **a bit too much**는 '조금 과한, 너무 지나친'이라는 의미로 무언가가 너무 많거나 어떤 행동이 부담스러울 때 사용하는 표현입니다.

e.g. I think three desserts is **a bit too much**. 디저트 세 개는 좀 과한 것 같아.
(디저트 세 개를 한 번에 다 먹는다는 전체 양을 의미)

7 I froze.

나는 그대로 얼어붙었다.

🔖 **freeze**는 '멈추다, 얼어붙다'라는 의미로 당황하거나 놀라서 순간적으로 아무 행동을 할 수 없을 때 사용하는 표현입니다. 과거형은 froze입니다.

e.g. I **froze** when I saw my ex at the party. 파티에서 전 애인을 보고 얼어붙었다.

8 I had sent the text **meant for** my husband to the new trainee!

남편에게 보내려던 문자를 새로 들어온 조교한테 보낸 것이었다!

- **meant for**는 '~을 위한'이라는 의미로 특정한 사람 또는 목적 등을 위해 계획되었거나 의도된 것을 나타낼 때 쓰는 표현입니다.
- **e.g.** The email was **meant for** my manager, but I sent it to a coworker by mistake. 그 이메일은 내 상사에게 보낼 거였는데, 실수로 동료한테 보냈다.

9 I had just given him my number today for **work-related** reasons and hadn't checked my chats carefully before **hitting send**.

오늘 업무 때문에 처음으로 내 번호를 알려 줬는데, 문자를 보내기 전에 채팅방을 제대로 확인하지 않은 것이었다.

- 「명사 + -related」는 '~와 관련된'이라는 의미로 명사 뒤에 -related를 붙여 써서 그와 관련된 주제임을 나타낼 수 있습니다.
- **e.g.** **health-related** 건강과 관련된 / **travel-related** 여행과 관련된

- **hit send**는 '전송 버튼을 누르다'라는 의미로 메시지나 이메일을 보낼 때 사용되는 구어적 표현입니다.
- **e.g.** I accidentally **hit send** before finishing my email. 이메일을 다 쓰기도 전에 실수로 전송 버튼을 눌렀다.

가브리엘 포인트 — 실수로 메시지를 보냈을 때 자주 쓰는 표현

- Oops, wrong person! 앗, 잘못 보냈어요!
- Ignore that last message. 방금 보낸 메시지는 무시하세요.
- Sorry, that was meant for someone else. 미안, 그거 다른 사람한테 보낼 거였어.

10 *My bad! I must've gotten mixed up. I didn't mean to make you uncomfortable! I'll see you at work tomorrow!*

앗, 미안해요! 내가 문자를 잘못 보냈네요. 불편하게 하려는 의도는 아니었는데! 내일 학원에서 봐요!

- **My bad!**는 '내 실수야!'라는 의미로 비교적 친근한 사이에서 가벼운 실수를 했을 때 쓸 수 있는 사과 표현입니다.
  - e.g. Sorry, **my bad!** 미안, 내 실수야!

- 「**must've/must have + 과거분사(p.p.)**」는 '틀림없이 ~했을 것이다'라는 의미로 과거의 일에 대해 강한 확신을 가지고 추측할 때 사용하는 표현입니다.
  - e.g. You **must've been** so tired yesterday. 너 어제 엄청 피곤했겠다.

- **get mixed up**는 '헷갈리다, 착각하다'라는 의미로 사람, 사물, 일정 등을 혼동했을 때 사용하는 표현입니다.
  - e.g. I always **get** their names **mixed up**. 나는 항상 그들의 이름을 헷갈린다.

- 「**I didn't mean to + 동사원형**」은 '~하려는 의도는 아니었다'라는 의미로 예상과는 다른 상황이 벌어진 뒤 그럴 의도는 아니었다고 강조할 때 사용하는 표현입니다.
  - e.g. **I didn't mean to hurt** your feelings. 네 기분을 상하게 할 의도는 아니었어.

11 *I can't believe I accidentally asked my trainee to eat jokbal, snuggle, and watch Netflix.*

내가 실수로 조교한테 족발 먹자고 하고, 껴안고 넷플릭스를 보자고 해 버렸다니 믿을 수가 없다.

🔖 **I can't believe ~**는 '~라니 믿을 수가 없다'라는 의미로 충격적인 일이나 예상치 못한 일이 일어났을 때, 놀라거나 황당한 감정을 나타내는 표현입니다.

e.g. **I can't believe** I lost my phone again. 또 핸드폰을 잃어버렸다니 믿을 수가 없다.

가브리엘 포인트　I can't believe ~ vs. I don't believe ~

- **I can't believe ~**: 놀라거나 황당한 감정을 강조
  e.g. I can't believe how fast time flies. 시간이 이렇게 빨리 간다는 게 믿기지 않아.

- **I don't believe ~**: 사실 자체를 믿지 않는다는 의미
  e.g. I don't believe in ghosts. 난 귀신을 안 믿는다.

🔖 **accidentally**는 '실수로, 의도치 않게'라는 의미로 의도하지 않았지만 실수로 어떤 행동을 하게 되었을 때 쓰는 표현입니다.

e.g. I **accidentally** sent the wrong email. 나는 실수로 잘못된 이메일을 보냈다.

12 My husband **could not stop laughing** when I told him.

남편한테 이 얘기를 해 주자, 그는 웃음을 멈추지 못했다.

🔖 **could not stop -ing**는 '계속 ~했다, ~하는 것을 멈출 수 없었다'라는 의미로 어떤 행동을 계속해서 하게 되는 상황을 나타냅니다. 주로 웃음이나 울음 같은 감정적인 행동이나 어떤 생각을 멈출 수 없었다고 할 때 많이 쓰입니다.

e.g. She **could not stop thinking** about what he said. 그녀는 그가 한 말을 계속 생각했다.

 **가브리엘 포인트** | could not stop -ing vs. could not help -ing

- **could not stop -ing**: ~하는 것을 멈출 수 없었다 (단순히 어떤 행동을 계속 하는 것)
- **could not help -ing**: ~할 수밖에 없었다 (자제하려 했지만 어쩔 수 없이 하게 되는 것)
  - e.g. I could not stop smiling. 나는 계속 웃었다. vs. I could not help laughing. 참아 보려고 했는데 웃음이 나왔다.

13 This jokbal **better be** amazing—because I **need something to help me forget** this **disaster**.

이 족발은 정말 맛있어야 한다. 왜냐하면, 이 끔찍한 실수를 빨리 잊을 무언가가 필요하기 때문이다.

- 「**better + 동사원형**」은 '정말 ~해야 한다', '반드시 ~해야 한다'라는 의미로 강한 기대, 요구, 경고를 나타낼 때 사용합니다. 이때의 better는 조동사 had better를 줄인 표현입니다.
  - e.g. You **better be** careful when driving in the snow. 눈길 운전할 때 조심해야 해.

- 「**need something to + 동사원형**」은 '~할 무언가가 필요하다'라는 의미로 어떤 목적을 위해 무언가가 필요하다고 말할 때 사용하는 표현입니다.
  - e.g. I **need something to cheer** me up. 내게 기운을 북돋아 줄 무언가가 필요하다.

- **help someone forget**은 '~가 …을 잊도록 도와주다, 잊게 해 주다'라는 의미로 힘든 기억, 스트레스, 실망스러운 일을 잊고 싶을 때 쓰는 표현입니다.
  - e.g. This vacation will **help me forget** all my worries. 이번 휴가가 내 걱정을 다 잊게 해 줄 것이다.

가브리엘 포인트 원어민들이 자주 쓰는 비슷한 표현

- **take one's mind off**: ~을 잠시 잊게 하다
  - e.g. Exercise takes my mind off stress. 운동이 스트레스를 잠시나마 잊게 해 준다.

- **move on from**: (과거의 일에서) 벗어나다
  - e.g. He's trying to move on from the breakup. 그는 이별의 아픔에서 벗어나려고 노력 중이다.

🍭 **disaster**는 '재앙, 끔찍한 실수'라는 의미로 진짜 재난 상황뿐만 아니라, 실수, 실패, 난감한 상황을 묘사할 때도 사용됩니다. 일상 회화에서 큰 실수나 엉망진창인 상황을 강조할 때도 자주 쓰입니다.

e.g. The party was a **disaster**. 그 파티는 완전 망했다.

My First Day Without Coffee— Wish Me Luck!

This morning, I woke up feeling great! But as the day went on, a headache started creeping in. At first, it wasn't that bad, but it gradually got worse. I couldn't figure out what was causing it, so I asked my husband for advice.

"Well, maybe you're dehydrated?" he guessed.

"I drank a lot of water last night and this morning. That can't be it," I said.

"Could it be a caffeine headache? Have you had any coffee yet today?" he asked.

That was it! "You're right! I haven't had any coffee yet!" I realized.

"Are you sure it's okay to keep drinking it? I'm worried about what all that caffeine is doing to your system," he said.

"Should I try quitting for good? I mean, do you think I can actually do it?"

"Give it a try! You've got nothing to lose and you'll be a heck of a lot healthier if you can at least cut down."

So, I'm trying to quit coffee. Let's see how long this lasts!

 **Reading Points**

1. This morning, I **woke up feeling great**! But **as the day went on**, a headache started **creeping in**.

   오늘 아침에는 정말 기분 좋게 일어났다! 그런데 하루가 지나면서 두통이 슬며시 시작됐다.

- 「**wake up feeling + 형용사**」는 '~한 기분으로 일어나다'라는 의미로 잠에서 깰 때의 기분이나 상태를 강조할 때 사용하는 표현입니다.
  - **e.g.** I **woke up feeling refreshed** after a long sleep. 푹 자고 난 뒤 개운한 기분으로 일어났다.

- **as the day goes on**은 '하루가 지나면서'라는 의미로 시간이 지나면서 점차적으로 일어나는 변화를 나타낼 때 사용하는 표현입니다.
  - **e.g.** **As the day went on**, I started feeling more tired. 하루가 지나면서 점점 피곤해졌다.

- **creep in**은 '슬며시 시작되다, 서서히 퍼지다'라는 의미로 불쾌한 감정(두통, 피로, 불안, 의심 등)이 천천히 나타날 때 사용하는 표현입니다. 갑자기 나타나는 것이 아니라, 점점 퍼지는 느낌을 줄 때 적합합니다.
  - **e.g.** A sense of doubt started **creeping in**. 의심이 서서히 밀려오기 시작했다.

 가브리엘 포인트 creep in vs. set in vs. kick in

- **creep in**: 서서히 스며들다
  - **e.g.** Doubt crept in as I thought about my decision. 내 결정에 대해 생각하다 보니 서서히 의심이 들기 시작했다.
- **set in**: (특정한 상태나 감정이) 본격적으로 시작되다
  - **e.g.** Winter has set in. 겨울이 본격적으로 시작됐다.

- **kick in**: (효과가) 나타나기 시작하다
  - e.g. The medicine kicked in after 30 minutes. 약이 30분 후에 효과가 나타났다.

2 At first, it wasn't that bad, but it gradually got worse.

처음에는 그렇게 심하지 않았는데, 점점 더 심해졌다.

- **at first**는 '처음에는'이라는 의미로 나중에 상황이 달라질 것을 암시할 때 사용하는 표현입니다.
  - e.g. **At first**, I didn't like the food, but now I love it! 처음에는 그 음식이 별로였는데, 지금은 너무 좋아한다!

- **gradually get worse**는 '점점 더 나빠지다'라는 의미로 '나빠지다'라는 뜻의 get worse 앞에 '점차적으로'라는 뜻의 부사 gradually를 붙여서 천천히 점진적으로 상태가 악화되는 것을 나타냅니다.
  - e.g. His condition **gradually got worse**. 그의 상태가 점점 악화됐다.

3 I couldn't figure out what was causing it, so I asked my husband for advice.

뭐가 원인인지 알아낼 수 없어서 남편에게 조언을 구했다.

- **figure out**은 '이해하다, 알아내다'라는 의미로 문제를 해결하거나 원인을 분석하는 상황에서 사용됩니다.
  - e.g. I need to **figure out** how to fix this problem. 이 문제를 어떻게 해결할지 알아내야 한다.

- **what causes it**은 '그것을 유발하는 것이 무엇인지'라는 의미로 보통 질병, 문제, 사건의 원인을 파악할 때 사용하는 표현입니다.
  - e.g. He's trying to figure out **what's causing his stomach pain**. 그는 자신의 복통의 원인이 뭔지 알아내려고 하고 있다.

- **ask someone for advice**은 '~에게 조언을 구하다'라는 의미로 고민 등을 해결하기 위해 다른 사람의 의견을 듣고 싶을 때 사용됩니다.
  - e.g. I **asked my teacher for advice** on my career. 선생님께 진로에 대한 조언을 구했다.

4 "Well, maybe you're dehydrated?" he guessed.

"음, 혹시 탈수된 거 아닐까?" 남편이 추측했다.

- **dehydrated**는 '탈수된, 수분이 부족한'이라는 의미로 더울 때나 운동 직후, 또는 물을 잘 마시지 않았을 때 사용됩니다.
  - e.g. Drink plenty of water so you don't get **dehydrated**. 탈수되지 않도록 충분한 물을 마셔.

5 "I drank a lot of water last night and this morning. That can't be it," I said.

"어젯밤이랑 오늘 아침에 물을 많이 마셨는데. 그건 아닐걸."이라고 내가 말했다.

- **That can't be it.**은 '그게 원인일 리가 없어.'라는 의미로 어떤 문제의 원인으로 상대방이 제시한 것이 말이 안 된다고 생각하거나 다른 이유가 있을 것 같을 때 사용합니다.
  - e.g. I checked everything twice. **That can't be it.** 모든 걸 두 번이나 확인했다. 그게 문제일 리가 없다.

가브리엘 포인트 { That can't be it. vs. That must be it.

- **That can't be it.**: 그게 원인[문제]일 리가 없다.
  - e.g. I already checked the wires. That can't be it. 이미 전선 확인했어. 그게 문제일 리가 없어.

- **That must be it.**: 그게 원인[문제]일 것이다.
  - e.g. Oh, the battery is dead! That must be it! 아, 배터리가 나갔네! 그게 원인이겠어!

---

6 "**Could it be** a **caffeine headache**? Have you had any coffee yet today?" he asked.

"혹시 카페인 두통일 수도 있지 않을까? 오늘 커피 마셨어?"라고 남편이 물었다.

🔸 **Could it be ~?**는 '~일 수도 있지 않을까?'라는 의미로 확신은 없지만 무언가에 대해 가능성을 열어 두고 조심스럽게 추측할 때 사용합니다.
  - e.g. **Could it be** that you forgot to set your alarm? 혹시 네가 알람 맞추는 걸 깜빡한 거 아닐까?

🔸 **caffeine headache**는 '카페인 금단 두통'이라는 의미로 커피를 마시지 않아서 두통이 올 때 쓰는 표현입니다.
  - e.g. I always get a **caffeine headache** when I skip my morning coffee. 아침에 커피를 안 마시면 항상 카페인 두통이 온다.

---

7 **That was it!** "You're right! I **haven't had** any coffee **yet**!" I realized.

바로 그거였다! "당신 말이 맞아! 아직 커피를 한 잔도 안 마셨어!" 나는 깨달았다.

🔖 **That was it!**은 '그게 원인이었어!'라는 의미로 원인을 깨달았을 때 쓰는 표현입니다.

e.g. I kept wondering why my computer was so slow. Then I realized I had too many tabs open. **That was it!** 내 컴퓨터가 왜 이렇게 느린지 계속 궁금했다. 그러다 탭을 너무 많이 열어 놨다는 걸 깨달았다. 바로 그거였다!

🔖 「**haven't + 과거분사(p.p.) ~ yet**」은 '아직 ~을 안 했다'라는 의미로 현재완료를 써서 아직까지는 안 했으나 앞으로 할 가능성을 염두에 두고 하는 말입니다.

e.g. I **haven't done** the laundry **yet**. 나는 아직 빨래를 안 했다.

가브리엘 포인트 과거형 vs. 현재완료형

- I didn't have lunch today. 오늘 점심을 안 먹었다. (점심을 안 먹은 것으로 오늘의 상황이 이미 종료되었음)
- I haven't had lunch yet. 아직 점심을 안 먹었다. (아직까지는 점심을 안 먹었지만 점심을 먹을 예정임)

8 "Are you sure it's okay to keep drinking it? I'm worried about what all that caffeine is doing to your system," he said.

"계속 마셔도 괜찮겠어? 카페인이 당신 몸에 어떤 영향을 미칠지 걱정돼." 남편이 말했다.

🔖 「**Are you sure it's okay to + 동사원형 ~?**」은 '~해도 괜찮은 거 확실해?'라는 의미로 상대방이 하는 행동에 우려를 표할 때 쓰는 표현입니다.

e.g. Are you sure it's okay to stay up this late? 이렇게 늦게까지 깨어 있어도 괜찮은 거 확실해?

🔖 **be worried about**은 '~에 대해 걱정되다, 걱정하다'라는 의미로 어떤 일이나 상황에 대해 불안하거나 걱정되는 감정을 표현합니다.

e.g. I'm worried about my test tomorrow. 내일 시험이 걱정된다.

가브리엘 포인트 { '걱정'을 나타내는 다양한 표현들 }

- **I'm worried about**: ~에 대해 걱정된다
  e.g. I'm worried about my grades. 성적이 걱정된다.

- **I'm concerned about**: ~에 대해 신경 쓰인다 (worried보다 좀 더 격식 있는 표현)
  e.g. I'm concerned about his health. 그의 건강이 걱정된다.

- **I'm afraid**: ~할까 봐 걱정된다 (부정적인 결과 예상)
  e.g. I'm afraid he won't pass the test. 그가 시험에 떨어질까 봐 걱정된다.

- **I have a bad feeling about**: ~에 대해 불길한 느낌이 든다
  e.g. I have a bad feeling about this deal. 이 거래에 대해 불길한 느낌이 든다.

🔖 **what ~ is/are doing to**는 '~이 …에 어떤 영향을 미치고 있는지'라는 의미로 특정 행동, 물질, 상황 등이 사람이나 사물에 미치는 영향을 강조할 때 사용하는 표현입니다.

e.g. You don't realize **what staying up late is doing to** your health. 너는 늦게 자는 게 건강에 어떤 영향을 미치는지 모르고 있어.

---

9 "Should I try quitting **for good**? I mean, **do you think I can actually do it?**"

"아예 끊어 볼까? 아니, 내가 진짜 할 수 있을까?"

📎 **for good**은 '영원히, 완전히'라는 의미로 어떤 행동이나 상태가 영구적으로 지속됨을 의미할 때 사용하는 표현입니다.

> **e.g.** He quit smoking **for good**. 그는 담배를 완전히 끊었다.

 가브리엘 포인트 — '영구성, 끝맺음'을 나타내는 다양한 표현들

- **for good**: 영원히, 완전히 (돌이킬 수 없는 느낌)
  > **e.g.** The store closed down for good. 그 가게는 완전히 문을 닫았다.
- **permanently**: 영구적으로 (공식적인 느낌)
  > **e.g.** She was banned from the club permanently. 그녀는 클럽에서 영구적으로 출입 금지되었다.
- **forever**: 영원히 (감성적이고 다소 과장된 느낌)
  > **e.g.** I will love you forever. 나는 너를 영원히 사랑할 거야.
- **once and for all**: 단번에, 다시는 안 하도록
  > **e.g.** Let's settle this once and for all. 이번에 완전히 정리하자.

📎 **Do you think I can actually ~?**는 '내가 정말 ~할 수 있을까?'라는 의미로 무언가에 자신이 없는 상황에서 그것이 가능할지 상대방의 의견을 묻는 표현입니다.

> **e.g.** **Do you think I can actually** run a marathon? 내가 정말 마라톤을 뛸 수 있을까?

---

10 "**Give it a try**! **You've got nothing to lose** and you'll be **a heck of a lot** healthier if you can at least **cut down**."

"한번 해 봐! 잃을 건 없고, 최소한 줄이는 것만으로도 훨씬 건강해질 거야."

📎 **give it a try**는 '한번 시도해 보다'라는 의미로 새로운 일을 해 보려고 할 때 사용하는 표현입니다. 여기서처럼 '한번 해 봐!'라고 상대방을 격려할 때도 많이 쓰입니다.

> **e.g.** Just **give it a try**. You might be better than you think! 그냥 해 봐. 생각보다 잘할 수도 있어!

🌱 **You've got nothing to lose.**는 '잃을 게 없어.', '안 될 거 뭐 있어?'라는 의미로 어떤 시도를 해도 손해 볼 게 없을 때 사용합니다.

> **e.g.** A: Should I apply for that job? 그 일자리에 지원해 볼까?
> B: Go for it! **You've got nothing to lose**. 한번 해 봐! 잃을 거 없잖아.

🌱 **a heck of a lot**은 '엄청나게 많이'라는 의미로 a lot를 강조하기 위해 앞에 a heck of를 붙인 구어체 표현입니다. 강조 표현인 hell을 쓰면 일상적인 대화에서 다소 거칠거나 무례하게 들릴 수 있기 때문에 부드럽게 말하기 위해 heck을 사용하기 시작했습니다.

> **e.g.** This cake is **a heck of a lot** better than the last one. 이 케이크는 지난번 것보다 훨씬 맛있다.

🌱 **cut down**은 '소비/사용량을 줄이다'라는 뜻으로 줄이는 대상을 표현할 때는 cut down on 형태로 많이 쓰입니다.

> **e.g.** I'm trying to **cut down** on sugar. 설탕 섭취를 줄이려고 한다.

---

11 So, I'm trying to quit coffee. **Let's see how long this lasts!**

그래서 커피를 끊어 보려고 한다. 얼마나 오래 갈지 두고 보자고!

🌱 **Let's see how long this lasts!**는 '얼마나 오래 갈지 두고 보자!'라는 의미로 지속 가능성에 대해 자신 없거나 장담하기 어려울 때 의구심을 표현하는 말입니다.

> **e.g.** I just started working out again. **Let's see how long this lasts!** 다시 운동 시작했어. 얼마나 오래 갈지 보자고!

Blind Date Success!

My friend has been begging me to set her up on a blind date, but I was a little hesitant at first. She kept bugging me, though, so I finally gave in and introduced her to one of my coworkers I've known a while.

Finally, D-Day arrived, and after the time they were supposed to meet, I was dying of curiosity!

"How'd the date go? Don't keep me guessing! What was he like? Did you guys hit it off?" I asked the moment she picked up the phone.

"He was amazing! We started talking, and everything just clicked! The chemistry was through the roof. We already made plans to see each other again this week!"

"I'm so happy for you!" I cheered.

"Next time, why don't you join us and we can do a double date?" she asked.

"That'd be great! Let's do it!"

They say if you match three couples, you can go to heaven. Looks like I've got two more to go!

Reading Points

> **1** My friend **has been begging me to set her up on a blind date**, but I was a little **hesitant at first**.
>
> 친구가 나한테 소개팅을 시켜 달라고 계속 졸랐는데, 사실 처음엔 좀 망설였다.

- 「**beg someone to + 동사원형**」은 '~에게 …을 간절히 부탁하다, 애원하다'라는 의미로 누군가에게 간절히 요청할 때 사용하는 표현입니다.
  - **e.g.** He **begged me to stay** a little longer. 그는 나한테 조금만 더 있어 달라고 애원했다.

- **set someone up on a blind date**는 '~에게 소개팅을 주선하다'라는 의미로 친구나 지인에게 이성과의 만남을 주선해 줄 때 사용하는 표현입니다.
  - **e.g.** I **set my cousin up on a blind date** with my coworker. 사촌을 내 직장 동료랑 소개팅 시켜 줬다.

- **hesitant at first**는 '처음에는 망설이는'이라는 의미로 처음에는 확신이 없거나 주저했지만, 나중에는 달라졌다고 말할 때 사용하는 표현입니다.
  - **e.g.** I was **hesitant at first**, but I ended up loving it! 처음엔 망설였지만, 결국 완전 마음에 들었다!

> **2** She **kept bugging me**, though, so I finally **gave in** and introduced her to one of my coworkers I've known a while.
>
> 그런데 친구가 계속 성화여서 결국엔 내가 오랫동안 알고 지낸 직장 동료를 소개해 줬다.

🔖 **keep bugging someone**은 '~를 계속 귀찮게 하다, 졸라 대다'라는 의미로 상대방에게 뭔가를 계속 부탁할 때 사용하는 표현입니다.

> e.g. My little brother **kept bugging me** to play video games with him.
> 내 남동생이 나한테 같이 게임하자고 계속 졸랐다.

가브리엘 포인트 `nag vs. bug`

- **nag**: (지속적으로) 잔소리하다, 바가지 긁다 (부부, 부모와 자녀, 교사와 학생, 상사와 부하 직원 사이 등 주로 권위를 가진 한쪽이 다른 한쪽에게 하는 말)
    > e.g. I try not to nag my kids too much. 나는 애들한테 너무 잔소리 안 하려고 노력한다.

- **bug**: 귀찮게 하다, 성가시게 하다 (nag보다 덜 직접적이고, 친구, 형제자매, 동료 사이에서 자주 쓰이며, 때로는 장난스러운 느낌도 줌)
    > e.g. I didn't mean to bug you. I just wanted to talk. 귀찮게 하려던 건 아니었어. 그냥 얘기하고 싶었어.

따라서, **nag**은 뭔가를 강요하고 잔소리하는 느낌이라면, **bug**은 단순히 귀찮게 구는 느낌으로 쓰이는 경우가 많습니다.

☑ 그렇다면 My mom keeps bugging me to clean my room.은 적절한 표현일까요?
→ 문법적으로 틀린 표현은 아니지만, 이때는 My mom keeps nagging me to clean my room.이 더 자연스럽습니다.

🔖 **give in**은 '굴복하다, 마지못해 받아들이다'라는 의미로 상대방의 지속적인 요구를 결국 받아들일 때 사용하는 표현입니다.

> e.g. I didn't want to go, but they kept asking, so I **gave in**. 가기 싫었는데, 계속 부탁해서 결국 가기로 했다.

3 Finally, **D-Day arrived**, and after the time they **were supposed to meet**, **I was dying of curiosity**!

드디어 디데이가 왔고, 그들이 만나기로 한 시간이 지나자 난 궁금해서 미칠 지경이었다!

- **D-Day arrived**은 '중요한 날이 왔다'라는 의미로 시험, 중요한 발표, 약속 등 중요한 일이 있는 날이 되었을 때 사용하는 표현입니다.
  - e.g. The wedding **D-Day** finally **arrived**! 드디어 결혼식 날이 왔다!

- 「**be supposed to + 동사원형**」은 '원래 ~하기로 되어 있다'라는 의미로 규칙이나 기대되는 행동을 말할 때, 예정된 일이나 계획을 말할 때, 사회적 기대나 일반적인 규범을 말할 때, 원래는 그래야 했는데 실제로는 그렇지 않았음을 암시할 때 등 다양한 상황에서 쓸 수 있는 표현입니다.
  - e.g. This medicine **is supposed to help** with headaches. 이 약은 두통에 도움이 된다고 되어 있다.

- 「**be dying of + (감정) 명사**」는 '너무 ~해서 미칠 것 같다'라는 의미로 어떤 감정이 너무 강해서 참을 수 없을 때 사용하는 표현입니다. 보통 curiosity(궁금함), hunger(배고픔), thirst(목마름), boredom(지루함) 등과 함께 사용합니다.
  - e.g. I'm **dying of thirst**! Do you have anything to drink? 나 목말라 죽겠어! 마실 것 좀 있어?

4 "How'd the date go? Don't keep me guessing! What was he like? Did you guys **hit it off**?" I asked the moment she **picked up the phone**.

"소개팅 어땠어? 궁금하게 하지 말고 얼른 말해 봐! 그 사람 어땠어? 분위기는 좋았어?" 친구가 전화를 받자마자 나는 다짜고짜 물었다.

🌱 **How'd ~ go?**는 '~은 어땠어?'라는 의미로 상대방에게 데이트, 시험, 면접 등의 결과를 물어볼 때 사용하는 표현입니다.

e.g. **How'd your job interview go?** 면접 어땠어?

가브리엘 포인트 | How was ~? vs. How'd ~ go?

- **How was the date?**: 데이트 어땠어? (전반적인 느낌, 분위기를 물어볼 때)
  - **e.g.** A: How was the date? 데이트 어땠어?
    B: It was really nice. We had a great dinner, and he was super funny! 정말 좋았어. 저녁도 맛있었고, 그 사람 완전 웃기더라고!

- **How'd the date go?**: 데이트 잘 풀렸어? (원하는 방향으로 상황이 잘 진행되었는지 물어볼 때)
  - **e.g.** A: How'd the date go? 데이트 잘 풀렸니?
    B: Pretty well, I think. We're meeting again next weekend! 제법 잘 된 것 같아. 다음 주말에 또 만나기로 했어!

🌱 **Don't keep me guessing!**은 '궁금하게 하지 말고 얼른 말해!'라는 의미로 상대방으로부터 몹시 듣고 싶은 이야기가 있을 때 사용하는 표현입니다.

e.g. **Don't keep me guessing!** Just tell me! 궁금하게 하지 말고! 그냥 말해 봐!

🌱 **What is someone like?**은 '~는 어떤 사람이야?'라는 의미로 사람의 성격, 외모, 행동 등을 묻는 표현입니다.

e.g. **What's the new coworker like?** 새 동료는 어떤 사람이야?

🌱 **hit it off**는 '금방 친해지다, 마음이 잘 맞다'라는 의미로 처음 만났는데 서로 잘 맞거나 친해졌을 때 사용하는 표현입니다.

e.g. We **hit it off** right away! 우리 바로 친해졌어!

가브리엘 포인트 원어민들이 자주 쓰는 비슷한 표현

- **get along with**: ~와 잘 지내다 (오랜 시간에 걸쳐 관계를 유지하며 잘 지내는 느낌)
  - e.g. I get along well with my coworkers. 나는 직장 동료들과 잘 지낸다.
- **click with**: ~와 금방 친해지다 (hit it off보다 더 자연스럽고 직감적인 느낌)
  - e.g. We just clicked from the start! 우리는 처음부터 통했다!
- **bond with**: ~와 유대감을 쌓다 (오랜 시간에 걸쳐 깊고 끈끈한 관계가 형성된 느낌)
  - e.g. I bonded with my new team during our trip. 새로운 우리 팀과 여행하면서 유대감을 쌓았다.

🔖 **pick up the phone**은 '전화를 받다'라는 뜻으로, 벨이 울릴 때 수화기를 들거나 핸드폰의 통화 버튼을 눌러 전화를 받는 행동을 말합니다.

e.g. She **picked up the phone** on the first ring. 그녀는 벨이 한 번 울리자마자 전화를 받았다.

5 "He was amazing! We started talking, and everything just **clicked**! The chemistry was **through the roof**. We already **made plans to see** each other again this week!"

"그는 정말 멋졌어! 우리는 대화를 시작하자마자 모든 게 완벽하게 맞아떨어졌어! 케미가 엄청났어. 우리 벌써 이번 주에 다시 만나기로 했어!"

🔖 **click**은 '찰떡같이 맞다, 딱 맞아떨어지다'라는 의미로 사람과의 관계에서 잘 통할 때, 또는 어떤 개념이 한순간에 이해될 때 사용하는 표현입니다.

e.g. We just **clicked** from the very first conversation. 우리는 처음 대화부터 완전히 통했다.

> **e.g.** I didn't understand math at first, but then it just **clicked**! 처음에는 수학을 이해하지 못했지만, 갑자기 딱 이해가 됐다!

🌱 **through the roof**는 '엄청난, 극에 달하는'이라는 의미로 가격이나 감정 등이 치솟을 때처럼 어떤 것이 매우 높거나 극단적인 수준에 도달했을 때 사용됩니다.
> **e.g.** Our sales this month went **through the roof**! 이번 달 매출이 폭발적으로 증가했다!

🌱 「**make plans to** + 동사원형」은 '~할 계획을 세우다'라는 의미로 앞으로의 일정이나 만남을 확정할 때 사용됩니다.
> **e.g.** They **made plans to have** dinner together. 그들은 저녁을 함께 먹기로 했다.

6 "I'm so happy for you!" I cheered.

"정말 잘됐다!" 나는 기뻐하며 말했다.

🌱 **I'm so happy for you!**는 '정말 잘됐어!', '정말 축하해!'라는 의미로 상대방에게 좋은 일이 생겼을 때 기쁨과 축하의 감정을 전하는 표현입니다.
> **e.g.** A: I got the job! 취업 성공했어!
> B: **I'm so happy for you!** You totally deserve it! 정말 잘됐다! 넌 충분히 자격 있어!

🌱 **I cheered.**는 '나는 기뻐하며 말했다.'라는 의미로 cheer는 보통 '응원하다'의 뜻이지만, 기쁨과 흥분을 담아 말할 때도 사용됩니다.
> **e.g.** "This is the best birthday ever!" **he cheered**. "이건 내 인생 최고의 생일이야!" 그는 기뻐하며 말했다.

7 "Next time, **why don't you join** us and we can do a double date?" she asked.

"다음엔 너희도 같이 만나서 더블데이트 하는 거 어때?" 친구가 물었다.

- 「**Why don't you + 동사원형 ~?**」은 '~하는 게 어때?'라는 의미로 상대방에게 제안을 할 때 사용하는 표현입니다.
- e.g. **Why don't you come** over for dinner? 저녁 먹으러 우리 집에 오는 게 어때?

8 "**That'd be great!** Let's do it!"

"완전 좋지! 그렇게 하자!"

- **That'd be great!**는 '그거 정말 좋겠다!'라는 의미로 어떤 제안이나 아이디어가 마음에 들 때 긍정적으로 반응하는 표현입니다.
- e.g. A: I'm thinking of throwing a small party at my place. Wanna join?
  집에서 작은 파티 열려고 하는데, 올래?
  B: **That'd be great!** Count me in! 좋지! 나도 포함시켜 줘!

9 **They say** if you **match** three **couples**, you can go to heaven. Looks like I**'ve got two more to go**!

사람들이 그러던데 세 커플을 성사시키면 천국에 간다고. 이제 두 커플만 더 남았다!

- **They say ~**는 '사람들이 그러던데 ~'라는 의미로 여기서 대명사 they는 특정한 '그들'이 아니라 일반적인 사람들을 가리킵니다. 일반적으로 널리 퍼진 속설, 전해지는 이야기 등을 전달할 때 사용하며, 구체적인 출처 없이 들은 이야기나 속설을 말할 때 유용하게 쓸 수 있습니다.

> **e.g.** **They say** if you dream about losing your teeth, something bad might happen. 이가 빠지는 꿈을 꾸면 안 좋은 일이 생긴다고 하더라.

🌱 **match a couple**은 '커플을 성사시키다'라는 의미로 두 사람의 만남을 주선해서 연애가 성사되었을 때 사용하며, match A with B로 쓰면 'A를 B와 연결해 주다, 짝지어 주다'라는 뜻이 됩니다.

> **e.g.** I **matched** my friend **with** her now-boyfriend. 내가 친구를 그녀의 지금 남자 친구랑 이어 줬다.

🌱 「**have (got)**＋숫자＋**more to go**」는 '(숫자)만큼 더 남았다'라는 의미로 특정 목표를 달성하기까지 남은 수량을 말할 때 사용됩니다.

> **e.g.** We'**ve got three more** stops **to go** before we arrive. 도착하려면 세 정거장 더 남았다.

DAY 33 Cooking Class Adventures

My husband and I decided to take a cooking class together, so we bought a few recipe books to practice at home first.

"Have you ever cooked anything before?" I asked him.

"Not really... does ramen count?"

"Haha, why not? I've cooked a bit, but I definitely need more practice. Hopefully, we don't make fools of ourselves. Do you know if we're supposed to pay for our own ingredients?" I asked.

"No, I checked the class description— it says they provide everything we need. It's all included in the class price," he said.

"How much does the class cost?"

"I don't remember exactly, but I think it's around 500,000 won a month for both of us."

The first dish on the menu? Kimchijjigae—one of the staples of Korean cuisine! I can't wait to get started!

Reading Points

1 My husband and I **decided to take a cooking class** together, so we bought **a few recipe books** to practice at home first.

우리 부부는 함께 요리 수업을 듣기로 결정해서, 먼저 집에서 연습하려고 몇 권의 요리책을 샀다.

📌 「**decide to + 동사원형**」은 '~하기로 결정하다'라는 의미로 어떤 행동을 하기로 마음먹었을 때 사용하는 표현입니다.

　e.g. I **decided to start** working out every morning. 매일 아침 운동하기로 결정했다.

 **가브리엘 포인트** · decide vs. make up one's mind

- **decide to + 동사원형**: ~하기로 결정하다 (일반적인 결정을 내릴 때 사용하는 표현으로 감정적인 요소가 적고 비교적 가볍게 결정한 느낌)

　e.g. I **decided to buy** some clothes online. 온라인으로 옷을 사기로 결정했다.

- **make up one's mind to + 동사원형**: 고민 끝에 ~하기로 결심하다 (오랜 고민 끝에 내린 결심의 뉘앙스가 강하기 때문에 감정적인 요소가 포함될 가능성이 높음)

　e.g. I finally **made up my mind to buy** some clothes online. 마침내 온라인으로 옷을 사기로 결심했다.

📌 **take a ~ class**는 '~ 수업을 듣다'라는 의미로 무언가를 배우는 수업을 들을 때 사용하는 표현입니다.

　e.g. I'm **taking a photography class** this summer. 이번 여름에 사진 수업을 들을 것이다.

🍀 「a few + 복수 명사」는 '몇 개의 ~'라는 의미로, a few는 셀 수 있는 명사 앞에서 '약간의, 몇 개의'라는 뜻으로 쓰입니다.

e.g. I bought **a few apples** at the market. 나는 시장에서 사과를 몇 개 샀다.

2 "Have you ever cooked anything before?" I asked him.

"예전에 요리해 본 적 있어?" 내가 남편에게 물었다.

🍀 「Have you ever + 과거분사(p.p.) ~?」는 '~해 본 적 있어?'라는 의미로 지금까지의 경험을 묻거나 확인할 때 사용하는 표현입니다.

e.g. **Have you ever been** to Paris? 파리에 가 본 적 있어?

3 "Not really... does ramen count?"

"별로… 라면도 포함되는 거야?"

🍀 **not really**는 '별로 그렇지 않다, 딱히 아니다'라는 의미로 상대방의 질문에 부정의 답변을 할 때 쓰되, 완전한 부정이 아닌 애매한 뉘앙스를 줄 때 사용하는 표현입니다.

e.g. A: Do you like spicy food? 매운 음식 좋아해?
B: **Not really**, but I can eat it sometimes. 딱히 좋아하진 않지만, 가끔은 먹어.

🍀 **Does ~ count?**는 '~도 포함돼?'라는 의미로 어떤 것이 특정 범주에 속하는지를 확인할 때 사용하는 표현입니다.

e.g. **Does** walking **count** as exercise? 걷는 것도 운동으로 포함돼?

4 "Haha, why not? I've cooked a bit, but I definitely need more practice. Hopefully, we don't **make fools of ourselves**. **Do you know if we're supposed to pay** for our own ingredients?" I asked.

하하, 왜 안 되겠어? 나도 요리를 조금 해 봤지만 확실히 더 연습이 필요해. 우리가 창피를 당하지 않으면 좋겠는데. 재료는 우리가 직접 사야 하는 거야?" 내가 물었다.

- **make a fool of oneself**는 '바보 같은 행동을 하다, 창피를 당하다'라는 의미로 실수를 하거나 어색한 행동을 해서 남들에게 웃음거리가 될 때 사용됩니다.
  - e.g. I hope I don't **make a fool of myself** during the presentation. 내가 발표 때 바보 같은 모습을 보이지 않으면 좋겠다.

- 「**Do you know if + 주어 + 동사**」는 '~인지 아세요?'라는 의미로 여기서 if는 '~인지 (아닌지)'를 뜻합니다. 상대방에게 특정 정보가 있는지 물어보거나 어떤 사실의 여부를 부드럽게 질문할 때 사용하는 표현입니다.
  - e.g. **Do you know if this bus goes** to City Hall? 이 버스가 시청까지 가는지 아세요?

가브리엘 포인트 — 정보를 확인할 때 쓰는 표현들

- **Do you know if ~?**: ~인지 아세요? (부드럽고 공손한 표현)
  - e.g. Do you know if she finished the report? 그녀가 보고서 다 끝냈는지 아세요?

- **Do you happen to know if ~?**: 혹시 ~인지 아세요? (더 정중하고 공손한 표현)
  - e.g. Do you happen to know if the museum is open today? 혹시 박물관 오늘 여는지 아세요?

- **Can you tell me if ~?**: 혹시 ~인지 말해 줄 수 있나요? (정보를 요청할 때)
  - e.g. Can you tell me if the meeting is canceled? 혹시 회의가 취소됐는지 말해 줄 수 있나요?

- **I was wondering if ~**: ~인지 궁금했어요 (더 격식 있는 표현)
  - e.g. I was wondering if you could help me with this project.
    이 프로젝트 도와주실 수 있는지 궁금했어요.

🍀 「**be supposed to** + 동사원형」은 '~하기로 되어 있다, ~해야 한다'라는 의미로 규칙, 약속, 기대되는 행동을 말할 때 사용하는 표현입니다.
  - e.g. We're **supposed to submit** the report by Friday. 우리는 금요일까지 보고서를 제출해야 한다.

5 "No, I **checked the** class **description**—**it says** they provide everything we need. It's all **included in** the class price," he said.

"아니, 수업 설명을 확인했는데, 우리가 필요한 모든 걸 제공한대. 수강료에 다 포함되어 있어." 남편이 말했다.

🍀 **check the description**은 '설명을 확인하다'라는 의미로 상품, 서비스, 수업 등에 대한 상세한 설명을 확인할 때 사용하는 표현입니다.
  - e.g. **Check the** job **description** before applying. 지원하기 전에 직무 설명을 확인하세요.

🍀 **It says ~**는 '거기에 ~라고 되어 있다'라는 의미로 책, 문서, 표지판, 안내문 등에 적혀 있는 내용을 말할 때 사용하는 표현입니다.
  - e.g. **It says** shipping is free. 배송비가 무료라고 되어 있다.

 가브리엘 포인트 { It says ~ vs. It states ~ vs. It mentions ~ }

- **It says ~**: ~라고 되어 있다 (일반[일상]적인 정보를 전달할 때)
  - e.g. **It says** "Open 24 hours" on the sign. 간판에 '24시간 영업'이라고 되어 있다.

- **It states ~**: ~라고 명시하다 (공식 문서 등의 내용을 말할 때)
  - e.g. The contract states that you must give a two-week notice.
  계약서에는 2주 전에 통보해야 한다고 명시되어 있다.

- **It mentions ~**: ~라고 언급하다 (특정한 내용을 언급할 때)
  - e.g. The guidebook mentions a great restaurant nearby. 가이드북에 근처에 좋은 식당이 있다고 언급돼 있다.

🌸 **be included in**은 '~에 포함되다'라는 의미로 특정 금액, 서비스, 패키지에 어떤 항목이 포함되어 있는지를 말할 때 사용됩니다.

e.g. Is breakfast **included in** the price of the room? 객실 요금에 아침 식사가 포함되나요?

 가브리엘 포인트　be included in vs. be covered by vs. come with

- **be included in**: ~에 포함되다 (가격·요금에 특정 서비스나 재료 등이 포함될 때)
  - e.g. All class materials are included in the price. 수업에 필요한 모든 재료들은 가격에 포함되어 있다.

- **be covered by**: ~로 충당[처리]되다 (보험이나 특정 혜택을 통해 비용이 지원될 때)
  - e.g. Is this treatment covered by insurance? 이 치료가 보험에 적용되나요?

- **come with**: ~이 딸려 있다 (상품 구매 시 함께 제공되는 것이 있을 때)
  - e.g. The phone comes with a free case. 이 핸드폰에는 무료 케이스가 포함돼 있다.

6 "**How much does** the class **cost?**"

"수강료가 얼마야?"

> 🌷 **How much does ~ cost?**는 '~의 가격이 얼마예요?'라는 의미로 가격을 물을 때 가장 일반적으로 사용되는 표현입니다.
>
> **e.g.** **How much does** this dress **cost?** 이 드레스 얼마예요?

7 "I don't remember exactly, but I think it's **around 500,000 won a month** for both of us."

"정확히 기억은 안 나지만, 우리 둘이 한 달에 약 50만 원일 거야."

> 🌷 「**around + 숫자**」는 '약 ~, 대략 ~'라는 의미로 정확한 수치가 아니라 대략적인 수치를 나타낼 때 사용하는 표현입니다.
>
> **e.g.** It takes **around 30 minutes** to get there. 거기 가는 데 약 30분 걸린다.

 가브리엘 포인트 — around vs. about vs. approximately

around, about, approximately는 모두 숫자 표현과 함께 '대략, ~쯤'이라는 의미로 쓰이지만, 뉘앙스에 차이가 있습니다.

- **around**: 일상에서 가장 많이 쓰는 표현으로 대략적인 수치나 시간을 나타낼 때 쓰임
  - **e.g.** I think it's around 5 p.m. 대략 오후 5시쯤일 것 같다.
- **about**: 수치뿐만 아니라 느낌이나 상태의 정도를 나타낼 때도 쓰임
  - **e.g.** He's about the same age as me. 그는 나랑 대략 같은 나이다.
- **approximately**: 좀 더 격식 있고 공식적인 표현
  - **e.g.** The trip will take approximately 3 hours. 그 여행은 대략 3시간 걸릴 겁니다.

📎 「금액+a month」는 '한 달에 얼마'라는 의미로 매달 내야 하는 비용을 이야기할 때 사용합니다. 좀 더 격식 있게 표현하려면 a month 대신 per month를 쓰면 됩니다.

e.g. The gym membership costs **$50 a month**. 헬스장 회원권이 한 달에 50달러이다.

가브리엘 포인트 — monthly vs. a month

- **monthly**: 매월의, 다달이 (매달 반복되는 것을 나타냄)
  e.g. I have a monthly Netflix subscription. 나는 넷플릭스 월 정기 구독을 하고 있다.

- **a month**: 한 달에 ~ (매달 지불하는 금액이나 어떤의 일의 빈도/횟수를 나타냄)
  e.g. The rent is $1,000 a month. 월세는 한 달에 1,000달러이다.

---

8 The first dish on the menu? Kimchijjigae—one of the **staples** of Korean cuisine! **I can't wait to get** started!

첫 번째 요리는? 김치찌개, 한국 요리의 대표 음식 중 하나지! 빨리 시작하고 싶다!

📎 **staple**은 '주요한, 기본적인'이라는 의미의 형용사인데, 이 문장에서처럼 어떤 문화에서 중요한 역할을 하는 음식이나 제품 등을 나타내는 명사로도 쓰입니다.

e.g. Rice is a **staple** food in many Asian countries. 쌀은 많은 아시아 국가들의 주식이다.

📎 「**I can't wait to**+동사원형」은 '빨리 ~하고 싶다'라는 의미로 어떤 일이 몹시 기대되어 기다릴 수 없을 만큼 설레는 감정을 표현할 때 사용하는 표현입니다.

e.g. **I can't wait to see** you! 너를 빨리 만나고 싶어!

Online Shopping Regrets

Spring is coming, and with the change in seasons, I decided to buy some clothes online last week. I tried a new site—the clothes looked great in the pictures, and I was excited for them to arrive.

Well, they finally came today! But, the moment I opened the package... disappointment.

The jeans were way too big, the shirt didn't fit right, and the designs looked nothing like the pictures. I immediately called my friend to vent.

"I can't stand online shopping sometimes! That's the last time I trust a cheap site like that. The pictures were completely different from what I got!" I complained.

"Me neither! It's so frustrating when that happens," she agreed.

Now I have to spend time returning everything—who knows how long that'll take? Maybe I should just stick to shopping in-store from now on.

Reading Points

1 **Spring is coming**, and **with the change in seasons**, I **decided to buy** some clothes online last week.

봄이 다가오고 있어서, 계절이 바뀌는 김에 지난주에 온라인으로 옷을 좀 사기로 했다.

- 「계절 + is coming」은 '특정 계절이 다가오고 있다'라는 의미로 '계절이 바뀌고 있는 중'이라는 의미를 전달할 때 사용합니다. 현재진행형을 써서 미래에 확실히 예정된 일을 나타낼 수 있습니다. 계절의 변화나 자연 현상은 확실히 일어나는 일이므로 현재진행형을 사용해 자연스럽게 표현할 수 있습니다.
  - **e.g.** **Winter is coming!** Get ready for the cold! 겨울이 오고 있어! 추위를 대비해!

- 「with + 명사 + (전치사구/부사구)」는 '~와 함께, ~하면서'라는 의미로 특정한 상황이나 변화를 나타낼 때 사용하는 표현입니다.
  - **e.g.** **With the rise in prices**, everything is getting more expensive. 물가가 오르면서 모든 것이 점점 비싸지고 있다.

- 「decide to + 동사원형」은 '~하기로 결정하다'라는 의미로 어떤 행동을 하기로 결심했을 때나 여러 대안들 중에서 한 가지를 선택했음을 강조할 때 쓰는 표현입니다.
  - **e.g.** We **decided to skip** dinner and **go** straight to the movie. 우리는 저녁을 건너뛰고 바로 영화를 보기로 했다.

2 I **tried a new site**—the clothes **looked great in the pictures**, and I was excited for them to arrive.

새로운 사이트를 시도해 봤는데, 옷들이 사진에서는 정말 멋져 보여서 도착하기만을 기대하고 있었다.

🔖 「**try a new + 명사**」는 '새로운 ~을 이용해 보다/먹어 보다/가 보다'라는 의미로, 이전에 사용해 보지 않은 웹사이트, 브랜드, 서비스 등을 처음으로 이용할 때 원어민들은 try라는 동사를 활용합니다.

> **e.g.** I **tried a new restaurant** today, and the food was amazing! 오늘 새로운 식당에 가 봤는데, 음식이 정말 맛있었다!

🔖 **look great in the pictures**는 '사진에서는 멋져 보이다'라는 의미로, 사진으로 볼 때는 좋아 보이지만 실제는 다를 수 있다는 뉘앙스를 띠기도 합니다.

> **e.g.** The hotel **looked great in the pictures**, but it was disappointing in real life. 호텔이 사진에서는 멋져 보였는데, 실제로는 실망스러웠다.

---

3 Well, they finally came today! But, **the moment I opened** the package... **disappointment**.

드디어 오늘 도착했다! 그런데, 포장을 열자마자… 실망이었다.

🔖 「**the moment + 주어 + 동사**」는 '~하자마자'라는 의미로 어떤 일이 일어난 바로 직후 다른 일이 발생했음을 강조할 때 사용하는 표현입니다.

> **e.g.** **The moment I saw** him, I knew something was wrong. 그를 보자마자 뭔가 이상하다는 걸 알았다.

🔖 **disappointment**는 '실망'이라는 의미로 기대했던 것과 다른 결과가 나왔을 때 사용합니다. 여기서처럼 감정 명사를 단독으로 사용해서 감정을 강조할 수 있습니다.

> **e.g.** The food looked great, but the taste? **Disappointment**. 음식은 맛있어 보였는데, 맛은? 실망이었다.

4 The jeans were **way too big**, the shirt didn't **fit right**, and the designs **looked nothing like** the pictures.

청바지는 너무 컸고, 셔츠는 잘 맞지 않았으며, 디자인은 사진과 전혀 달랐다.

- 「**way too + 형용사**」는 '너무 ~한'이라는 의미로 어떤 정도나 상태가 예상보다 훨씬 과할 때 강조하는 표현입니다.
  - **e.g.** This bag is **way too expensive**! 이 가방은 너무 비싸다!

- **fit right**은 '(모양, 크기 등이) 잘 맞다'라는 의미로 옷의 핏 등이 몸에 잘 맞는지 표현할 때 사용하며, 부정형으로 쓰면 '핏이 어색하다'라는 의미가 됩니다.
  - **e.g.** This dress doesn't **fit right**. I think I need a different size. 이 드레스는 핏이 안 맞는다. 다른 사이즈로 바꿔야 할 것 같다.

- **look nothing like**는 '~와 전혀 다르게 생기다'라는 의미로 기대했던 모습과 실제가 완전히 다를 때 사용하는 표현입니다.
  - **e.g.** The food **looked nothing like** the pictures on the menu. 음식이 메뉴의 사진과 전혀 다르게 생겼다.

5 I **immediately** called my friend to **vent**.

나는 바로 친구에게 전화를 걸어 하소연했다.

- **immediately**는 '즉시, 바로'라는 의미로 어떤 행동이 신속하게 이루어졌을 때 사용됩니다.
  - **e.g.** I **immediately** apologized for my mistake. 나는 내 실수에 대해 바로 사과했다.

🌱 **vent**는 '하소연하다, 털어놓다'라는 의미로 스트레스를 풀거나 불만을 말할 때 사용합니다.

e.g. I just need to **vent** about my boss for a minute! 나 상사에 대해 좀 하소연해야겠어!

6 "**I can't stand online shopping** sometimes! **That's the last time I trust** a cheap site like that. The pictures were completely different from what I got!" I complained.

"나 진짜 가끔 온라인 쇼핑을 못 견디겠어! 다시는 그런 싸구려 사이트를 믿지 않을 거야. 사진이랑 받은 옷이 완전 딴판이었어!"라고 내가 투덜댔다.

🌱 「**can't stand** + 명사/동명사」는 '~을 참을 수 없다, 견딜 수 없다'라는 의미로 특정한 행동, 사람, 상황이 너무 싫거나 짜증 날 때 사용됩니다.

e.g. I **can't stand waiting** in long lines! 줄 오래 서 있는 거 정말 싫어!

🌱 「**that's the last time** + 주어 + 동사」는 '다시는 ~하지 않을 거야'라는 의미로 어떤 나쁜 경험을 한 후 그 일을 다시는 반복하지 않겠다고 다짐할 때 사용하는 표현입니다.

e.g. **That's the last time I drink** so much. 다시는 그렇게 많이 마시지 않을 거야.

7 "**Me neither!** It's so **frustrating** when that happens," she agreed.

"나도 그래! 그런 일 생기면 정말 짜증 나."라며 친구도 공감했다.

🌱 **Me neither.**는 '나도 아니야.'라는 의미로 상대방이 하는 말이 부정문일 때 이에 동의하는 표현입니다.

e.g. A: I don't like spicy food. 나는 매운 음식 안 좋아해.
B: **Me neither!** 나도 안 좋아해!

🖍 frustrating은 '짜증 나는, 답답한'이라는 의미로 어떤 일이 뜻대로 되지 않을 때 사용하는 표현입니다.

e.g. It's so **frustrating** when my Internet is slow. 인터넷이 느릴 때 정말 짜증 난다.

가브리엘 포인트 — 짜증, 답답함, 실망을 나타내는 다양한 표현들

- **frustrating**: 답답한, 짜증 나는, 속이 터지는 (무력감과 짜증을 느낄 때)
  - **e.g.** This puzzle is so frustrating. I can't figure it out! 이 퍼즐 너무 답답해. 아무리 해도 모르겠어!

- **annoying**: 짜증 나는, 거슬리는 (어떤 일이 자꾸 반복되어 신경 쓰일 때)
  - **e.g.** That mosquito is so annoying! 저 모기 진짜 거슬리네!

- **irritating**: 거슬리고 짜증 나는 (annoying보다 조금 더 강한 어감으로 신경에 몹시 거슬릴 때)
  - **e.g.** His voice is really irritating. 그 사람 목소리는 진짜 거슬리고 짜증 난다.

- **discouraging**: 의욕을 꺾는, 실망스러운 (실망, 낙심, 포기 등의 감정을 느낄 때)
  - **e.g.** It's discouraging when you try your best and still fail. 최선을 다했는데도 실패하면 진짜 의욕이 꺾인다.

- **upsetting**: 속상한, 마음 아픈 (사람이나 말 때문에 감정적인 상처를 받을 때)
  - **e.g.** It was really upsetting to hear what she said. 그녀가 한 말을 듣고 너무 속상했다

8 Now I have to **spend time returning** everything—**who knows how** long that'll take?

이제 반품하는 데 시간을 써야 하는데, 이게 얼마나 걸릴지 누가 알겠는가?

🌱 **spend time -ing**는 '~하는 데 시간을 쓰다'라는 의미로 어떤 활동에 시간이 소요될 때 사용하는 표현입니다. 소요 시간을 구체적으로 표현하면 그 일에 얼마나 긴 시간이 걸렸는지를 설명할 수도 있습니다.

> **e.g.** I **spent three hours cleaning** my room. 나는 방 청소하는 데 세 시간을 썼다.

🌱 「**Who knows**＋의문사 ~?」는 '~하는지 누가 알겠어?'라는 의미로 불확실한 상황을 나타낼 때 쓰이며 체념이나 짜증을 드러내는 표현으로 사용되기도 합니다.

> **e.g.** **Who knows why** she's acting like that? 그녀가 왜 저렇게 행동하는지 누가 알겠어?

9 Maybe I should just **stick to** shopping in-store from now on.

앞으로는 그냥 매장에서 직접 사야 할 것 같다.

🌱 **stick to**는 '~을 고수하다, 계속하다'라는 의미로 습관이나 방식을 바꾸지 않고 유지할 때 사용하는 표현입니다.

> **e.g.** I'll **stick to** my diet this time! 이번엔 다이어트를 끝까지 할 거야!

My First Korean Sauna Experience

My husband told me that my mother-in-law had always wanted to go to a Korean sauna with a daughter. But since she had two sons, she never had the chance. So, I decided to take her on a mother-daughter date.

It was my first time going to one, because we don't have that kind of culture where I'm from. At first, I had trouble getting comfortable—I'm not used to being naked around a bunch of strangers, and I definitely got a few curious stares. But once I got past that, I actually started to enjoy it.

Soaking in the hot bath was incredibly relaxing, and my mother-in-law took me to the outdoor bath, where she shared stories about going with her family when she was younger. Afterward, we drank sikhye together and chatted while sitting in one of the steam rooms.

Spending time together like this made me appreciate her even more—I think we just started a new tradition!

 **Reading Points**

> 1 My husband **told me that** my mother-in-law **had always wanted to go** to a Korean sauna with a daughter.
>
> 남편은 시어머니께서 딸과 함께 한국 사우나에 가는 것을 항상 원하셨다고 말했다.

- **tell someone that** ~은 '~라고 …에게 말하다'라는 의미로 어떤 사실을 누군가에게 전달할 때 사용하는 표현입니다.
  - e.g. He **told me that** he was leaving soon. 그는 곧 떠날 거라고 나에게 말했다.

- 「**have always wanted to + 동사원형**」은 '항상 ~하고 싶어 해 왔다'라는 의미이며 과거부터 지속적으로 원해 온 일을 강조할 때 쓰는 표현입니다. 여기서는 과거(told)보다 더 이전부터 원해 왔던 감정을 나타내므로 과거완료(had wanted) 시제로 썼습니다.
  - e.g. I **have always wanted to visit** Paris. 나는 항상 파리에 가 보고 싶었다.

> 2 But **since** she had two sons, she never **had the chance**.
>
> 하지만 어머님은 아들만 둘이라 그런 기회가 없었다.

- **since**는 '~ 때문에'라는 의미로 이유나 원인을 설명할 때 사용하는 접속사입니다.
  - e.g. **Since** it was raining, we stayed inside. 비가 왔기 때문에 우리는 안에 머물렀다.

- **have the chance**는 '기회가 있다'라는 의미로 어떤 일을 할 기회가 주어졌을 때, 또는 기회를 가질 수 있는 가능성이 있을 때 쓰는 표현입니다. 부정문으로 사용하여 '기회를 한 번도 갖지 못했다'라는 의미로 어떤 일을 전혀 해 보지 못했음을 강조하기도 합니다.

> **e.g.** I never **had the chance** to say goodbye. 나는 작별 인사를 할 기회가 없었다.

가브리엘 포인트 — have the chance vs. get the chance

- **have the chance**: 기회를 '가지고 있는 상태'를 강조
- **get the chance**: 기회를 '얻게 되는 순간'을 강조
  > **e.g.** I had the chance to work abroad. 나는 해외에서 일할 기회가 있었다.
  > **vs.** I finally got the chance to work abroad. 나는 마침내 해외에서 일할 기회를 얻었다.

3 So, I **decided to take her on a** mother-daughter **date**.

그래서 나는 시어머니와 '모녀 데이트'를 하기로 했다.

- 「**decide to** + 동사원형」은 '~하기로 결정하다'라는 의미로 특정 행동을 하기로 마음먹었을 때 사용하는 표현입니다.
  > **e.g.** I **decided to learn** Spanish. 나는 스페인어를 배우기로 결정했다.

- **take someone on a date**는 '~를 데이트에 데려가다'라는 의미로 연인 간의 데이트뿐만 아니라, 친구나 가족과 갖는 특별한 시간을 나타낼 때도 사용 가능한 표현입니다.
  > **e.g.** He **took me on a** surprise **date**. 그가 나를 깜짝 데이트에 데려갔다.

4 **It was my first time going** to one, because **we** don't **have that kind of culture where I'm from**.

나는 사우나에 가는 것이 처음이었는데, 내가 자란 곳에는 그런 문화가 없기 때문이다.

- **It was my first time -ing**는 '~하는 것은 처음이었다'라는 의미로 특정한 활동을 처음 경험했을 때 사용하는 표현입니다.
  - e.g. **It was my first time trying** sushi. 나는 초밥을 그때 처음 먹었다.

- 「**We have + 명사 + where I'm from.**」은 자신의 출신지에 대한 일반적인 사실을 설명할 때 사용하는 표현입니다.
  - e.g. **We** don't **have monsoon season where I'm from.** 내가 자란 곳에는 장마철이 없다.

5 At first, I **had trouble getting comfortable**—I'm not **used to being** naked around **a bunch of** strangers, and I definitely **got a few curious stares**.

처음에는 편하게 있기가 힘들었다. 낯선 사람들 사이에서 벌거벗고 있는 것이 익숙하지 않았고, 분명히 몇몇 호기심 어린 시선도 받았다.

- **have trouble -ing**는 '~하는 데 어려움을 겪다'라는 의미로 어떤 행동을 하면서 어려움을 느낄 때 사용하는 표현입니다.
  - e.g. I **have trouble waking** up early. 나는 아침 일찍 일어나는 게 힘들다.

- **get comfortable**은 '편안해지다'라는 의미로 특정한 환경이나 상황에 익숙해지면서 편안함을 느낄 때 사용하는 표현입니다.
  - e.g. You'll **get comfortable** with the new system after using it for a week. 일주일 정도 쓰면 새 시스템에도 익숙해질 거야.

🔖 **be used to -ing**는 '~하는 데 익숙하다'라는 의미로, 처음에는 낯설었지만 지금은 익숙해진 상태를 나타낼 때 사용합니다.

e.g. I'm used to working late. 나는 늦게까지 일하는 데 익숙하다.

가브리엘 포인트 be used to -ing vs. get used to -ing

- I'm used to waking up early. 나는 일찍 일어나는 게 익숙하다. (처음에는 낯설었으나 이제 익숙해진 상태)
- I'm getting used to waking up early. 나는 일찍 일어나는 게 익숙해지고 있다. (아직 완전히 익숙해지지는 않았지만 점점 익숙해지고 있는 상태)

🔖 **a bunch of**는 '여러 명의, 여러 개의'라는 의미로 비격식적인 표현입니다.

e.g. I bought **a bunch of** bananas to make a smoothie. 나는 스무디를 만들기 위해 바나나 한 묶음을 샀다.

가브리엘 포인트 '많은 양'을 나타내는 다양한 표현들

- **a bunch of**: 여러 개의, 다수의 (구어체에서 많이 쓰이며, 가볍고 일상적인 느낌)
  e.g. There's a bunch of stuff I need to do today. 오늘 해야 할 일이 많다.
- **a lot of**: 많은 (가장 일반적인 표현으로 문어체와 구어체에서 모두 사용)
  e.g. She has a lot of homework to do. 그녀는 해야 할 숙제가 많다.
- **lots of**: 많은 (a lot of와 같지만 좀 더 구어체적인 느낌)
  e.g. She has lots of energy! 그녀는 에너지가 넘친다!
- **plenty of**: 충분히 많은 (부족함 없이 충분한 느낌)
  e.g. We have plenty of time. 우리에게 충분한 시간이 있다.
- **tons of/heaps of/loads of**: 엄청나게 많은 (매우 많은 양을 과장하여 표현하는 느낌)
  e.g. I have tons of work to do. 할 일이 엄청 많다.

🍃 **get a few curious stares**는 '호기심 어린 시선을 받다'라는 의미로 사람들이 신기하게 쳐다보는 상황을 나타낼 때 사용하는 표현입니다.

> **e.g.** She **got a few curious stares** when she dyed her hair blue. 그녀가 머리를 파란색으로 염색하자 사람들이 신기하게 쳐다봤다.

---

6 But **once I got past** that, I actually **started to enjoy** it.

하지만 그 단계를 넘어서자, 이제는 즐기기 시작했다.

🍃 「**once + 주어 + 동사**」는 '일단 ~하면, ~하고 나면'이라는 의미로 어떤 일이 발생한 후의 결과를 이야기할 때 사용하는 표현입니다.

> **e.g.** **Once you try** it, you'll love it! 일단 한번 시도해 보면, 너도 좋아하게 될 거야!

🍃 **get past**는 '~을 극복하다, 지나가다'라는 의미로 어려운 상황이나 심리적인 장벽, 두려움 등을 이겨 냈을 때 사용하는 표현입니다.

> **e.g.** It took me a while to **get past** my fear of public speaking. 나는 대중 앞에서 말하는 두려움을 극복하는 데 시간이 걸렸다.

가브리엘 포인트 — get past vs. overcome

- **get past**: ~을 극복하다 (감정적이거나 심리적인 장애물을 떨쳐 내는 느낌)
  > **e.g.** I finally got past my nervousness and gave a great speech. 나는 결국 긴장을 극복하고 멋진 연설을 했다.

- **overcome**: ~을 극복하다 (극복하기 어려운 공포, 시련 등을 이겨 내는 느낌)
  > **e.g.** He overcame many hardships in his life. 그는 인생에서 많은 시련을 극복했다.

📎 「start to+동사원형」은 '~하기 시작하다'라는 의미로 새로운 습관이나 행동을 시작할 때나 변화가 일어날 때 사용하는 표현입니다.

e.g. She **started to feel** more comfortable after a few days. 며칠이 지나자 그녀는 좀 더 편안해지기 시작했다.

7 **Soaking in** the hot bath was incredibly relaxing, and my mother-in-law took me to the outdoor bath, where she **shared stories about** going with her family when she was younger.

뜨거운 탕에 몸을 담그는 것이 엄청나게 편안했다. 그리고 시어머니께서는 나를 노천탕으로 데려가셨고, 거기서 젊었을 때 가족들과 함께 갔던 이야기를 들려주셨다.

📎 **soak in**은 '~에 몸을 담그다'라는 의미로 보통 무언가를 액체에 오래 담가 두는 경우에 쓰는 표현입니다.

e.g. I love **soaking in** a warm bath after a long day. 긴 하루를 보낸 후 따뜻한 욕조에 몸을 담그는 걸 좋아한다.

가브리엘 포인트 soak vs. dip

- **soak**: 흠뻑 적시다 (장시간 물에 푹 담그는 느낌)
  e.g. I **soaked** in the bathtub for an hour. 나는 한 시간 동안 욕조에 몸을 담갔다.

- **dip**: 살짝 담그다 (물에 잠깐 담그거나 살짝 적시는 느낌)
  e.g. She **dipped** her toes in the cold water. 그녀는 발끝을 차가운 물에 살짝 담갔다.

📎 **share stories about**은 '~에 대한 이야기를 나누다'라는 의미로 과거의 경험이나 감정을 공유할 때 사용합니다.

e.g. He **shared stories about** his childhood. 그는 어린 시절에 대한 이야기를 나눴다.

8 Afterward, we drank sikhye together and **chatted while sitting** in one of the steam rooms.

그 후에 우리는 함께 식혜를 마시며 한증막 안에 앉아 도란도란 이야기를 나누었다.

- **afterward**는 '그 후에, 나중에'라는 뜻으로, 특정 사건이 끝난 뒤의 시간을 가리킬 때 사용됩니다. 문장의 맨 앞, 중간, 끝에 모두 올 수 있습니다.
  - **e.g.** We had dinner and went to a movie **afterward**. 우리는 저녁을 먹고 그 후에 영화를 보러 갔다.

 가브리엘 포인트 afterward vs. later vs. then

- **afterward**: 그 후에, 나중에 (특정 사건 이후에 바로 다른 사건이 이어질 때)
  - **e.g.** We went shopping and had lunch afterward. 우리는 쇼핑을 하고 그 후에 점심을 먹었다.
- **later**: 나중에, 후에 (꼭 바로 뒤는 아니더라도 어떤 시점보다 나중에)
  - **e.g.** I'll call you later. 나중에 전화할게.
- **then**: 그러고 나서, 그다음에 (사건이 순차적으로 일어날 때)
  - **e.g.** We went to the sauna, and then had dinner. 우리는 찜질방에 갔고, 그러고 나서 저녁을 먹었다.

- **chat while -ing**은 '~하면서 수다를 떨다'라는 의미로 특정 행위를 하면서 동시에 이야기를 나눌 때 쓰는 표현입니다.
  - **e.g.** We **chatted while drinking** coffee. 우리는 커피를 마시면서 수다를 떨었다.

 가브리엘 포인트 chat vs. talk vs. discuss vs. speak vs. tell vs. say

- **chat**: 가볍게 수다 떨다 (친구 사이의 가벼운 대화나 잡담)
  - **e.g.** We chatted about our weekend plans. 우리는 주말 계획에 대해 수다를 떨었다.

- **talk**: 대화하다 (감정, 상황, 일상 등 모든 것이 주제가 됨)
  - e.g. **We need to talk about your grades.** 우리 네 성적에 대해 얘기 좀 해야겠어.
- **discuss**: 토론하다 (심도 있는 주제에 대한 진지한 논의나 토론)
  - e.g. **Let's discuss the project details.** 프로젝트 세부 사항을 논의하자.
- **speak**: 말하다 (언어 능력을 나타내거나 공식적인 자리에서 발표할 때)
  - e.g. **She speaks clearly.** 그녀는 말을 조리 있게 한다.
  - e.g. **He can speak five languages.** 그는 5개의 언어를 말할 수 있다.
- **tell**: 말해 주다, 알려 주다 (특정 대상에게 정보를 전달하는 느낌)
  - e.g. **Can you tell me the truth?** 나한테 진실을 알려 줄 수 있어?
- **say**: ~라고 말하다 (다른 사람이 한 말을 그대로 인용하거나 전달할 때)
  - e.g. **He said "Hello."** 그는 "안녕."이라고 말했다.
  - e.g. **She said to me that she was tired.** 그녀는 나에게 피곤하다고 했다.

---

9 Spending time together like this **made me appreciate** her even more—I think we just started a new tradition!

이렇게 함께 시간을 보내면서, 시어머니에 대한 애정이 더 깊어졌다. 아마도 우리가 새로운 전통을 만든 것 같다!

🌱 「**make + 목적어 + 동사원형**」은 '~가 …하도록 만들다'라는 의미로 누군가가 어떤 행동을 하도록 영향을 줄 때 쓰는 표현입니다.

- e.g. **I made my son get** a haircut. 난 아들이 머리를 자르도록 했다.

🌱 **appreciate**는 '진가를 알아보다, 진정 이해하다'라는 의미로 감정을 담아 존중하거나 인식하는 뉘앙스를 띕니다. 또한, 단순히 고마움을 표현할 때도 쓸 수 있습니다.

- e.g. **I appreciate** my parents even more now that I have kids. 아이를 낳고 나니 부모님께 더욱 감사함을 느낀다.

Parents' Day Preparations

Parents' Day is coming up, so my husband and I were on a mission to find the perfect cake and gift for my in-laws. First, we went to the bakery.

"Your mom loves cream cake, so how about pre-ordering this one with fruit on top? If that's okay with you."

"Yeah, that looks great. Did you have anything in mind for their present?"

"What about one of those bouquets that looks like flowers but is actually made of money? That would be fun," I suggested.

"I'm sure they'll get a kick out of that. Do we have to order it online?" he asked.

"I think so. Let's check it out and order it tonight."

It looks like we're all set for Parents' Day! Now I just need to prepare gifts for my family in the

States. It's a bit different there since Mother's Day and Father's Day are separate. Even though we live far apart, I still want to make sure my family in the U.S. feels appreciated, too!

 **Reading Points**

> 1 Parents' Day **is coming up**, so my husband and I **were on a mission to find** the perfect cake and gift for my in-laws.
>
> 어버이날이 다가오고 있어서, 남편과 나는 시부모님께 드릴 완벽한 케이크와 선물을 찾기 위해 나섰다.

- **be coming up**은 '~이 다가오다, 곧 있을 예정이다'라는 의미로 중요한 날이나 이벤트가 다가올 때 사용하는 표현입니다.
  - **e.g.** My birthday **is coming up** next week. 내 생일이 다음 주에 다가온다.

- 「**be on a mission to** + 동사원형」은 '~하기 위해 임무를 수행 중이다, 열심히 ~하려고 하다'라는 의미로 목표를 이루기 위해 어떤 일에 전념하는 상황을 표현합니다.
  - **e.g.** I'm **on a mission to lose** 5 kg before summer. 나는 여름 전에 5kg 빼는 미션을 수행 중이다.

> 2 First, we **went to the bakery**.
>
> 먼저, 우리는 빵집에 갔다.

- 「**go to** + (the) + 장소」는 '~에 가다'라는 의미로 장소 명사 앞에 정관사 the를 쓰는 경우와 쓰지 않는 경우에 의미 차이가 있으므로 주의해서 사용해야 합니다.
  - **e.g.** He **went to the cafeteria** to grab a bite. 그는 간단히 뭐 먹으러 구내식당에 갔다.

가브리엘 포인트 장소 명사 앞에 the를 쓰는 경우와 쓰지 않는 경우

☑ **the를 쓰지 않는 경우**: 사회적 기능이나 제도적 역할을 지닌 일부 장소에 한해, 그 고유의 목적을 위해 가는 경우에는 관용적으로 the 없이 사용

- go to school: 학생으로서 학교에 갈 때
- go to church: 예배를 보러 교회에 갈 때
- go to prison: 교도소에 수감될 때
- go to court: 소송이나 재판 등 법적 절차를 위해 법원에 갈 때

☑ **the를 쓰는 경우**: 단순히 건물이나 장소 그 자체에 가는 경우, 또는 그 장소의 고유한 기능과 무관하게 방문하는 경우

- go to the school: 학생은 아니지만 볼일이 있어서 학교에 방문할 때
- go to the church: 관광 또는 행사 참여의 목적으로 교회를 방문할 때
- go to the prison: 형벌 이외의 이유로 교도소 건물에 방문할 때
- go to the court: 법적 절차 외의 목적으로 법원 건물에 방문할 때

---

3 "Your mom loves cream cake, so **how about pre-ordering** this one **with fruit on top**? **If that's okay with you**."

"어머님이 생크림 케이크를 좋아하시니까, 위에 과일이 올라간 이걸 미리 주문하는 건 어때? 당신 괜찮으면."

🍃 **How about -ing?**는 '~하는 건 어때?'라는 의미로 상대방에게 제안할 때 많이 쓰이는 표현입니다.

e.g. **How about going** to the movies this weekend? 이번 주말에 영화 보러 가는 건 어때?

🔖 **pre-order**는 '사전 주문하다'라는 의미로 미리 예약해서 주문하는 개념으로 쓰이는 표현입니다.

> **e.g.** You can **pre-order** the new iPhone before its release. 출시 전에 새 아이폰을 미리 주문할 수 있습니다.

🔖 **with ~ on top**은 '위에 ~가 올려진, 곁들여진'이란 표현으로 음식에 무언가를 올리거나 곁들인 상태를 묘사할 때 많이 쓰입니다.

> **e.g.** I'll have the pancake **with syrup on top**. 시럽이 올라간 팬케이크 주세요.

🔖 **if that's okay with you**는 '괜찮으면'이라는 의미로 상대방의 동의를 구하거나 상대방을 배려할 때 사용하는 표현입니다.

> **e.g.** We can meet at 3 p.m. **if that's okay with you**. 괜찮으면 오후 3시에 만나도 돼.

---

4 "Yeah, that **looks great**. Did you **have anything in mind** for their present?"

"응, 그거 좋아 보인다. 선물로 생각해 둔 거 있어?"

🔖 「**look + 형용사**」는 '~하게 보이다'라는 의미로 시각적으로 어떤 상태인지 나타낼 때 쓰는 표현입니다.

> **e.g.** This dress **looks amazing** on you! 이 드레스 너한테 정말 잘 어울려!

 가브리엘 포인트 — 감각 동사(~하게 보이다) look vs. seem vs. appear

- **look + 형용사**: 시각적으로 어떤 상태인지 나타낼 때
  > **e.g.** He looks tired. 그는 피곤해 보인다.
- **seem + 형용사**: 전반적인 분위기나 느낌을 표현할 때
  > **e.g.** She seems happy today. 그녀는 오늘 행복해 보인다.

- **appear + 형용사**: 격식을 갖추거나 추상적인 느낌을 줄 때
  e.g. He **appears nervous.** 그는 긴장한 것처럼 보인다.

🌸 **have ~ in mind**는 '~을 염두에 두다, 생각해 놓다'라는 의미로 구체적인 아이디어에 대해 얘기할 때 사용하는 표현입니다.

  e.g. Do you **have anything in mind** for dinner? 저녁으로 생각해 둔 거 있어?

---

5 "**What about** one of those bouquets that looks like flowers but **is** actually **made of** money? That would be fun," I suggested.

"꽃처럼 생겼지만 사실 돈으로 만든 꽃다발은 어때? 재미있을 것 같은데." 내가 제안했다.

🌸 **What about ~?**은 '~하는 건 어때?'라는 의미로 제안하거나 의견을 물을 때 쓰는 표현입니다.

  e.g. **What about** having a picnic this Saturday? 이번 토요일에 소풍 가는 건 어때?

🌸 **be made of**는 '~로 만들어지다'라는 의미로 재료의 원래 성질이 유지될 때는 주로 전치사 of를 사용합니다.

  e.g. This ring **is made of** gold. 이 반지는 금으로 만들어졌다.

 **가브리엘 포인트** | be made of vs. be made from vs. be made by

- **be made of**: ~로 만들어지다 (딱 봐도 무슨 재료로 만들어졌는지 알 수 있을 만큼 재료의 원래 성질이 유지될 때)
  e.g. The door is made of wood. 그 문은 나무로 만들어졌다. (나무의 성질이 그대로 유지됨)

- **be made from**: ~로 만들어지다 (재료의 원래 성질이 변했을 때)
  - e.g. Cheese is made from milk. 치즈는 우유로 만들어진다. (우유가 치즈로 성질이 변함)
- **be made by**: ~에 의해 만들어지다 (만든 주체를 강조할 때)
  - e.g. These cookies were made by my grandmother. 이 쿠키들은 우리 할머니가 만드셨다.

6 "I'm sure they'll get a kick out of that. Do we have to order it online?" he asked.

"그거 보면 부모님이 엄청 재미있어하실 거야. 온라인으로 주문해야 해?" 남편이 물었다.

- **be sure (that)** ~은 '~라고 확신하다'라는 의미로 어떤 일에 대한 자신의 확신을 강하게 나타낼 때 사용합니다.
  - e.g. I'm sure she'll love the gift. 그녀가 그 선물을 정말 좋아할 거라고 확신한다.

- **get a kick out of**는 '~에서 큰 재미를 느끼다'라는 의미로 어떤 활동이나 상황이 재미있다고 느낄 때 사용하는 표현입니다. 보통 소소한 즐거움을 주거나 유머러스한 상황에서 많이 쓰입니다.
  - e.g. Kids get a kick out of playing in the snow. 아이들은 눈 속에서 노는 걸 정말 즐거워한다.

- 「**Do we have to** + 동사원형 ~?」은 '꼭 ~해야 해?'라는 의미로 어떤 일의 필수 여부를 물어볼 때 사용하는 표현입니다.
  - e.g. Do we have to bring our own drinks to the party? 파티에 우리가 마실 음료를 직접 가져가야 해?

7 "**I think so.** Let's **check** it **out** and order it tonight."

"그럴 것 같아. 확인해 보고 오늘 밤에 주문하자."

- **I think so.**는 '그럴 것 같아.'라는 의미로 확신은 없지만, 거의 그럴 것 같다고 말할 때 사용하는 표현입니다.
  - **e.g.** A: Is she coming to the party? 그녀가 파티에 올까?
    B: **I think so.** 그럴 것 같아.

- **check out**은 '확인하다, 알아보다'라는 의미로 어떤 장소, 제품, 정보 등을 직접 확인하거나 경험해 볼 때 사용하는 표현입니다.
  - **e.g.** Let's **check out** that new restaurant. 그 새로 생긴 레스토랑 한번 가 보자.

8 **It looks like** we're **all set** for Parents' Day!

이제 어버이날 준비가 다 된 것 같다!

- **It looks like ~**는 '~인 것 같다'라는 의미로 눈에 보이는 상황이나 외형적인 단서를 바탕으로 판단하거나 추측할 때 사용합니다.
  - **e.g.** **It looks like** it's going to rain. 비가 올 것 같다.

- **be all set**은 '준비가 완료되다'라는 의미로 모든 준비가 끝났음을 강조하는 표현입니다.
  - **e.g.** We're **all set** for our trip tomorrow! 우리는 내일 여행 갈 준비가 다 됐다!

9 Now I **just need to prepare** gifts for my family in the States.

이제 미국에 있는 내 가족을 위한 선물만 준비하면 된다.

- 「**just need to + 동사원형**」은 '그냥 ~만 하면 된다'라는 의미로 간단한 일 또는 마지막 단계의 일만 하면 될 때 사용하는 표현입니다.
  - *e.g.* I **just need to pack** my bag, and I'm ready to go. 가방만 싸면 바로 출발할 수 있다.

10 It's **a bit different** there **since** Mother's Day and Father's Day are **separate**.

거기는 어머니날과 아버지날이 따로 있기 때문에 조금 다르다.

- **a bit different**는 '조금 다른, 조금 차이가 있는'이라는 의미로 어떤 것이 비교 대상과 완전히 다르지는 않지만, 눈에 띄는 정도의 차이가 있을 때 쓰입니다.
  - *e.g.* The weather here is **a bit different** from where I used to live. 여기 날씨는 내가 살던 곳과 조금 다르다.

- **since**는 '~ 때문에'라는 의미로 이유를 설명할 때 쓰는 단어이지만, because와 약간의 뉘앙스 차이가 있습니다.
  - *e.g.* **Since** he was late, we started without him. 그가 늦었기 때문에 우리끼리 먼저 시작했다.

 가브리엘 포인트 — since vs. because

- **since**: 문장 앞뒤로 모두 자주 쓰이며, 이유를 자연스럽게 덧붙일 때 사용
  - *e.g.* I didn't go out since it was raining. 비가 와서 안 나갔어. (비가 오는 상황을 상대방도 이미 알고 있을 가능성이 높고, 자연스럽게 이유를 덧붙이는 느낌)

- **because**: 이유를 분명히 밝히거나 질문(why)에 답할 때 주로 사용
  - e.g. I didn't go out **because** it was raining. 안 나갔어. 왜냐하면 비가 왔거든. (상대가 비가 온 상황을 잘 모른다고 가정하거나, 그 이유를 명확하게 전달하는 느낌)

🌱 **separate**는 '분리되어 있는, 별개의'라는 의미로 물리적으로 떨어져 있거나, 개념적으로 분리된 상태를 표현할 때 사용합니다.
  - e.g. The two departments are **separate**. 그 두 부서는 별개이다.

11 Even though we live far apart, I still want to make sure my family in the U.S. feels appreciated, too!

우리가 멀리 떨어져 살지만, 미국에 있는 가족들 역시 사랑받고 있다고 느낄 수 있도록 꼭 챙겨 주고 싶다!

🌱 **even though**는 '~에도 불구하고'라는 의미의 접속사로, 서로 반대되는 두 가지 사실을 연결할 때 사용합니다.
  - e.g. **Even though** it was raining, we went hiking. 비가 왔지만 우리는 등산을 갔다.

🌱 **make sure (that)** ~은 '~을 확실히 하다'라는 의미로 어떤 일이 반드시 일어나도록 하거나 확인하는 의미로 쓰입니다.
  - e.g. **Make sure** you lock the door before leaving. 나가기 전에 문 잠그는 거 꼭 확인해.

🌱 **feel appreciated**는 '소중히 여겨지는 느낌을 받다'라는 뜻으로, 다른 사람에게 인정이나 감사를 받고 있다고 느낄 때 사용됩니다.
  - e.g. A simple thank you can make someone **feel appreciated**. 간단한 감사 인사도 누군가를 소중하게 느끼게 만들 수 있다.

DAY 37 Learning the Busan Dialect

When I first met my husband, we only spoke in English. But as things got more serious, I started studying Korean really hard so I could communicate with his family.

The first time I met them, I was a little shocked —I thought they were fighting! But it turns out, they're from Busan, and that's just how their dialect sounds.

Lately, I've been trying to learn a bit of the Busan dialect so I can surprise my husband and his family. To check my progress, I called up a friend from Busan.

"Do you think I sound natural?" I asked.

"What makes you think you're speaking Busan dialect? It just sounds like Seoul dialect with a weird accent!" she laughed.

Clearly, it's not easy to get it right, but I'm having a lot of fun trying! I think I need more confidence and should worry less about getting it perfect. I'm not sure I'll ever master it completely, but at the very least, my husband will get a good laugh out of my attempt!

Reading Points

1 When I first met my husband, we **only** spoke in English.

남편을 처음 만났을 때, 우리는 오직 영어로만 대화했다.

🔖 **only**는 '오직, 단지, ~만'이라는 의미로 단 하나뿐인 것을 강조할 때 사용됩니다.

e.g. The **only** thing I wanted to do was stay home in my pajamas. 내가 원하는 건 오직 잠옷 차림으로 집에 있는 거였다.

 가브리엘 포인트 only는 위치에 따라 강조 대상이 다르다!

- **only + 주어**: 행위의 주체를 강조할 때
  e.g. Only Sarah passed the test. 사라만 시험에 합격했다.

- **only + 동사**: 행위 자체를 강조할 때
  e.g. He only studied last night. 그는 어젯밤 내내 공부만 했다.

- **only + 목적어**: 행위의 대상을 강조할 때
  e.g. I eat only vegetables. 난 채소만 먹는다.

- **only + 전치사구/시간/장소**: 특정 시점이나 장소를 강조할 때
  e.g. We met only on weekends. 우리는 주말에만 만났다.

2 But **as things got more serious**, I started studying Korean really hard **so I could communicate** with his family.

하지만 관계가 점점 진지해지면서, 나는 그의 가족과 소통할 수 있도록 정말 열심히 한국어를 공부하기 시작했다.

🌱 **as things get more serious**는 '상황이 점점 진지해지면서'라는 의미로 연애, 프로젝트, 논의 등이 점점 심도 깊어질 때 사용하는 표현입니다.

> **e.g.** **As things got more serious**, we decided to get married. 관계가 진지해지면서, 우리는 결혼하기로 했다.

🌱 「**so + 주어 + could + 동사원형**」은 '~가 …할 수 있도록'이라는 의미로 어떤 행위의 목적을 설명할 때 사용하는 표현입니다.

> **e.g.** She practiced every day **so she could win** the competition. 그녀는 대회에서 이기기 위해 매일 연습했다.

3 **The first time I met** them, I **was** a little **shocked**—I thought they were fighting! But it **turns out**, they're from Busan, and **that's just how their dialect sounds**.

처음 남편의 가족을 만났을 때, 나는 조금 충격을 받았다. 나는 그들이 싸우고 있다고 생각했다! 하지만 알고 보니, 그들은 부산 출신이었고, 그냥 부산 사투리가 원래 그렇게 들리는 것뿐이었다.

🌱 「**the first time + 주어 + 동사**」는 '처음 ~했을 때'라는 의미로 어떤 일이 처음으로 일어난 순간을 묘사할 때 사용하는 표현입니다.

> **e.g.** **The first time I tried** sushi, I loved it. 내가 처음 초밥을 먹었을 때, 정말 맛있었다.

🌱 **be shocked**는 '놀라다, 충격을 받다'라는 의미로 보통 예상치 못한 일로 놀랄 때 사용됩니다.

> **e.g.** They **were shocked** that Jany quit her job. 그들은 제이니가 일을 그만뒀다는 사실에 충격을 받았다.

 **가브리엘 포인트** | be surprised vs. be startled vs. be amazed vs. be shocked

- **be surprised**: 놀라다 (예상치 못한 정보나 상황에 가볍게 놀랄 때)
- **be startled**: 깜짝 놀라다 (갑작스러운 소리나 움직임에 놀랄 때)
- **be amazed**: 감탄하다 (뛰어난 재능이나 아름다운 풍경에 놀랄 때)
- **be shocked**: 충격을 받다 (부정적인 소식이나 믿기 힘든 상황에 놀랄 때)

✅ **be surprised** vs. **be shocked**

e.g. '나는 쇼핑몰에서 친구를 보고 놀랐다.'
I was shocked when I saw my friend at the mall. (X)
I was surprised when I saw my friend at the mall. (O)

→ 가볍게 놀라는 상황이므로 surprised가 적절합니다.

✅ **be startled** vs. **be shocked**

e.g. '나는 갑작스런 소리에 깜짝 놀랐다.'
I was shocked by the sudden noise. (X)
I was startled by the sudden noise. (O)

→ 순간적으로 깜짝 놀란 상황이므로 startled가 적절합니다.

✅ **be amazed** vs. **be shocked**

e.g. '그의 멋진 목소리에 놀랐다.'
I was shocked by his beautiful voice. (X)
I was amazed by his beautiful voice. (O)

→ shocked는 부정적인 뉘앙스이므로 감탄할 때는 amazed를 사용합니다.

turn out은 '결국 ~임이 밝혀지다'라는 의미로 상황이 예상과 다르게 전개될 때 사용하는 표현입니다.

e.g. It **turns out** he was right. 결국 그가 옳았다.

- 「**that's just how + 주어 + 동사**」는 '그게 그냥 ~한 방식이다'라는 의미로 어떤 사람이나 사물이 특정한 방식으로 행동하거나 작동하는 것을 설명할 때 사용하는 표현입니다.

  e.g. **That's just how my dad reacts** when he's stressed. 우리 아빠는 스트레스 받으면 원래 그렇게 반응하신다.

4. **Lately, I've been trying to learn** a bit of the Busan dialect so I can surprise my husband and his family.

   최근 나는 부산 사투리를 조금 배워서 남편과 그의 가족을 깜짝 놀라게 하려고 노력 중이다.

- **lately**는 '최근에'라는 의미로, 과거부터 현재까지 영향을 주고 있는 행동이나 상황을 나타낼 때 현재완료형 혹은 현재형과 자주 쓰입니다.

  e.g. **Lately**, I've been exercising more. 최근에 나는 운동을 더 많이 하고 있다.

 가브리엘 포인트 — lately vs. recently

- **lately**는 현재까지 지속되고 있는 일일 때 쓰는 반면, **recently**는 과거의 특정한 시점에 일어난 일을 말할 때 쓰이며 '최근에 ~했다'라는 뉘앙스입니다.

  e.g. I've been feeling sick lately. 요즘 계속 몸이 안 좋다. **vs.** I got sick recently. 최근에 아팠다.

- **try to learn**은 '~를 배우려고 노력하다'라는 의미로 어떤 것을 배우려고 노력하는 과정을 강조할 때 사용하는 표현입니다.

  e.g. **I'm trying to learn** Korean so I can communicate with my in-laws. 나는 시부모님과 소통할 수 있도록 한국어를 배우려고 노력하고 있다.

5 To **check my progress**, I called up a friend from Busan.

내 실력을 확인해 보기 위해, 나는 부산 출신 친구에게 전화를 걸었다.

> 🌱 **check one's progress**는 '~의 진도를 확인하다'라는 의미로 무언가를 배우거나 연습하면서 얼마나 나아졌는지 확인할 때 사용하는 표현입니다.
>
> **e.g.** I need to **check my progress** in Korean. 나는 내 한국어 실력이 얼마나 늘었는지 확인해야 한다.

6 "**Do you think** I sound natural?" I asked.

"나 자연스럽게 들려?" 내가 물었다.

> 🌱 **Do you think ~?**는 '너는 ~라고 생각해?'라는 의미로 상대방의 의견을 묻는 표현입니다.
>
> **e.g.** **Do you think** this dress looks good on me? 이 드레스가 나한테 잘 어울린다고 생각해?

7 "**What makes you think** you're speaking Busan dialect? It just sounds like Seoul dialect with a weird accent!" she laughed.

"네가 부산 사투리로 말하고 있다고 생각하는 이유가 뭐야? 그냥 서울말에 이상한 억양이 섞인 것처럼 들리는데!" 그녀가 웃으며 말했다.

> 🌱 **What makes you think ~?**는 '~라고 생각한 이유가 뭐야?'라는 의미로 상대방의 생각에 의문을 가질 때 사용합니다.
>
> **e.g.** **What makes you think** I like spicy food? 내가 매운 음식을 좋아한다고 생각한 이유가 뭐야?

8 Clearly, it's not easy to **get it right**, but I'm having a lot of fun trying!

확실히, 사투리를 제대로 구사하는 것은 쉽지 않지만, 나는 배우는 과정이 너무 즐겁다!

- clearly는 '확실히, 분명히'라는 의미로 여기에서처럼 문장 맨 앞에 콤마와 함께 단독으로 쓰면 뒤에 나오는 문장 전체를 강조하는 역할을 합니다.
- **e.g.** **Clearly,** he wasn't prepared for the exam. 분명히, 그는 시험 준비가 안 되어 있었다.

- **get it right**은 '제대로 하다'라는 의미로 어떤 일을 실수 없이 정확하게 수행할 때 사용하는 표현입니다.
- **e.g.** It took me a few tries to **get it right**. 내가 정확히 해내는 데 몇 번의 시도가 필요했다.

9 I think I need more confidence and should worry less about getting it perfect.

나는 더 자신감을 가져야 하고, 완벽하게 하려는 걱정은 덜 해야 할 것 같다.

- **worry less about**은 '~에 대해 덜 걱정하다'라는 의미로 지나치게 걱정하는 습관을 줄이고 싶거나 걱정을 너무 많이 하지 말라고 조언할 때 사용합니다.
- **e.g.** You should **worry less about** what people think. 너는 사람들이 어떻게 생각하는지에 덜 신경 써야 한다.

10 I'm not sure I'll ever **master it completely**, but **at the very least**, my husband will **get a good laugh out of** my attempt!

내가 사투리를 완벽하게 마스터할 수 있을지는 모르겠지만, 적어도 남편은 내 시도 덕분에 한바탕 웃을 것이다!

🌸 **master ~ completely**는 '~를 완전히 숙달하다'라는 의미로 특정 기술을 완벽히 익혔을 때 사용하는 표현입니다.

e.g. He **mastered the piano completely**. 그는 피아노를 완벽하게 마스터했다.

 가브리엘 포인트 원어민들이 자주 쓰는 비슷한 표현

- **get the hang of + 명사**: ~의 요령을 익히다
    e.g. I'm starting to **get the hang of cooking**. 요리에 요령이 생기기 시작했다.

🌸 **at the very least**는 '적어도, 최소한'이라는 의미로 최악의 상황일지라도 기대할 수 있는 최소한의 수준을 말할 때 사용하는 표현입니다.

e.g. **At the very least**, we should try. 적어도 시도는 해 봐야 한다.

🌸 **get a good laugh out of**는 '~로 인해 크게 웃다'라는 의미로 상대방이 한 말이나 행동 등을 보고 재미있어할 때 사용하는 표현입니다.

e.g. I **got a good laugh out of** his joke. 그의 농담 덕분에 크게 웃었다.

Encouraging a Friend and Finding Motivation Myself

One of my close Korean friends wants to get a job abroad, so she's been studying hard to prepare. But when we talked today, she admitted she was feeling overwhelmed.

"It never feels like enough! I study almost every day, but I just don't feel like I'm getting any better," she sighed.

"Feel free to ask me if you ever need anything! I'll help however I can—we can review and practice together!" I told her.

"Really? That would help so much. But I don't want to bother you…" she hesitated.

"That's what friends are for! Let's get you ready for the job of your dreams!"

She seemed so worried, so I hope I helped take some weight off her shoulders. We made a plan to study together once a week, and she even said I could ask her any Korean questions I have, too!

Now, I'm feeling motivated to start studying Korean harder—thanks to her!

Reading Points

1 **One of my close Korean friends wants** to get a job abroad, so she**'s been studying** hard to prepare.

친한 한국인 친구 중 한 명이 해외에서 일하고 싶어서 열심히 공부하며 준비하고 있다.

- 「one of + 복수 명사」는 '~ 중 한 명'이라는 의미로 특정 그룹 내 한 명을 지칭할 때 사용하는 표현이며, 뒤에 단수 동사가 옵니다.
  - e.g. **One of my friends is** moving to Canada. 내 친구들 중 한 명이 캐나다로 이사 간다.

- have been -ing는 과거부터 현재까지 '~하고 있는 중이다'라는 뜻으로, 과거에 시작된 행동이 지금까지 계속되고 있거나, 최근까지 지속적으로 진행된 경우에 사용됩니다.
  - e.g. I **have been reading** a great book lately. 나는 최근에 정말 좋은 책을 읽고 있다.

2 But when we talked today, she **admitted she was feeling overwhelmed**.

그런데 오늘 이야기를 나누었을 때, 그녀가 감당하기 어렵다고 털어놓았다.

- 「admit + (that) 주어 + 동사」는 '~라고 인정하다'라는 의미로 자신의 감정이나 상태를 솔직히 밀할 때 사용하는 표현입니다.
  - e.g. He **admitted that he was** wrong. 그는 자신이 틀렸다고 인정했다.

🔖 **feel overwhelmed**는 '벅차다, 감당하기 어렵다'라는 의미로 감정적, 정신적으로 부담이 클 때 사용하는 표현입니다.

> e.g. I **felt overwhelmed** by all the tasks at work. 나는 직장에서 해야 할 일들에 압도되었다.

 가브리엘 포인트 원어민들이 자주 쓰는 비슷한 표현

- **be swamped with work**: 일이 산더미처럼 많다
  > e.g. I'm swamped with paperwork this week. 이번 주는 서류 작업이 산더미처럼 많다.

---

3 "It **never feels like enough**! I study almost every day, but I just don't feel like I'm getting any better," she sighed.

"아무리 해도 충분한 것 같지 않아! 거의 매일 공부하는데도 실력이 늘고 있다는 느낌이 안 들어." 그녀가 한숨을 쉬며 말했다.

🔖 **feel like enough**는 '충분한 것처럼 느껴지다'라는 의미로 주로 부정형으로 표현하여 '아무리 해도 충분한 것 같은 느낌이 들지 않다'라고 말할 때 쓰입니다.

> e.g. I do my best at work, but it **never feels like enough** for my boss. 나는 직장에서 최선을 다하지만, 상사한테는 늘 부족한 것 같다.

 **가브리엘 포인트** 원어민들이 자주 쓰는 비슷한 표현

- I feel stuck. 제자리걸음하는 기분이다.

4 "**Feel free to ask** me if you ever need anything! I'll help however I can—we can review and practice together!" I told her.

"필요한 게 있으면 부담 갖지 말고 부탁해! 내가 할 수 있는 한 도와줄게. 같이 복습하고 연습하면 돼!"라고 내가 그녀에게 말했다.

- 「**feel free to + 동사원형**」은 '부담 갖지 말고 편하게 ~해도 된다'라는 의미로 상대방을 배려하면서 '마음껏 해', '편하게 해' 정도의 뉘앙스로 말할 때 쓰는 표현입니다.
  - e.g. **Feel free to contact** me anytime. 언제든 부담 없이 연락해.

가브리엘 포인트 원어민들이 자주 쓰는 비슷한 표현

- **Don't hesitate to + 동사원형**: 주저하지 말고 ~하세요
  - e.g. **Don't hesitate to reach out** if you need help. 도움이 필요하시면 주저 말고 연락 주세요.

5 "Really? **That would help so much.** But I don't want to **bother you**..." she hesitated.

"정말? 그럼 정말 도움이 많이 될 것 같아. 하지만 너한테 폐 끼치고 싶지는 않아…." 그녀가 망설이며 말했다.

- **That would help so much.**는 '그거 정말 큰 도움이 될 거야.'라는 의미로 어떤 해결책이나 도움에 대해 감사함을 표현할 때 자주 사용됩니다.
  - e.g. A: Do you need help carrying that box? 그 상자 옮기는 거 도와줄까?
    B: Really? **That would help so much.** 정말? 그럼 큰 도움이 될 거야.

가브리엘 포인트 — 원어민들이 자주 쓰는 비슷한 표현

- **That would be a huge help.** 그거 엄청난 도움이 될 거야.
  - e.g. If you could proofread my paper, that would be a huge help. 네가 내 논문을 교정해 준다면 엄청난 도움이 될 거야.

- **That would make a big difference.** 그게 큰 차이를 만들 거야.
  - e.g. Getting a tutor would make a big difference in your grades. 과외를 받으면 성적에 큰 차이가 날 거야.

- **That would really mean a lot to me.** 그게 내게 정말 큰 의미가 있을 거야.
  - e.g. If you could be there, that would really mean a lot to me. 네가 와 줄 수 있다면, 정말 의미 있을 거야.

🔖 **bother someone**은 '~을 귀찮게 하다, ~에게 폐를 끼치다'라는 의미로 누군가를 방해하거나 신경 쓰이게 하는 행동을 할 때 사용됩니다.

e.g. I don't want to **bother you** while you're working. 일하는 동안 방해하고 싶지 않아.

6. "That's what friends are for! Let's get you ready for the job of your dreams!"

"그게 친구가 있는 이유지! 네가 꿈꾸는 직업을 준비하도록 도와줄게!"

🔖 **That's what ~ is/are for.**는 '그게 ~의 이유다.'라는 의미로 어떤 대상(사람, 사물, 개념)의 존재 이유나 목적을 강조하는 표현입니다. 주로 상대방을 안심시키거나 도와주면서 하는 말입니다.

e.g. A: I feel bad taking a break. I should be working... 쉬는 게 죄책감이 들어. 일해야 하는데….
B: Don't be! **That's what breaks are for!** 그러지 마! 그게 쉬는 시간이 있는 이유야!

🌸 **Let's get you ready for**는 '네가 ~할 준비를 할 수 있도록 도와줄게'라는 의미로 격려와 지지를 표현할 때 자연스럽게 쓰는 표현입니다.

e.g. A: I have a job interview tomorrow, and I'm so nervous! 내일 면접 있는데 너무 긴장돼!

B: Don't worry! **Let's get you ready for** it. I'll help you practice some questions. 걱정 마! 내가 준비 도와줄게. 질문 연습 같이 하자.

7 She seemed so worried, so I hope I helped **take some weight off her shoulders.**

그녀가 너무 걱정하는 것 같아서, 내가 그녀의 부담을 좀 덜어 줬기를 바란다.

🌸 **take some weight off one's shoulders**는 '~의 부담을 덜어 주다'라는 의미로 스트레스, 책임, 걱정 같은 부담을 덜어 줄 때 쓰는 일상적인 표현입니다.

e.g. Talking to you really **took some weight off my shoulders.** 너랑 이야기하니까 부담이 좀 덜어졌어.

가브리엘 포인트 — '부담을 덜어 주다'를 나타내는 다양한 표현들

- **take some weight off one's shoulders**: 개인의 책임이나 걱정을 줄여 줄 때 자주 사용되며 이때 부담을 덜어 주는 주체는 주로 사람임

  e.g. A: I know planning the wedding is stressful. Let me help you with the guest list! 결혼식 준비가 힘들다는 거 알아. 내가 초대 명단 정리하는 거 도와줄게!

  B: That would really take some weight off my shoulders. Thanks a lot! 그럼 진짜 부담 좀 덜어질 것 같아. 정말 고마워!

- **lighten the load**: 책임감이나 업무량을 줄이는 느낌이 강해서 일과 관련해서 자주 사용하며, 실제 무게(weight)를 줄이는 의미로도 사용할 수 있음

  e.g. Delegating some of my tasks really lightened the load for me. 내 일을 일부 맡겼더니 부담이 훨씬 줄었다.

- **ease the burden**: 주로 공식적이고 사회적인 문제와 관련해 사용되며, 특히 정부나 제도적 지원 덕분에 경제적 또는 정신적 부담이 줄어드는 상황에서 자주 쓰입니다.
    - e.g. The new policy is designed to ease the burden on working parents. 새 정책은 맞벌이 부모들의 부담을 덜어 주기 위해 마련되었다.

8 We **made a plan to study** together once a week, and she even said I could ask her any Korean questions I have, too!

우리는 일주일에 한 번씩 함께 공부하기로 했고, 그녀도 내가 한국어에서 궁금한 게 있으면 뭐든지 물어보라고 했다!

- 「make a plan to + 동사원형」은 '~할 계획을 세우다'라는 의미로 어떤 일을 하기로 정하고 준비할 때 사용하는 표현입니다.
- e.g. She **made a plan to improve** her English skills. 그녀는 영어 실력을 향상시킬 계획을 세웠다.

 가브리엘 포인트 | 원어민들이 자주 쓰는 비슷한 표현

- **set up a schedule for**: ~을 위한 스케줄을 세우다
    - e.g. We set up a schedule for our study sessions. 우리는 수업 일정을 잡았다.

9 Now, I'm **feeling motivated to start** studying Korean harder—thanks to her!

이제 나도 더 열심히 한국어 공부를 해야겠다는 의욕이 생겼다. 그녀 덕분이다!

🔖 「feel motivated to + 동사원형」은 '~할 의욕이 생기다'라는 의미로 어떤 행동을 하고 싶은 강한 의욕이나 동기를 느낄 때 사용합니다.

e.g. After reading the book called *Be Your Future Self Now*, I **felt motivated to change** my mindset. 《퓨처 셀프》라는 책을 읽고 나서, 생각하는 방식을 바꿔야겠다는 동기가 생겼다.

Time to Let Go: Decluttering for a Fresh Start

The seasons are changing, which means it's time to go through my closet! Not gonna lie—it's one of my least favorite things to do, but it has to be done.

As I was sorting through my clothes today, I realized I haven't worn at least half of them in a while.

"I have so many clothes, but I barely wear any of them!" I sighed.

"What about donating some? Do you want me to take a few to the donation box?" my husband suggested.

"Maybe... but what if I suddenly want to wear them later? And some of these were gifts—is it okay to just get rid of them?" I hesitated.

It feels ridiculous to keep moving the same unworn clothes back and forth every season. So this year, along with the changing weather, it's time to change my mindset—and finally let go of the old clothes that never get worn!

Reading Points

<u>1</u> The seasons are changing, which means it's time to **go through** my closet!

계절이 바뀌고 있다. 즉, 내 옷장을 정리할 때라는 뜻이다!

- **go through**는 '~을 정리하다, 점검하다'라는 의미로 필요 없는 물건을 정리하거나, 서류나 자료를 검토할 때 쓰입니다.
- **e.g.** I need to **go through** my emails and delete the unnecessary ones.
  이메일을 정리하고 필요 없는 것들을 삭제해야 한다.

<u>2</u> **Not gonna lie**—it's one of my **least favorite** things to do, but it **has to be done**.

솔직히 말하면, 이건 내가 제일 싫어하는 일 중 하나지만, 어쩔 수 없이 해야만 한다.

- **not gonna lie**는 '솔직히 말하면, 거짓말 안 하고'라는 의미의 비격식적인 표현으로, 자신이 느끼는 감정을 솔직하게 표현할 때 사용됩니다. 줄여서 NGL이라고도 씁니다.
- **e.g.** **Not gonna lie**, that was the best pizza I've ever had. 거짓말 안 하고, 그건 내가 먹어 본 피자 중 최고였다.

- **least favorite**은 '가장 싫어하는, 가장 좋아하지 않는'이라는 의미로 가장 좋아하는 것을 표현할 때 쓰는 favorite 앞에 least(가장 적은)를 써서 가장 싫어하는 것을 나타냅니다.
- **e.g.** Cleaning the bathroom is my **least favorite** chore. 욕실 청소는 내가 제일 싫어하는 집안일이다.

🌱 **have to be done**은 '(어쩔 수 없이) 해야만 하는 것이다'라는 의미로 특히 의무적인 집안일, 귀찮지만 필요한 일에 대해 자주 사용하는 표현입니다.

e.g. I really don't want to go to work today, but it **has to be done**. 오늘 진짜 출근하기 싫지만, 어쩔 수 없이 가야 한다.

---

3 As I was sorting through my clothes today, I realized I haven't worn at least half of them in a while.

오늘 옷을 정리하면서, 적어도 절반은 한동안 입지 않았다는 걸 깨달았다.

🌱 **as I was -ing**는 '내가 ~하는 동안'이라는 의미로 자신이 어떤 일을 하고 있는 동안, 다른 사건이 일어났음을 강조하는 표현입니다.

e.g. **As I was walking** home, I ran into an old friend. 집에 걸어가던 중, 오랜 친구를 우연히 만났다.

🌱 **sort through**는 '~을 정리하다, 분류하다'라는 의미로 옷, 서류, 장난감 등 여러 개의 물건을 정리할 때 사용합니다.

e.g. I need to **sort through** these old books and donate the ones I don't need. 이 오래된 책들을 정리하고 필요 없는 건 기부해야겠다.

가브리엘 포인트 — '정리, 분류'와 관련된 다양한 표현들

✅ **sort through vs. go through**

- sort through: 필요한 것과 필요하지 않은 것을 분류하다 (서류, 옷, 물건 등을 정리할 때)
- go through: 하나씩 살펴보다, 점검하다 (이메일, 문서, 계약서 등을 확인할 때)

> **e.g.** I need to sort through my closet and donate some clothes. 옷장을 정리해서 일부 옷들을 기부해야 한다. (필요한 옷과 필요 없는 옷을 나누어 정리함) **vs.** I need to go through these documents before the meeting. 회의 전에 이 서류들을 하나씩 검토해야 한다.

✅ clean out vs. tidy up

- clean out: 싹 비우다, 필요 없는 것들을 버리다 (옷장, 서랍, 차고 등을 정리할 때)
- tidy up: 깔끔하게 정리하다 (방, 책상, 주방 등을 정리할 때)

> **e.g.** I should clean out the fridge before going grocery shopping. 장보러 가기 전에 냉장고를 깨끗이 비워야 한다. **vs.** Let's tidy up the living room before the guests arrive. 손님들이 오기 전에 거실을 깔끔하게 정리하자.

✅ organize vs. declutter

- organize: 체계적으로 정리하다, 배열하다 (일정, 업무, 공간 등을 정리할 때)
- declutter: 잡동사니를 정리하다, 불필요한 것을 치우다 (미니멀 라이프를 실천할 때, 공간을 정리할 때)

> **e.g.** I need to organize my schedule for next week. 다음 주 일정을 체계적으로 정리해야 한다. **vs.** I'm trying to declutter my home and live a minimalist lifestyle. 집을 정리하고 미니멀 라이프를 실천하려고 한다.

🔖 **in a while**은 '한동안, 오랫동안'이라는 의미로 오랜 기간 동안 어떤 행동을 하지 않았을 때 쓰는 표현입니다.

> **e.g.** I haven't seen her **in a while**. 나는 한동안 그녀를 못 봤다.

4 "I have so many clothes, but I **barely** wear any of them!" I sighed.

"옷이 이렇게 많은데, 정작 입는 건 거의 없네!" 나는 한숨을 쉬며 말했다.

- **barely**는 '거의 ~ 않다'라는 의미로 어떤 일이 거의 일어나지 않음을 강조할 때 사용됩니다.
- **e.g.** I **barely** slept last night. 어젯밤 거의 못 잤다.

5 "**What about** donating some? **Do you want me to take** a few to the **donation box**?" my husband suggested.

"기부하는 건 어때? 내가 몇 개 기부함에 가져다 놓을까?" 남편이 제안했다.

- **What about ~?**은 '~하는 건 어때?'라는 의미로 새로운 아이디어를 제시하거나 어떤 제안을 할 때 사용하는 표현입니다.
- **e.g.** **What about** going for a walk after dinner? 저녁 먹고 산책하는 건 어때?

- 「**Do you want me to + 동사원형 ~?**」은 '내가 ~해 줄까?', '내가 ~할까?'라는 의미로 상대방에게 제안을 하거나 상대의 허락을 구할 때 쓰는 표현입니다.
- **e.g.** **Do you want me to pick** you up at the airport? 내가 공항에 데리러 갈까?

- **donation box**는 '기부함'이라는 의미로 불우 이웃이나 자선단체에 옷, 돈 등을 기부할 수 있는 박스나 장소를 뜻합니다.
- **e.g.** I dropped off some old clothes at the **donation box**. 헌 옷 몇 개를 기부함에 넣었다.

6 "Maybe… but **what if I** suddenly **want** to wear them later? And some of these were gifts—is it okay to just **get rid of** them?" I **hesitated**.

"음… 근데 나중에 갑자기 입고 싶으면 어쩌지? 그리고 이 중 몇 개는 선물이었는데, 그냥 버려도 괜찮을까?" 나는 망설였다.

- 「**What if + 주어 + 동사 ~?**」는 '만약 ~하면 어떻게 될까?'라는 의미로 어떤 일이 발생할 가능성에 대해 질문하거나 걱정할 때 사용하는 표현입니다.
  - **e.g.** **What if she says** no? 그녀가 거절하면 어떡해?

- **get rid of**는 '~을 처분하다, 없애다'라는 의미로 불필요한 물건을 버리거나 정리할 때 사용됩니다.
  - **e.g.** I need to **get rid of** these old magazines. 이 오래된 잡지들을 처분해야 한다.

- **hesitate**는 '망설이다, 주저하다'라는 의미로 결정을 내리지 못하고 망설일 때 사용하는 표현입니다.
  - **e.g.** She **hesitated** before answering the question. 그녀는 질문에 답하기 전에 망설였다.

7 It feels **ridiculous** to keep moving the same **unworn clothes back and forth** every season.

입지도 않는 같은 옷을 매번 계절이 바뀔 때마다 이리저리 옮기는 게 어리석게 느껴진다.

- **ridiculous**는 '말도 안 되는, 터무니없는'이라는 의미로 논리적이지 않거나 어이없는 상황을 표현할 때 사용합니다.
  - **e.g.** That price is **ridiculous**! I'm not paying that much for a T-shirt. 그 가격은 말도 안 된다! 티셔츠 하나에 그렇게 많은 돈은 못 주겠다.

- **unworn clothes**는 한 번도 입지 않은 상태의 옷을 의미합니다.
  - e.g. She donated all her **unworn clothes** to charity. 그녀는 한 번도 입지 않은 옷들을 자선단체에 기부했다.

- **back and forth**는 '이리저리, 앞뒤로'라는 의미로 어떤 것을 반복적으로 움직이거나, 의견이 계속 바뀔 때 쓰는 표현입니다.
  - e.g. She walked **back and forth**, trying to make a decision. 그녀는 결정을 내리려고 이리저리 걸어 다녔다.

8 So this year, **along with** the changing weather, it's time to change my mindset—and finally **let go of** the old clothes that never get worn!

그래서 올해는 날씨가 바뀌는 것과 함께 내 마음가짐도 바꿀 때이다. 그리고 결국 한 번도 입지 않은 옷들을 정리할 시간이다!

- **along with**는 '~와 함께'라는 의미로 물리적으로 같이 있는 상태뿐만 아니라 동시에 일어나는 다른 사건을 묘사하거나 추가 정보 등을 덧붙일 때도 사용하는 표현입니다.
  - e.g. **Along with** exercise, a healthy diet is important. 운동과 함께, 건강한 식단도 중요하다.

- **let go of**는 '~을 놓아 주다, 버리다'라는 의미로 물건뿐만 아니라 감정, 과거의 일 등을 내려놓을 때도 사용할 수 있는 표현입니다.
  - e.g. It's time to **let go of** the past and move on. 이제 과거를 놓아 주고 앞으로 나아갈 시간이다.

A Morning of Chaos

I really had a rough day today.

This morning, I was on the phone with my coworker, just about to leave for work—when I realized I couldn't find my keys.

"Hold on, I'll call you back in a few minutes," I said before frantically searching the house.

"Honey, have you seen my keys? I can't find them anywhere!" I asked my husband.

"Did you check your pockets? Or the bedroom dresser?"

"I already checked both. Nothing! Never mind, I found them."

"Oh? Where did they run off to?" he asked.

"Somehow, they got stuck inside one of my shoes!" I sighed. "Wait... now I can't find my phone!"

Thankfully, I found it pretty quickly and still made it to work on time. But when I got there...

"Hey, Gabrielle! Oh—why are you wearing sandals? Did you forget we're going hiking today for company morale?"

After today, I've decided to get a new planner and record my schedule in it. I do not want a repeat of this morning!

Reading Points

1 I really **had a rough day** today.

오늘 정말 힘든 하루를 보냈다.

- **have a rough day**는 '힘든 하루를 보내다'라는 의미로 예상치 못한 문제, 스트레스, 실수 등으로 인해 하루가 힘들었을 때 사용하는 표현입니다.
  - **e.g.** I **had a rough day** at work today. 오늘 직장에서 정말 힘든 하루였다.

2 This morning, I **was on the phone with** my coworker, just **about to leave** for work—when I realized I couldn't find my keys.

오늘 아침, 나는 동료와 통화 중이었고 이제 막 출근하려던 참이었는데, 열쇠를 찾을 수 없다는 사실을 깨달았다.

- **be on the phone (with)**는 '(~와) 통화 중이다'라는 의미로 전화 통화 중인 상황을 나타낼 때 사용하는 표현입니다.
  - **e.g.** She **was on the phone with** her mom when I arrived. 내가 도착했을 때, 그녀는 엄마와 통화 중이었다.

- 「**be about to**+동사원형」은 '막 ~하려던 참이다'라는 의미로 어떤 행동을 하려던 순간을 표현할 때 사용됩니다. 뒤에 「when+주어+동사」를 써서 '막 ~하려던 참에 …한 일이 생겼다'라고 표현할 수 있습니다.
  - **e.g.** I **was about to leave** when it started raining. 막 나가려고 하는데 비가 오기 시작했다.

3 "**Hold on**, I'll **call you back** in a few minutes," I said before **frantically** searching the house.

"잠깐만요, 몇 분 후에 다시 전화할게요." 나는 그렇게 말한 후 집 안을 정신없이 뒤지기 시작했다.

- **Hold on.**은 '잠깐만 기다려.'라는 의미로 보통 전화 통화 중 잠시 대기해 달라고 할 때 쓰입니다.
  - **e.g.** **Hold on** a second, I'll be right back. 잠깐만 기다려, 금방 올게.

- **call someone back**은 '~에게 다시 전화하다'라는 의미로 통화를 끝내면서 나중에 다시 걸겠다고 할 때 사용됩니다.
  - **e.g.** I'll **call you back** after the meeting. 회의 끝나고 다시 전화할게.

- **frantically**는 '정신없이, 미친 듯이'라는 의미의 부사로, 다급하게 무언가를 찾는 행동 등을 묘사할 때 쓰입니다.
  - **e.g.** She was **frantically** looking for her passport before the flight. 그녀는 비행기 타기 전에 여권을 미친 듯이 찾고 있었다.

4 "Honey, **have you seen** my keys? I can't find them anywhere!" I asked my husband.

"자기야, 내 열쇠 본 적 있어? 아무 데서도 못 찾겠어!" 나는 남편에게 물었다.

- **Have you seen ~?**은 '(최근에) ~을 본 적 있어?'라는 의미로, 상대방에게 최근에 어떤 사람이나 사물을 보았는지 물어볼 때는 현재완료형을 사용해서 표현합니다.
  - **e.g.** **Have you seen** my glasses? I just had them here a second ago! 내 안경 본 적 있어? 방금 여기 있었는데!

5 "Did you **check your pockets**? Or the bedroom dresser?"

"주머니는 확인해 봤어? 아니면 침실 서랍장?"

🌱 「check + 명사」는 '~을 확인하다, 점검하다'라는 의미로 물건을 찾거나, 상태를 확인할 때 쓰는 표현입니다.

e.g. Did you **check the email** I sent you? 내가 보낸 이메일 확인해 봤어?

6 "I already checked both. Nothing! **Never mind**, I found them."

"이미 둘 다 확인했어. 없었어! 아니다, 찾았어."

🌱 **Never mind.**는 '괜찮아.', '신경 쓰지 마.'라는 의미로 상대방이 도와주려 했지만, 이미 문제가 해결되었을 때 쓰는 표현입니다.

e.g. **Never mind**, I'll do it myself. 괜찮아, 내가 할게.

7 "Oh? Where did they **run off to**?" he asked.

"오? 어디 있었어?" 남편이 물었다.

🌱 **run off (to)**는 '갑자기 (~로) 가 버리다, 사라지다'라는 의미로, to 뒤에 장소 명사가 오며, 주로 사람을 주어로 해서 누군가가 급작스럽게 자리를 떠났을 때 쓰이지만, 물건을 잃어버렸다가 찾았을 때도 의인화해서 장난스럽게 쓸 수 있습니다.

e.g. Ugh! Where did the remote **run off to** this time? 아휴! 이번엔 리모컨이 또 어디로 도망간 거야?

8 "**Somehow**, they **got stuck** inside one of my shoes!" I sighed. "Wait... now I can't find my phone!"

"어찌된 게 내 신발 한 짝 안에 끼어 있었어!" 나는 한숨을 쉬었다. "잠깐... 이제는 내 핸드폰이 안 보여!"

- **somehow**는 '어쩌다 보니, 어떻게든, 왠지 모르게'라는 의미로 설명하기는 어렵지만 결과적으로 그렇게 되었을 때 사용됩니다.
  - e.g. I'll fix it **somehow**. 어떻게든 고칠게. (방법은 모르지만 어떻게든 고치겠다는 의미)

- **get stuck**은 '끼이다, 갇히다, 빠지다'라는 의미로 어떤 물체가 움직이지 못하는 상황에 처했을 때, 혹은 사람이 어려운 상황이나 곤란한 문제에 부딪혔을 때 사용하는 표현입니다.
  - e.g. The ring **got stuck** on my finger. 반지가 내 손가락에 끼었다.
  - e.g. I **got stuck** in traffic for an hour. 한 시간 동안 교통 체증에 갇혔다.

가브리엘 포인트 원어민들이 자주 쓰는 비슷한 표현

- **be trapped**: 갇히다, 빠져나오지 못하다 (갇혀서 탈출할 수 없는 상태)
  - e.g. They were trapped in the cave. 그들은 동굴에 갇혔다.

- **be jammed**: 끼다, 막히다, 고장 나다 (기계가 작동하지 않거나 문이 끼어서 열리지 않을 때)
  - e.g. The printer is jammed again. 프린터가 또 걸렸다.

9 **Thankfully**, I found it pretty quickly and still **made it to work on time**. But when I got there…

다행히 나는 핸드폰을 금방 찾았고 결국 제시간에 출근할 수 있었다. 그런데 직장에 도착했을 때….

🌱 **thankfully**는 '다행히도'라는 의미로 좋지 않은 상황에서도 긍정적인 일이 발생했을 때 쓰는 표현입니다.

> **e.g.** **Thankfully**, nobody was hurt in the accident. 다행히도 그 사고에서 다친 사람은 없었다.

🌱 「**make it to**+장소」는 '~에 도착하다, ~에 성공적으로 가다'라는 의미이며 어떤 장소에 가기까지 '힘은 들었지만 잘 도착했다'는 뉘앙스로 쓰입니다.

> **e.g.** We **made it to the top of the mountain** after a five-hour hike. 5시간 동안 등산한 끝에 정상에 도착했다.

가브리엘 포인트 make it to vs. arrive at vs. get to vs. reach

- **make it to**+장소: (어려움을 극복하고) ~에 도착하다 (힘든 상황을 이겨내고 결국 도착했음을 강조)
  > **e.g.** Despite the heavy traffic, we made it to the wedding on time. 교통 체증에도 불구하고 결혼식에 제시간에 도착했다.

- **arrive at**+장소: (단순히) ~에 도착하다
  > **e.g.** We arrived at the hotel early. 우리는 호텔에 일찍 도착했다.

- **get to**+장소: (일반적인 이동) ~에 도착하다 (arrive보다 더 비격식적)
  > **e.g.** How do I get to the station? 역에 어떻게 가나요?

- **reach**+장소: (목적지에) 도달하다 (전치사 없이 바로 목적지가 옴)
  > **e.g.** We finally reached the city. 우리는 마침내 도시에 도착했다.

📎 **on time**은 '정시에, 제시간에'라는 의미로 약속된 시간에 정확히 맞춰 도착하거나 일이 진행될 때 사용하는 표현입니다.

e.g. Make sure you get to the meeting **on time**. 회의에 제시간에 도착하도록 해.

가브리엘 포인트 — on time vs. in time

- **on time**: 정해진 시간에 정확히 (시간표나 일정을 정확히 준수했을 때)
  e.g. The bus arrived on time. 버스는 정시에 도착했다.

- **in time**: 늦지 않게, 시간 안에 (정해진 시간보다 조금 여유가 있을 때)
  e.g. I got there in time for the movie. 영화 시간에 늦지 않게 도착했다.

---

10 "Hey, Gabrielle! Oh—**why are you wearing** sandals? Did you forget we're going hiking today for **company morale**?"

"가브리엘! 어… 근데 왜 샌들을 신고 있어요? 오늘 학원 단합을 위해 등산 가는 거 잊은 건가요?"

📎 **Why are you -ing?**는 '왜 지금 ~하고 있어?'라는 의미로 현재진행형을 사용하여 놀람, 궁금증, 걱정 등의 감정을 담아 이유를 물어볼 때 사용됩니다.

e.g. **Why are you wearing** a coat? It's so hot outside! 왜 코트를 입고 있어? 밖에 엄청 더워!

📎 **company morale**은 '조직의 사기, 분위기'라는 의미로 직장에서 직원들의 사기, 동기 부여, 팀워크 분위기 등을 의미합니다. 직장 내에서 긍정적인 환경을 만들기 위한 활동과 관련하여 자주 사용됩니다.

e.g. How does remote work affect **company morale**? 재택근무가 회사 사기에 어떤 영향을 미칠까?

11 After today, I've **decided to get** a new planner and **record my schedule in** it.

오늘 일을 계기로, 나는 새로운 플래너를 사서 거기에 일정을 기록하기로 결심했다.

> 📌 「decide to+동사원형」은 '~하기로 결정하다'라는 의미로 특정한 행동을 하기로 마음을 먹었을 때 사용하는 표현입니다.
>
> **e.g.** **Have** you **decided to accept** the offer? 제안을 수락하기로 결정했어?
>
> 📌 「record+목적어+in」은 '~에 …을 기록하다'라는 의미로 정보를 문서나 다이어리, 노트 등에 기록할 때 사용하는 표현입니다.
>
> **e.g.** Make sure to **record your expenses in** your budget planner. 예산 계획표에 지출을 반드시 기록하세요.

12 I **do not want a repeat of** this morning!

이런 아침을 다시는 겪고 싶지 않다!

> 📌 **not want a repeat of**는 '~을 다시 겪고 싶지 않다', '같은 실수를 반복하고 싶지 않다'라는 의미로 부정적인 경험을 다시 하고 싶지 않을 때 쓰는 표현입니다.
>
> **e.g.** We had a lot of miscommunication during our last project. Let's communicate better—I **don't want a repeat of** that. 지난 프로젝트 때 오해가 많았습니다. 이번에는 서로 더 잘 소통합시다. 그런 일을 다시 겪고 싶지 않거든요.

Coffee and Conversation on the Rooftop

There's an elderly gentleman who looks after the building where my academy is located. I've always had a soft spot for hearing stories from the older generation, so I was eager to strike up a conversation with him.

When I finally got the chance, he told me his life story!

He's 87 years old with two children, but—surprisingly—no grandkids! One of his sons runs a Korean medicine clinic, and the other had been working in China before moving back to Korea recently.

He mentioned that he and his wife live separately now. That caught me off guard—it sounded a bit lonely to me. But he simply smiled and said, "It's better this way." I guess everyone has their own idea of happiness. Personally, I'd be lost without my husband!

He offered me a cup of instant coffee and we sat together in his small rooftop office, chatting away for about 30 minutes before I had to head back to class.

Talking with him felt like taking a step back in time. I'm really looking forward to the next time we can sit down and chat!

Reading Points

1 There's **an elderly gentleman** who **looks after** the building where my academy is located.

우리 학원이 있는 건물을 관리해 주는 나이 지긋한 신사분이 있다.

- 🔎 **elderly gentleman**은 '연세 많으신 신사'를 뜻하며, 정중하고 공손한 표현입니다.
  - **e.g.** The **elderly gentleman** helped me cross the street. 그 노신사가 내가 길 건너는 걸 도와주셨다.

- 🔎 **look after**는 '돌보다, 관리하다'라는 뜻으로, 사람이나 장소를 책임지고 챙기는 상황에 사용됩니다.
  - **e.g.** She **looks after** her younger brother. 그녀는 남동생을 돌본다.

>  **가브리엘 포인트**   look after vs. take care of vs. watch over
>
> - **look after**: ~를 (책임지고) 돌보다 (책임감 강조 → 아이, 환자, 반려동물, 집 등)
>   - **e.g.** Nurses look after patients day and night. 간호사들은 밤낮으로 환자들을 돌본다.
>
> - **take care of**: ~를 돌보다 (조금 더 일상적이고 따뜻한 느낌 → 사람, 가족, 친구, 감정, 일 등)
>   - **e.g.** I'll take care of dinner tonight. 오늘 저녁은 내가 준비할게.
>
> - **watch over**: ~를 지켜보다, 보호하다 (보호자가 안전하게 지켜 주는 느낌 → 자는 아이를 지켜볼 때, 멀리서 지켜볼 때 등)
>   - **e.g.** Can you watch over your brother while I run to the store? 가게에 얼른 갔다 오는 동안 동생 좀 보고 있겠니?

2 I've always **had a soft spot for** hearing stories from the older generation, so I was eager to **strike up a conversation with** him.

나는 항상 어르신 세대의 이야기를 듣는 것을 좋아하는 편이라, 그분과 대화를 나눠 보고 싶었다.

- **have a soft spot for**는 '~에 대해 약한 면이 있다, ~을 특히 좋아하다, 특별한 애정을 갖다'라는 뜻입니다. 어떤 것에 대해 특별히 애정이 있거나 관심이 있을 때 사용하는 표현입니다.
  - e.g. I **have a soft spot for** puppies. 난 강아지들에게 약하다.(강아지들을 특히 좋아한다.)

 **가브리엘 포인트** 원어민들이 자주 쓰는 비슷한 표현

- **be fond of**: ~을 좋아하다 (무언가에 대한 부드러운 애정을 나타내는 표현으로, 격식 있고 정중한 느낌)
  - e.g. She's fond of classical music. 그녀는 클래식 음악을 좋아한다.
- **be partial to**: ~을 특히 좋아하다, 편애하다 (취향이 한쪽으로 치우친 느낌)
  - e.g. I'm partial to sweet desserts. 나는 단 디저트를 선호한다.

- **strike up a conversation with**는 '~와 대화를 시작하다, ~에게 말을 걸다'라는 뜻으로, 특히 낯선 사람이나 처음 보는 사람에게 말을 걸 때 자주 쓰이는 표현입니다. 대화가 자연스럽게 시작된 경우뿐만 아니라, 일부러 말을 건 경우에도 사용됩니다.
  - e.g. He **struck up a conversation with** the stranger next to him on the train. 그는 기차에서 옆에 앉은 낯선 사람과 대화를 시작했다.

3 When I finally **got the chance**, he told me his life story!

드디어 기회가 왔을 때, 그가 자신의 인생 이야기를 들려줬다!

- 「**get the chance (to+동사원형)**」은 '(~할) 기회를 얻다'라는 뜻으로, 매우 바라던 어떤 일을 할 수 있는 기회가 생겼을 때 사용합니다.
- **e.g.** I didn't **get the chance to thank** her. 그녀에게 감사 인사를 할 기회가 없었다.

4 He's 87 years old with two children, but—**surprisingly**—no grandkids!

그는 87세이고 자녀가 둘 있지만, 놀랍게도 손주는 없었다!

- **surprisingly**는 '놀랍게도'라는 뜻으로, 예상치 못한 사실을 전할 때 쓰는 부사입니다.
- **e.g.** **Surprisingly**, the exam wasn't as difficult as I expected. 놀랍게도 시험이 내가 예상했던 만큼 어렵지 않았다.

5 One of his sons **runs a** Korean medicine **clinic**, and the other had been working in China before moving back to Korea recently.

그의 아들 중 한 명은 한의원을 운영하고, 다른 아들은 최근 한국으로 돌아오기 전까지 중국에서 일해 왔다.

- **run a clinic**은 '병원을 운영하다'라는 뜻으로, run은 병원이나 사업체 등에 해당하는 명사와 함께 쓰여 '~을 운영하다'라는 의미를 나타냅니다.
- **e.g.** She **runs her own bakery**. 그녀는 자신의 빵집을 운영한다.

가브리엘 포인트 | 원어민들이 자주 쓰는 비슷한 표현

- **operate**: 운영하다 (격식을 갖춘 표현으로 주로 기계나 기술적 시스템과 함께 사용)
  - e.g. The company operates several factories in Asia. 그 회사는 아시아에 여러 공장을 운영하고 있다.

- **manage**: 관리하다 (조직이나 사람을 다루는 뉘앙스)
  - e.g. He manages a team of designers. 그는 디자이너 팀을 관리하고 있다.

---

6 He **mentioned** that he and his wife **live separately** now.

그는 자신과 아내가 지금은 따로 살고 있다고 말했다.

🌱 mention은 '~라고 말하다, 언급하다'라는 의미로 어떤 주제나 사실에 대해 간단히 말할 때 씁니다. 자세히 설명하기보다는 그냥 한마디 언급하는 정도의 느낌입니다.

e.g. Did he **mention** where he was going? 그가 어디로 가는지 말했어?

가브리엘 포인트 | mention vs. say vs. talk about vs. bring up

- **mention**: (간단히) 언급하다 (짧고 구체적인 정보를 덧붙일 때)
  - e.g. She mentioned the meeting in passing. 그녀는 지나가는 말로 그 회의에 대해 언급했다.

- **say**: 말하다 (누가 무엇을 말했는지에 초점을 둘 때)
  - e.g. He said he was tired. 그는 피곤하다고 말했다.

- **talk about**: ~에 대해 이야기하다 (자세히 설명하거나 길게 대화할 때)
  - e.g. They talked about their future plans. 그들은 앞으로의 계획에 대해 이야기했다.

DAY 41　361

- **bring up**: (화제 등을) 꺼내다 (새로운 주제나 민감한 이야기를 시작할 때)

  e.g. Why did you bring up politics at dinner? 왜 저녁 식사 중에 정치 얘기를 꺼낸 거야?

🌸 **live separately**는 '따로 살다, 별거 중이다'라는 뜻입니다. 부부나 가족이 각각 다른 곳에서 사는 상황에 사용됩니다.

e.g. They decided to **live separately** for a while. 그들은 당분간 따로 살기로 결정했다.

7 That caught me off guard—it sounded a bit lonely to me.

그 말은 예상 밖이었고, 나에겐 조금 외롭게 들렸다.

🌸 **catch someone off guard**는 '~를 방심한 상태에서 놀라게 하다'라는 의미로, 예상치 못한 말이나 상황으로 당황했을 때 쓰는 표현입니다.

e.g. His question **caught me off guard**. 그의 질문은 나를 당황하게 했다.

8 But he simply smiled and said, "It's better this way."

하지만 그는 그저 미소 지으며 "이게 더 나아요."라고 말했다.

🌸 **simply**는 '그냥, 단순히'라는 뜻의 부사로, 과장하지 않고 담담하게 어떤 행동을 하는 모습을 묘사할 때 사용됩니다.

e.g. He **simply** walked away. 그는 그냥 걸어 나갔다.

🌱 **It's better this way.**는 '이게 더 낫다.', '이 편이 좋다.'라는 의미로, 현재의 선택이 더 낫다고 생각할 때 사용됩니다.

e.g. Living in a smaller apartment means less cleaning and expenses. **It's better this way.** 작은 아파트에서 살면 청소할 것이 줄고 비용도 적게 든다. 이 편이 더 좋다.

9 I guess everyone has their own idea of happiness.

사람마다 행복에 대한 기준은 다른 것 같다.

🌱 **have one's own idea of**는 '~에 대한 자신만의 생각[기준]이 있다'라는 의미로 사람마다 의견이나 관점이 다른 것을 나타냅니다.

e.g. Everyone **has their own idea of** success. 사람마다 성공에 대한 생각이 다르다.

10 Personally, I'd be lost without my husband!

개인적으로 나는 남편 없이는 너무 힘들 것 같다!

🌱 **would be lost without ~**은 '~ 없으면 정말 막막할 것이다'라는 의미로 특정한 사람이나 사물이 없으면 혼란스럽고 의지할 수 없는 상태가 될 것임을 강조하는 표현입니다.

e.g. **I'd be lost without** my planner to stay organized. 내가 체계적으로 생활하려면 플래너 없이는 힘들 것 같다.

11. He **offered me a cup of instant coffee** and we sat together in his small rooftop office, **chatting away** for about 30 minutes before I had to **head back to class**.

그는 나에게 인스턴트 커피 한 잔을 건넸고 우리는 그의 작은 옥상 사무실에서 함께 앉아, 내가 수업에 돌아가야 할 시간이 되기 전까지 약 30분 동안 이야기를 나눴다.

- 「**offer + 사람 + 사물**」은 '~에게 …을 권하다, 주다'라는 의미로 친절히 물건을 건네거나 도움을 주는 상황에서 사용됩니다.
  - **e.g.** He **offered me a seat**. 그는 나에게 자리를 권했다.

- **chat away**는 '수다를 떨다, 한참 이야기하다'라는 의미로 편하게 대화를 나누는 상황에서 사용됩니다.
  - **e.g.** They **were chatting away** like old friends. 그들은 오랜 친구처럼 수다를 떨고 있었다.

- 「**head back to + 장소**」는 '~로 돌아가다'라는 의미로 의지를 가지고 방향을 정한 상태에서 어딘가로 돌아가는 느낌입니다.
  - **e.g.** I need to **head back to work**. 이제 다시 일터로 돌아가야 한다.

12. Talking with him **felt like taking a step back in time**.

그와 이야기를 나누는 건 마치 과거로 시간 여행을 하는 느낌이었다.

- 「**feel like + 명사/동명사**」는 '~한 느낌이 들다, ~ 같다'라는 의미로 어떤 경험을 특정한 상황에 비유해 표현할 때 사용됩니다.
  - **e.g.** It **felt like a dream**. 그것은 꿈같았다.

🔖 **take a step back in time**은 '시간을 거슬러 올라가다'라는 의미로 과거의 기억이나 분위기를 느낄 때 사용됩니다.

> **e.g.** Visiting the old village felt like **taking a step back in time**. 옛 마을을 방문하는 것은 시간 여행을 하는 것 같았다.

가브리엘 포인트 원어민들이 자주 쓰는 비슷한 표현

- **reminisce about**: ~에 대한 추억[회상]에 잠기다 (과거의 좋은 기억을 떠올리며 이야기할 때)
    > **e.g.** We reminisced about our childhood adventures. 우리는 어린 시절의 모험을 떠올리며 이야기했다.

- **look back on**: ~을 뒤돌아보다 (과거의 사건이나 경험을 회상할 때)
    > **e.g.** She often looks back on her college years fondly. 그녀는 종종 대학 시절을 애틋하게 회상한다.

13 I'm really **looking forward to the next time** we can sit down and chat!

다음에 또 함께 앉아 이야기 나눌 시간이 정말 기대된다!

🔖 「**look forward to** + 명사/동명사」는 '~을 기대하다'라는 의미로 미래에 일어날 특정한 일이나 상황에 대해 긍정적인 기대감을 표현할 때 사용됩니다.

> **e.g.** I'm **looking forward to the weekend**. 나는 주말이 기대된다.

DAY 42 — The Start of a New Adventure

Well, I haven't talked about it before, but my husband and I have been thinking about having a baby. A few months ago, we decided to start trying, and guess what? I'm pregnant!

A couple of weeks ago, I started feeling nauseous, and then my period was a week late. Since it was still so early, I didn't want to say anything to my husband just yet. So, I secretly took a pregnancy test—and it came out positive!

I immediately went to find my husband to tell him the news.

"You look so happy! What's the occasion?" he asked.

Without saying a word, I handed him the test. He kept looking back and forth between me and the test, completely stunned.

"No way! We just started trying! How did it happen so fast?"

"I know! But it did! We're going to have a baby!" I squealed, throwing my arms around him.

We haven't gone to the doctor yet, but we will in a few weeks. This is the start of a brand-new adventure—one that we'll be taking with one more person in our family!

 **Reading Points**

1 Well, I **haven't talked about** it **before**, but my husband and I **have been thinking about** having a baby.

음, 아직 말한 적은 없지만, 남편과 나는 아기를 갖는 것에 대해 고민해 왔다.

- **haven't talked about ~ before**는 '전에 ~에 대해 이야기한 적이 없다'라는 의미로 현재완료 시제를 사용하여 아직까지 특정 주제에 대해 언급한 적이 없다는 뜻으로 쓰입니다.
  - e.g. I **haven't talked about** my childhood much **before**. 나는 내 어린 시절에 대해 많이 이야기한 적이 없다.

- **have been thinking about**은 '~에 대해 계속 생각해 오고 있다'라는 의미로 현재완료진행형(have been + -ing)을 사용하여 지속적으로 가져 온 고민이나 계획을 나타내는 표현입니다.
  - e.g. I **have been thinking about** changing jobs. 나는 이직을 계속 고민하고 있다.

2 A few months ago, we **decided to start trying**, and **guess what?** I'm pregnant!

몇 달 전부터 시도해 보기로 결심했는데, 있잖아? 나 임신했다!

- **decide to start -ing**는 '~을 (시작)하기로 결심하다'라는 의미이며 「decide to + 동사원형」만으로도 '~하기로 결심하다'를 나타낼 수 있습니다. 하지만 start -ing와 함께 쓰면 결심한 행동을 실천하는 느낌을 더욱 강조할 수 있습니다.
  - e.g. We **decided to start saving** money for a trip. 우리는 여행을 위해 저축을 시작하기로 했다.

🌱 **Guess what?**은 '있잖아?'라는 의미로 흥미로운 소식이나 놀라운 사실을 알릴 때 궁금증을 자아내는 표현입니다.

e.g. Guess what? I got the job! 있잖아? 나 취업했어!

---

3 A couple of weeks ago, I **started feeling nauseous**, and then my period **was a week late**.

몇 주 전부터 속이 울렁거리기 시작했고, 그러고 나서 생리가 일주일이나 늦어졌다.

🌱 **start feeling ~**은 '~한 느낌이 들기 시작하다'라는 의미로 감정 변화나 신체 반응을 설명할 때 자주 사용됩니다.

e.g. I **started feeling** nervous before my presentation. 발표 전에 긴장되기 시작했다.

🌱 **nauseous**는 '메스꺼운, 속이 울렁거리는'이라는 의미로, 신체적으로 속이 불편하거나 토할 것 같은 기분이 들 때 사용됩니다.

e.g. The smell of raw fish makes me **nauseous**. 나는 생선 냄새만 맡아도 속이 울렁거린다.

 가브리엘 포인트 원어민들이 자주 쓰는 비슷한 표현

- **queasy**: 속이 울렁거리는 ('메스꺼운'이라는 의미로는 nauseous와 비슷하지만, queasy는 긴장하거나 불안해서 속이 안 좋을 때도 사용됨)
  e.g. I felt queasy before my presentation. 나는 발표 전에 속이 울렁거렸다.

- **motion sickness**: 멀미 (멀미로 인해 속이 메스꺼울 때)
  e.g. I can't ride a roller coaster at amusement parks because I get motion sickness easily. 나는 멀미를 쉽게 해서 놀이공원에서 롤러코스터를 못 탄다.

🔖 「be + 기간 + late」는 일정이 예상보다 늦어졌을 때 사용하는 표현입니다.

e.g. The train **was 10 minutes late**. 기차가 10분 늦었다.

4 Since it was **still so early**, I didn't want to say anything to my husband **just yet**.

아직 너무 이른 시기라서 당장은 남편에게 말하고 싶지 않았다.

🔖 **still so early**는 '아직 너무 이른'이라는 의미로 시간적으로 이를 때나 결정을 내리기에 너무 이른 상황을 표현할 때 씁니다.

e.g. Are you thinking about quitting your job already? It's **still so early**! You just started! 벌써 직장을 그만둘 생각을 한다고? 너무 이른데! 이제 막 시작 했잖아!

🔖 **just yet**은 '아직 당장은'이라는 의미로 보통 부정문에서 사용되며, '아직은 그럴 때가 아니다'라는 뉘앙스를 전달합니다.

e.g. I don't want to quit my job **just yet**. 아직은 직장을 그만두고 싶지 않다.

5 So, I secretly **took a pregnancy test**—and it **came out positive**!

그래서 몰래 임신 테스트를 해 봤는데… 양성이 나왔다!

🔖 **take a pregnancy test**는 '임신 테스트를 하다'라는 의미로 임신 여부를 확인 하기 위해 임신 테스트기를 사용했을 때 쓰는 표현입니다.

e.g. She wasn't feeling well, so she decided to **take a pregnancy test**. 그녀는 몸이 안 좋아서 임신 테스트를 해 보기로 했다.

가브리엘 포인트 take a pregnancy test vs. get tested for pregnancy

- **take a pregnancy test**: 집에서 직접 임신 테스트기를 사용할 때
  - **e.g.** I took a pregnancy test at home. 나는 집에서 임신 테스트를 했다.
- **get tested for pregnancy**: 병원에서 임신 진단 검사를 받을 때
  - **e.g.** She went to the clinic to get tested for pregnancy. 그녀는 임신 검사를 받으러 병원에 갔다.

🔖 **come out positive**는 '(테스트 결과가) 양성이 나오다'라는 의미로 주로 임신 테스트나 코로나, 독감, HIV 같은 질병 검사 상황에서 많이 쓰입니다.

e.g. His COVID-19 test **came out positive**. 그의 코로나 검사 결과가 양성으로 나왔다.

6 I immediately went to find my husband to tell him the news.

그 소식을 전하려고 나는 곧바로 남편을 찾으러 갔다.

🔖 **immediately go to find**는 '바로[즉시] ~을 찾으러 가다'라는 의미로 누군가를 만나기 위해 곧장 이동한 상황을 표현할 때 쓰입니다.

e.g. She **immediately went to find** a doctor. 그녀는 즉시 의사를 찾으러 갔다.

 가브리엘 포인트 go to find vs. look for

- **go to find**: ~을 찾으러 가다 (직접 이동해서 찾는 상황)
  - **e.g.** I went to find my sister, but she wasn't in the living room. 언니를 찾으러 갔는데 거실엔 없었다.
- **look for**: ~을 찾다 (장소 이동에 상관없이 단순히 찾는 노력을 하는 상황)
  - **e.g.** I'm looking for my keys. 나는 내 열쇠를 찾고 있다.

🍃 **tell someone the news**는 '~에게 소식을 전하다'라는 의미로 누군가에게 특정한 소식을 전달할 때 사용하는 표현입니다.

> **e.g.** I couldn't wait to **tell him the news**! 나는 그에게 소식을 전하고 싶어서 참을 수가 없었다!

7 "You look so happy! What's the occasion?" he asked.

"여보, 왜 이렇게 행복해 보여? 무슨 좋은 일 있어?" 남편이 물었다.

🍃 **What's the occasion?**은 '무슨 좋은 일 있어?', '무슨 날이야?'라는 의미로 상대방이 평소보다 기분이 좋아 보이거나, 멋진 옷을 입었거나, 뭔가 특별한 행동을 할 때 묻는 표현입니다.

> **e.g.** You're all dressed up! **What's the occasion?** 완전 차려 입었네! 무슨 일 있어?

8 Without saying a word, I handed him the test.

나는 아무 말 없이 테스트기를 건넸다.

🍃 **without saying a word**는 '아무 말 없이'라는 의미로 어떤 행동을 말 없이 할 때 사용하는 표현입니다.

> **e.g.** He left **without saying a word**. 그는 아무 말 없이 떠났다.

🍃 「**hand** + 사람 + 사물」은 '~에게 …을 건네주다'라는 의미로 주로 손으로 직접 물건을 전달할 때 사용됩니다. 책, 펜, 서류 등 작고 들 수 있는 물건을 상대방에게 건네주는 상황에서 자주 쓰입니다.

> **e.g.** She **handed me the keys**. 그녀가 나에게 열쇠를 건네줬다.

 **가브리엘 포인트** | hand vs. give vs. pass vs. offer vs. present

- **hand + 사람 + 사물**: 건네주다 (손으로 직접 건네주는 행위 자체를 강조할 때)
    - e.g. Can you hand me the salt? 소금을 건네줄래?
    - e.g. She handed him a note before class started. 수업 시작 전에 그녀는 그에게 쪽지를 건네주었다.

- **give + 사람 + 사물**: (단순히) 주다 (조언, 기회, 정보 등 추상적인 대상을 포함하며, 주는 방법은 상관없을 때)
    - e.g. Can you give me some advice? 조언 좀 해 줄래?
    - e.g. I gave her my phone number yesterday. 나는 어제 그녀에게 내 전화번호를 줬다.

- **pass + 사람 + 사물**: 건네주다 (가볍게 옆 사람에게 건네줄 때)
    - e.g. Pass me the remote, please. 리모컨 좀 건네주세요.
    - e.g. Could you pass me the napkins? 냅킨 좀 건네줄래요?

- **offer + 사람 + 사물**: 제안하다, 제공하다 (상대방이 받을지 말지 선택할 수 있을 때)
    - e.g. He offered me a job. 그가 나에게 일자리를 제안했다.
    - e.g. She offered him a ride to the station. 그녀는 그에게 역까지 태워다 주겠다고 제안했다.

- **present + 사람 + with + 사물**: 공식적으로 주다, 선물하다 (공식적인 자리에서 전달할 때)
    - e.g. The CEO presented him with an award. CEO가 그에게 상을 수여했다.
    - e.g. At the school event, the teacher presented each student with a small gift. 학교 행사에서 선생님은 학생 한 명 한 명에게 작은 선물을 주었다.

9 He **kept looking back and forth between me and the test**, completely **stunned**.

남편은 나와 테스트기를 번갈아 바라보며 완전히 얼어붙었다.

- **keep -ing**는 '계속해서 ~하다'라는 의미로 어떤 행동을 반복적으로 지속할 때 사용하는 표현입니다.
  - **e.g.** She **kept checking** her phone. 그녀는 계속 핸드폰을 확인했다.

- **look back and forth between A and B**는 'A와 B 사이를 계속 번갈아 쳐다보다'라는 의미로 고개를 돌려가며 두 대상을 번갈아 바라볼 때 사용되는 표현입니다.
  - **e.g.** The dog kept **looking back and forth between his owner and the treat**. 강아지가 주인과 간식 사이를 계속 번갈아 쳐다봤다.

- **stunned**은 '완전히 얼어붙은, 완전히 놀란'이라는 의미로 너무 놀라서 말문이 막힌 상태를 표현할 때 쓰입니다.
  - **e.g.** I was completely **stunned** by the news. 나는 그 소식에 완전히 얼어붙었다.

10 "**No way!** We just started trying! How did it happen so fast?"

"말도 안 돼! 우리 이제 막 시도하기 시작했잖아! 어떻게 이렇게 빨리 될 수가 있어?"

- **No way!**는 '말도 안 돼!'라는 의미로 믿기 힘든 일이 벌어진 상황에서 사용하는 표현입니다.
  - **e.g.** **No way!** You're moving to Paris? 말도 안 돼! 너 파리로 이사 간다고?

11 "I know! But it did! We're going to have a baby!" I **squealed**, **throwing my arms around** him.

"그러니까! 하지만 됐어! 우리에게 아기가 생긴 거야!" 나는 소리를 지르며 남편을 꼭 안았다.

- **squeal**은 '꺅 하고 소리를 지르다'라는 의미로 기쁨, 흥분, 놀람 등으로 소리를 지를 때 사용합니다.
  - e.g. She **squealed** with excitement when she saw her gift. 그녀는 선물을 보고 흥분해서 소리를 질렀다.

가브리엘 포인트 | squeal vs. scream vs. shriek

- **squeal**: 놀람, 흥분, 또는 공포로 인해 짧고 높은 소리를 내다
  - e.g. She squealed when she saw the cute puppy. 그녀는 귀여운 강아지를 보고 꺅 소리를 질렀다.
- **scream**: 공포, 분노, 고통, 놀람 등 강한 감정을 담아 큰 소리로 외치다
  - e.g. He screamed when he saw the spider. 그는 거미를 보고 비명을 질렀다.
- **shriek**: 공포나 충격으로 인해 날카롭고 귀를 찢는 듯한 비명을 지르다
  - e.g. She shrieked in terror when the door slammed shut. 문이 쾅 닫히자 그녀는 공포에 질려 소리를 질렀다.

- **throw one's arms around**는 '~를 격하게 와락 껴안다'라는 의미로 감정을 가득 담은 포옹을 묘사하는 표현입니다.
  - e.g. She **threw her arms around** her mom when she saw her at the airport. 그녀는 공항에서 엄마를 보자마자 와락 껴안았다.

 **가브리엘 포인트** throw one's arms around vs. hug vs. cuddle

- **throw one's arms around**: 격렬하게 와락 안다 (기쁨, 감동, 놀람 등 강한 감정이 실린 포옹)
  - **e.g.** She threw her arms around him the moment she saw him. 그녀는 그를 보자마자 와락 껴안았다.

- **hug**: 안다 (보통 짧게 끝나는 일반적인 따뜻한 포옹)
  - **e.g.** She hugged him before he left for his trip. 그녀는 그가 여행을 떠나기 전에 안아 줬다.

- **cuddle**: 껴안다 (주로 앉거나 누운 상태에서 가족, 아이, 연인, 반려동물과 안고 있는 비교적 긴 포옹)
  - **e.g.** They cuddled under a blanket while watching TV. 그들은 담요를 덮고 TV를 보면서 꼭 껴안고 있었다.

12 We **haven't gone** to the doctor **yet**, but we will **in a few weeks**.

아직 병원에는 가지 않았지만, 몇 주 후에 갈 예정이다.

- 「**haven't** + 과거분사(p.p.) + **yet**」은 '아직 ~하지 않았다'라는 의미로 yet는 현재완료형(have + 과거분사)과 함께 쓰여서 어떤 일이 아직 일어나지 않았음을 강조합니다.
  - **e.g.** I **haven't finished** my homework **yet**. 아직 숙제를 끝내지 못했다.

- 「**in** + 시간」은 미래 시점을 나타내는 표현으로, 이때 전치사 in은 '~ 있다가, ~ 후에'라는 의미를 전달합니다.
  - **e.g.** I'll be moving to a new apartment **in a few weeks**. 몇 주 후에 새 아파트로 이사 갈 것이다.

13 This is **the start of a brand-new adventure**—one that we'll be taking with one more person in our family!

이제 완전히 새로운 모험의 시작이다. 우리 가족에게 한 사람이 더해지는 것이다!

- **the start of a brand-new adventure**는 '완전히 새로운 모험의 시작'이라는 의미로 새로운 시작이나 중요한 변화를 맞이할 때 사용됩니다. brand-new는 '완전히 새로운'이라는 의미로 new보다 훨씬 강하게 새로움을 강조하는 표현입니다.

- e.g. Changing careers at this age feels like **the start of a brand-new adventure**. 이 나이에 직업을 바꾸는 것은 완전히 새로운 모험의 시작처럼 느껴진다.

Word of the Day: Hangry

I don't think I've mentioned it before, but I work at an English academy. And today, something hilarious happened with one of our students.

She had seen a word she didn't know while watching a TV show at home, and as soon as she walked into class, she rushed up to me.

"Ms. Gabrielle, what does 'hangry' mean?" she asked.

"Hangry? It means when someone is so hungry that they become angry. It's a mix of 'hungry' and 'angry'!" I explained.

Immediately, the entire class turned to one student and shouted, "That's you every day before lunch! You're hangry all the time!"

Everyone burst out laughing.

"Congratulations, class! The unexpected 'Word of the Day' is 'hangry.' It's almost dinner time—who's feeling hangry?"

The students all jumped up saying, "Me! Me! Me!"

It was total chaos.

Teaching with slang put a new twist on class. I think I'll find some more expressions to share with my students and get them a little more up to date with English!

Reading Points

1 **I don't think I've mentioned it before**, but I work at an English academy.

이전에 말한 적이 없을 수도 있지만, 나는 영어 학원에서 일한다.

- **I don't think I've mentioned it before**는 '내가 전에 말한 적이 없을지도 모른다'라는 의미로 새로운 정보를 자연스럽게 소개할 때 사용되는 표현입니다.
  - e.g. **I don't think I've mentioned it before**, but I lived in Canada for a year. 전에 말한 적이 없을 수도 있는데, 나는 1년 동안 캐나다에서 살았다.

2 And today, **something hilarious happened** with one of our students.

그리고 오늘, 우리 학생 중 한 명과 엄청 웃긴 일이 일어났다.

- 「**something + 형용사**」는 '어떤 ~한 것'이라는 의미로 형용사로 무언가의 성질을 강조하는 표현입니다. something, anything, nothing, everything 같은 부정대명사는 뒤에 형용사가 오는 것에 주의합니다.
  - e.g. Can you recommend **something easy** to cook? 요리하기 쉬운 거 추천해 줄 수 있어?

- **happen**은 '일어나다, 발생하다'라는 의미로 일상에서 일어나는 일반적인 사건에 대해 얘기할 때 쓰이는 단어입니다.
  - e.g. Something weird **happened** when I was on my way home. 집에 가는 길에 이상한 일이 생겼다.

가브리엘 포인트 — happen vs. occur vs. take place

happen, **occur**, **take place**는 모두 '일어나다, 발생하다'라는 뜻이지만, 어감과 쓰임에 차이가 있습니다.

- **happen**: 일상적이고 일반적인 사건에 대해 얘기할 때
    - e.g. Something funny happened at school today. 오늘 학교에서 웃긴 일이 있었다.

- **occur**: 공식적이고 격식 있는 느낌을 줄 때
    - e.g. A serious problem occurred during the experiment. 실험 중에 심각한 문제가 발생했다.

- **take place**: 미리 계획된 일이 발생할 때
    - e.g. The wedding will take place next month. 결혼식은 다음 달에 열릴 것이다.

---

3 She had seen a word she didn't know while watching a TV show at home, and **as soon as she walked** into class, she **rushed up to** me.

그녀는 집에서 TV 프로그램을 보다가 모르는 단어를 봤었고, 교실에 들어오자마자 나에게 달려왔다.

- 「as soon as + 주어 + 동사」는 '~하자마자'라는 의미로 어떤 일이 일어나자마자 다른 일이 바로 뒤따라 일어날 때 사용됩니다.
    - e.g. As soon as I arrived, it started raining. 내가 도착하자마자 비가 내리기 시작했다.

- 🍃 **rush up to**는 '~에게 급히 다가오다, 헐레벌떡 뛰어오다'라는 의미로 주로 갑자스럽고 긴박한 상황에서 급하게 누군가 또는 무언가에 다가갈 때 쓰입니다.
  - **e.g.** A little girl **rushed up to** me and gave me a flower. 작은 소녀가 나에게 달려와서 꽃을 건넸다.

<u>4</u> "Ms. Gabrielle, **what does** 'hangry' **mean?**" she asked.

"가브리엘 선생님, 'hangry'가 무슨 뜻이에요?" 그녀가 물었다.

- 🍃 **What does ~ mean?**은 '~은 무슨 뜻인가요?'라는 의미로 모르는 단어의 의미를 물을 때 자주 사용되는 표현입니다.
  - **e.g.** **What does** 'resilient' **mean?** 'resilient'가 무슨 뜻이야?

<u>5</u> "Hangry? It means when someone is **so hungry that they become** angry. It's **a mix of 'hungry' and 'angry'**!" I explained.

"hangry? 배가 너무 고파서 화가 날 때 쓰는 말이야. 'hungry'랑 'angry'가 합쳐진 단어야!" 나는 설명했다.

- 🍃 「**so + 형용사/부사 + that + 주어 + 동사**」는 '너무 ~해서 …하다'라는 의미로 원인과 결과를 나타내는 문장 구조입니다.
  - **e.g.** I was **so busy that I forgot** to eat lunch. 나는 너무 바빠서 점심을 먹는 걸 잊어버렸다.

가브리엘 포인트 | so ~ that vs. such ~ that

- **so ~ that**: 형용사나 부사 강조
  - **e.g.** The movie was so <u>good</u> that I watched it twice. 그 영화가 너무 좋아서 두 번 봤다.

- **such ~ that**: 명사 강조
  - **e.g.** It was such a good movie that I watched it twice. 그것은 너무 좋은 영화여서 두 번 봤다.

🌱 **a mix of A and B**는 A와 B의 두 가지 요소가 합쳐진 것을 설명할 때 사용됩니다.
  - **e.g.** This dish is **a mix of sweet and spicy flavors**. 이 요리는 단맛과 매운맛이 섞여 있다.

6 Immediately, the entire class **turned to one student** and shouted, "That's you every day before lunch! You're hangry all the time!"

순식간에 반 전체가 한 학생을 바라보며 외쳤다. "넌 매일 점심 전마다 그래! 너는 항상 hangry야!"

🌱 **turn to someone**은 '~를 바라보다'라는 의미로 갑자기 시선을 돌려 누군가를 주목할 때 사용됩니다.
  - **e.g.** Everyone **turned to me** when I walked into the room. 내가 방에 들어오자 모두 나를 쳐다봤다.

7 Everyone **burst out laughing**.

모두 폭소를 터뜨렸다.

🌱 **burst out laughing**은 '갑자기 웃음을 터뜨리다'라는 의미로 순간적으로 웃음을 참지 못하고 터뜨릴 때 사용하는 표현입니다.
  - **e.g.** He **burst out laughing** at the joke. 그는 그 농담에 갑자기 웃음을 터뜨렸다.

8 "Congratulations, class! The **unexpected** 'Word of the Day' is 'hangry.' It's almost dinner time—who's feeling hangry?"

"축하해요, 여러분! 예상치 못한 '오늘의 단어'는 'hangry'입니다. 거의 저녁 시간인데, 배고파서 화난 사람 누구 있나요?"

🌱 **unexpected**는 '예상치 못한'이라는 의미의 형용사로, 뜻밖의 일이 발생했을 때 쓰는 표현입니다.

e.g. The trip was full of **unexpected** surprises. 그 여행은 예상치 못한 놀라움으로 가득 차 있었다.

9 The students all jumped up saying, "Me! Me! Me!" It was **total chaos**.

학생들은 모두 "저요! 저요! 저요!"라고 외치며 일어났다. 교실은 완전 난리가 났다.

🌱 **total chaos**는 '완전한 혼란'이라는 의미로 무질서하거나 통제가 전혀 되지 않는 상태를 표현할 때 사용됩니다.

e.g. The party turned into **total chaos**. 그 파티는 완전 난장판이 됐다.

10 Teaching with slang **put a new twist on** class.

속어를 활용하니 수업에 색다른 재미가 더해졌다.

🌱 **put a new twist on**은 '~에 새로운[색다른] 변화를 주다, 흥미로운 요소를 더하다'라는 의미로 기존 방식에 창의적이거나 예상치 못한 요소를 넣는 것을 표현합니다.

e.g. She **put a new twist on** a classic dish. 그녀는 고전 요리에 색다른 변화를 줬다.

 **가브리엘 포인트** put a new twist on vs. spice up vs. freshen up

- **put a new twist on**: ~에 색다른 변화를 주다 (예상하지 못한 창의적 변화나 반전의 느낌 → 이야기, 요리, 수업, 작품 등에서 기존 것을 새롭게 변형할 때)
  - **e.g.** The director put a new twist on the old fairy tale. 그 감독은 오래된 동화를 색다르게 각색했다.

- **spice up**: ~에 활기[재미]를 더하다 (지루한 것을 재미있게 만드는 느낌 → 파티, 수업, 대화, 프레젠테이션 등의 분위기를 살릴 때)
  - **e.g.** Let's spice up this lesson with a game! 이 수업을 게임으로 좀 더 재미있게 해 보자!

- **freshen up**: ~을 상쾌하게[산뜻하게] 만들다 (새롭고 깔끔한 느낌 → 외모, 공간, 분위기 등을 새롭게 정리하거나 리셋할 때)
  - **e.g.** I need to freshen up before the meeting. 회의 전에 잠깐 상쾌하게 씻고 와야겠다.

11 I think I'll find some more expressions to share with my students and get them a little more **up to date with** English!

앞으로 학생들과 나눌 표현들을 좀 더 찾아서, 영어 실력을 조금 더 최신으로 끌어올려 줘야겠다!

- **up to date with**는 '~에 대한 최신 정보를 알고 있는, ~에 뒤처지지 않는'이라는 의미로 최신 트렌드를 따라간다고 할 때 사용됩니다.
- **e.g.** I try to stay **up to date with** technology. 나는 기술 분야에서 뒤처지지 않으려고 노력한다.

가브리엘 포인트 up to date with vs. catch up with

- **up to date with**: ~에 대한 최신 정보를 유지하고 있는
  - e.g. She always stays up to date with the latest fashion trends.
    그녀는 항상 최신 패션 트렌드를 유지한다.
- **catch up with**: (뒤처진 것을) 따라잡다
  - e.g. I need to catch up with my emails. 나는 밀린 이메일을 따라잡아야 (확인해야) 한다.

Relaxing Date at the Aquarium

My husband and I decided to go on a date to the aquarium today! Instead of driving, we took the bus to Jamsil so we wouldn't have to deal with parking.

"Honey, are you ready? We have to leave now if we're gonna catch the bus," my husband called out.

"I'm ready. But do you have your earbuds? I feel like watching a show together on the way, but I can't find mine. If we don't have earbuds,  it'll be too loud for everyone else on the bus."

After finding them, we headed out and arrived at the aquarium about an hour and a half later.

"Going to aquariums never gets old! Just looking at the water is so peaceful. I could stare at the fish for hours," I said.

My husband isn't as into sea life as I am, but he put up with my excitement like a champ.

I think I even bonded with a stingray today. He waved at me, and I waved back. That counts, right?

Reading Points

1 My husband and I **decided to go** on a date to the aquarium today!

남편과 나는 오늘 수족관으로 데이트를 가기로 했다!

- 「**decide to** + 동사원형」은 '~하기로 결정하다'라는 의미로 특정한 행동을 하기로 마음을 먹었을 때 사용됩니다.
  - e.g. I **decided to start** jogging every morning. 나는 매일 아침 조깅을 하기로 결심했다.

2 **Instead of** driving, we took the bus to Jamsil so we wouldn't have to **deal with** parking.

운전하는 대신, 우리는 잠실까지 버스를 타고 갔다. 그래서 주차 문제를 신경 쓰지 않아도 되었다.

- **instead of**는 '~하는 대신'이라는 의미로 대체할 선택지를 말할 때 사용됩니다.
  - e.g. **Instead of** watching TV, let's go for a walk. TV 보는 대신 산책하자.
- **deal with**는 '~을 처리하다, 다루다'라는 의미로 어려운 문제나 불편한 상황을 해결해야 할 때 사용됩니다.
  - e.g. I don't want to **deal with** traffic today. 오늘은 교통 체증을 신경 쓰고 싶지 않다.

3 "Honey, are you ready? We have to leave now if we're **gonna catch** the bus," my husband **called out**.

"자기야, 준비됐어? 버스 타려면 지금 출발해야 되는데."라고 남편이 소리쳤다.

- 「be gonna+동사원형」은 「be going to+동사원형」의 비격식적인 표현이며 '~할 예정이다'라는 의미로 일상적인 계획을 말할 때 사용됩니다.
  - e.g. I'**m gonna watch** a movie tonight. 오늘 밤 영화 볼 거야.

- **call out**은 '(크게) 외치다, 부르다'라는 의미로 상대방의 주의를 끌기 위해 소리칠 때 사용됩니다.
  - e.g. She **called out** my name from across the street. 그녀가 길 건너편에서 내 이름을 불렀다.

4 "I'm ready. But do you have your earbuds? I **feel like watching** a show together **on the way**, but I can't find mine. If we don't have earbuds, it'll be **too loud for** everyone else on the bus."

"난 준비됐어. 근데 당신 이어폰 가져가? 가면서 같이 쇼를 보고 싶은데, 내 것을 못 찾겠어. 이어폰이 없으면 버스 안에서 다른 사람들에게 너무 시끄러울 거야."

- **feel like -ing**는 '~하고 싶다'라는 의미로 현재 무언가를 하고 싶은 느낌을 표현할 때 사용됩니다.
  - e.g. I **feel like eating** ice cream. 아이스크림이 먹고 싶다.

- **on the way**는 '가는 길에'라는 의미로 어딘가로 이동 중일 때 사용됩니다.
  - e.g. I'll grab some coffee **on the way** to work. 출근길에 커피 좀 사 갈게.

🍀 **too ~ for**는 '…에게 너무 ~한'이라는 의미로 어떤 것이 특정한 사람이나 상황에 지나치게 과할 때 사용됩니다.

e.g. This bag is **too heavy for** me to carry. 이 가방은 내가 들기엔 너무 무겁다.

---

5 After finding them, we **headed out** and arrived at the aquarium **about an hour and a half later**.

이어폰을 찾고 나서 우리는 출발했고, 약 한 시간 반 후에 수족관에 도착했다.

🍀 **head out**은 '출발하다, 나가다'라는 의미로 어디론가 이동하기 위해 출발할 때 사용됩니다.

e.g. Let's **head out** before it gets too late. 너무 늦기 전에 출발하자.

🍀 「**about** + 시간 + **later**」는 '약 ~시간 후에'라는 의미로 시간이 얼마나 지나서 어떤 일이 일어났는지 말할 때 사용됩니다. 여기서 about은 '대략'이라는 뜻입니다.

e.g. We arrived at the hotel **about two hours later**. 우리는 약 두 시간 후에 호텔에 도착했다.

---

6 "Going to aquariums **never gets old**! Just looking at the water is so peaceful. **I could stare** at the fish **for hours**," I said.

"수족관에 가는 건 절대 질리지 않아! 그냥 물을 보는 것만으로도 너무 평온해. 몇 시간 동안이라도 물고기를 바라볼 수 있을 것 같아." 내가 말했다.

🍀 **never get old**는 '질리지 않다, 늘 재미있다'라는 의미로 아무리 반복해도 질리지 않는 경험을 말할 때 사용됩니다.

e.g. Watching classic movies **never gets old**. 고전 영화 보는 건 질리지 않는다.

🌱 「I could + 동사원형 + for + 기간」은 '나는 ~ 동안 …해도 괜찮을 것 같다'라는 의미로, 실제로 그렇게 오랜 시간 동안 그 일을 하지는 않겠지만 그렇게 해도 좋을 만큼 가치가 있다고 할 때 쓰는 표현입니다.

> **e.g.** I'm so tired, **I could sleep for days**. 너무 피곤해서 며칠 동안이라도 잘 수 있을 것 같다.

7 My husband **isn't as into sea life as I am**, but he **put up with** my excitement **like a champ**.

남편은 나만큼 바다 생물을 좋아하지는 않지만, 들뜬 내 모습도 아주 잘 받아 줬다.

🌱 **be into**는 '~에 관심이 많다, 좋아하다'라는 의미로 취미나 관심사를 이야기할 때 사용됩니다.

> **e.g.** She's really **into** photography these days. 그녀는 요즘 사진 찍는 것에 빠져 있다.

🌱 **as A as B**는 'B만큼 A한'이라는 의미로 주어를 어떤 대상(B)과 비교하여 설명하는 표현입니다.

> **e.g.** This movie isn't **as funny as the last one**. 이 영화는 지난번 영화만큼 웃기진 않다.

🌱 **put up with**는 '~을 참다, 받아 주다'라는 의미로 불쾌하거나 짜증스러운 상황을 견디거나 참을 때 사용됩니다.

> **e.g.** I don't know how he **puts up with** his noisy neighbors. 그가 어떻게 시끄러운 이웃들을 참는지 모르겠다.

🌱 **like a champ**는 '아주 잘, 대단히'라는 의미로 말 그대로 마치 챔피언처럼 어려운 상황에서도 능숙하게 행동할 때 사용됩니다.

> **e.g.** She handled the situation **like a champ**. 그녀는 그 상황을 대단히 잘 처리했다.

가브리엘 포인트 : put up with ~ like a champ 구문 활용하기

☑ '능숙하게[대단히 잘, 의연하게] 힘든 상황을 참아 내다'라는 뜻으로 **pain, stress, challenges**와 같은 단어와 함께 자주 쓰입니다.

- **put up with pain like a champ**: 아픔을 의연하게 참다
  - **e.g.** Even though he was injured, he put up with the pain like a champ. 그는 다쳤지만, 아픔을 의연하게 참아 냈다.

- **put up with stress like a champ**: 스트레스를 잘 견디다
  - **e.g.** She puts up with stress like a champ at work. 그녀는 직장에서 스트레스를 대단히 잘 견뎌 낸다.

☑ 또는 '~을 잘 받아 주다'라는 뜻으로 **excitement, energy, jokes**와 같은 단어와 함께 자주 쓰입니다.

- **put up with one's excitement like a champ**: ~의 흥분을 잘 받아 주다, ~의 텐션에 잘 맞춰 주다
  - **e.g.** She put up with my excitement like a champ when I met my favorite singer. 내가 좋아하는 가수를 만났을 때, 그녀는 내 흥분을 잘 받아 줬다.

- **put up with one's energy like a champ**: ~의 에너지를 잘 받아 주다
  - **e.g.** He put up with my energy like a champ all day at the theme park. 그는 놀이공원에서 하루 종일 내 에너지를 잘 받아 줬다.

- **put up with one's silly jokes like a champ**: ~의 실없는 농담을 잘 받아 주다
  - **e.g.** She put up with my silly jokes like a champ. 그녀는 내 실없는 농담을 잘 받아 줬다.

8 I think I even **bonded with** a stingray today.

오늘은 심지어 가오리와 유대감을 쌓은 것 같다.

🌱 **bond with**는 '~와 유대감을 형성하다, 친해지다'라는 의미로 사람 또는 동물과 감정적으로 연결될 때 사용합니다.

e.g. It's important for parents to **bond with** their children. 부모가 자녀와 유대감을 형성하는 것은 중요하다.

9 He waved at me, and I waved back. **That counts, right?**

가오리가 나에게 몸을 흔들었고, 나도 손을 흔들어 줬다. 그걸로 친해졌다고 해도 되겠지?

🌱 **That counts, right?**은 '그것도 인정되는 거 맞지?'라는 의미로 장난스럽게 강조하거나 확인할 때 사용됩니다.

e.g. I only ran for five minutes, but **that** still **counts** as exercise, **right?**
5분만 뛰었지만, 그래도 운동한 거 맞지?

Pregnancy Struggles

Let me tell you, I have no idea why they call it "morning sickness" when it happens all day long! I'm so tired of feeling awful all the time.

"When was the last time you had a decent meal? I'm worried about you," my husband said as he gently rubbed my back.

"It's not so bad. At least I'm not throwing up all the time. But I never feel like eating and I'm always queasy. Do you think we should talk to the doctor about it?"

"If it doesn't clear up soon, then let's ask about it. If you want, I can get you something—anything you need."

"Nothing at the moment, but thanks anyway."

Morning sickness has been kicking my butt. But compared to some of the horror stories I've heard from other moms, I know I don't have it that bad.

It'll all be over soon, and I'll have a beautiful baby in my arms! All of this will be more than worth it.

Reading Points

1 **Let me tell you**, I **have no idea why they call it** "**morning sickness**" when it happens all day long! I'm so **tired of feeling awful** all the time.

내가 하고 싶은 말이 있는데, 이걸 왜 '입덧(아침 병)'이라고 부르는지 모르겠다. 하루 종일 계속되는데 말이다! 내내 몸이 안 좋으니까 정말 지친다.

🔍 **Let me tell you.**는 말을 시작할 때 감정을 담아 강조할 때 쓰는 표현입니다. '있잖아.', '들어 봐.', '내가 하고 싶은 말이 있어.'와 같은 뉘앙스를 전달하며 주로 강한 불만, 감탄, 공감, 흥분된 감정을 나타낼 때 사용됩니다.

e.g. **Let me tell you**, that was the best pizza I've ever had! 있잖아, 그거 내가 먹어 본 최고의 피자였어!

🔍 「**have no idea** + 의문사(**why, when, how, where**) + 주어 + 동사」는 '왜/언제/어떻게/어디서 ~하는지 전혀 모르겠다'라는 의미로 어떤 일의 세부 내용을 이해하지 못할 때 사용됩니다.

e.g. I **have no idea how she solved** that problem. 그녀가 그 문제를 어떻게 해결했는지 전혀 모르겠다.

🔍 **morning sickness**는 '입덧'을 나타내는 표현입니다. 주로 아침에 가장 심하다고 하여 morning이 붙었습니다.

e.g. I thought I had food poisoning, but it turned out to be **morning sickness**! 나는 식중독에 걸린 줄 알았는데, 알고 보니 입덧이었다!

🔍 **be tired of**는 '~에 질리다, ~이 지겹다'라는 의미로 반복되는 상황이나 기분에 지쳤을 때 사용됩니다.

e.g. I'**m tired of** waiting for the bus every day. 매일 버스를 기다리는 게 지겹다.

DAY 45　395

🌱 **feel awful**은 '몸이 너무 안 좋다, 기분이 안 좋다'라는 의미로 몸 상태가 나쁘거나 감정적으로 힘들 때 사용됩니다.

e.g. I **feel awful** after eating too much junk food. 정크 푸드를 너무 많이 먹고 나니 몸이 영 안 좋다.

---

2 "**When was the last time you had** a **decent meal**? I'm worried about you," my husband said as he gently rubbed my back.

"제대로 된 식사를 마지막으로 한 게 언제야? 걱정돼." 남편이 내 등을 부드럽게 쓰다듬으며 말했다.

🌱 「**When was the last time** + 주어 + 동사 ~?」는 '마지막으로 ~한 게 언제야?'라는 의미로 한동안 하지 않았던 행동이나 오랜만에 느끼는 감정 상태를 물을 때 사용합니다.

e.g. **When was the last time you called** your parents? 부모님께 마지막으로 전화한 게 언제야?

🌱 **decent meal**은 '제대로 된 식사'라는 의미로 영양가 있고 몸에 좋은 식사를 가리킬 때 사용됩니다.

e.g. I haven't had a **decent meal** in days. 며칠 동안 제대로 된 식사를 못 했다.

---

3 "It's **not so bad**. At least **I'm** not **throwing up** all the time. But I **never feel like eating** and I'm always **queasy**. Do you think we should **talk to the doctor about** it?"

"그렇게 나쁘진 않아. 적어도 계속 토하는 건 아니니까. 그런데 먹고 싶단 생각이 전혀 안 들고, 계속 속이 울렁거려. 병원에 가서 상담해 보는 게 좋을까?"

🌱 **not so bad**는 '그렇게 나쁘진 않은'이라는 의미로 생각보다 덜 부정적인 상황을 표현할 때 사용됩니다.

`e.g.` The test was **not so bad**. I think I did okay. 시험이 그렇게 어렵진 않았다. 나름 괜찮게 본 것 같다.

🌱 **throw up**은 '토하다'라는 의미로 속이 안 좋아서 구토할 때 사용됩니다.

`e.g.` He **threw up** after drinking too much. 그는 과음한 후 토했다.

가브리엘 포인트 | throw up vs. puke vs. vomit

다음은 모두 '토하다'라는 의미이지만, 그 쓰임과 뉘앙스에 차이가 있습니다.

- **throw up**: 주로 일상 회화에서 쓰는 비격식적인 구어체 표현
    `e.g.` She threw up after eating bad sushi. 그녀는 상한 초밥을 먹고 토했다.

- **puke**: 친한 사이에서 쓰는 매우 비격식적인 표현이며 지저분한 느낌이 강하게 전달됨
    `e.g.` He puked all over my shoes! 그가 내 신발에다가 다 토했어!

- **vomit**: 병원이나 문서 등에서 사용하는 격식적인 표현
    `e.g.` Vomiting can be a symptom of food poisoning. 구토는 식중독 증상일 수 있다.

🌱 **feel like -ing**는 '~하고 싶다(부정문에서는 '~하고 싶지 않다')'라는 의미로 특정한 기분이나 욕구를 표현할 때 사용됩니다.

`e.g.` I **don't feel like going** out tonight. 오늘 밤엔 나가고 싶지 않다.

🌱 **queasy**는 '메스꺼운, 속이 울렁거리는'이라는 의미로 멀미나 입덧을 할 때, 또는 음식이 상했을 때 느끼는 메스꺼움을 표현합니다.

`e.g.` I felt **queasy** after eating too much. 너무 많이 먹고 나서 속이 울렁거렸다.

🍃 **talk to someone about**은 '~에 관해 누구와 이야기를 나누다'라는 뜻으로 특정 주제나 문제에 대해 누군가와 의견을 나누거나 상의할 때 사용하는 표현입니다.

> **e.g.** I **talked to my boss about** taking a few days off. 며칠 쉬는 것에 대해 상사와 이야기를 나눴다.

4 "If it doesn't **clear up** soon, then let's ask about it. If you want, I can **get you something**—anything you need."

"금방 나아지지 않으면, 병원에 가서 물어보자. 원하는 거 있으면, 뭐든 챙겨 줄게. 필요한 거 있다면 말만 해."

🍃 **clear up**은 '(질병이나 증상이) 나아지다, 사라지다'라는 의미로 감기, 피부 트러블, 몸 상태 등이 호전될 때 사용됩니다.

> **e.g.** My cold finally **cleared up** after a week. 내 감기가 드디어 일주일 만에 나았다.

🍃 「**get + 사람 + 사물**」은 '~에게 …을 가져다주다'라는 의미로 누군가에게 무언가를 사 주거나 주고 싶을 때 사용됩니다.

> **e.g.** Can I **get you a cup of tea**? 차 한 잔 가져다줄까?

5 "Nothing **at the moment**, but **thanks anyway**."

"지금은 없지만, 고마워."

🍃 **at the moment**는 '지금은, 현재로서는'이라는 의미로 현재 상태를 강조할 때 사용됩니다.

> **e.g.** I don't need anything **at the moment**. 지금은 필요한 게 없다.

🔖 **Thanks anyway.**는 '어쨌든 고마워.'라는 의미로 상대방의 도움을 정중히 거절할 때 덧붙이는 표현입니다.

> **e.g.** I can't make it to the party, but **thanks anyway** for the invite. 파티에 못 갈 것 같아. 그래도 초대해 줘서 고마워.

6 Morning sickness **has been kicking my butt**. But **compared to** some of the horror stories I've heard from other moms, I know I **don't have it that bad**.

입덧이 정말 나를 괴롭히고 있다. 하지만 다른 엄마들한테 들은 무시무시한 이야기들에 비하면, 나는 그렇게 심각한 건 아닌 것 같다.

🔖 **kick one's butt**은 '~를 매우 힘들게 하다, 완전히 지치게 하다'라는 의미로 신체적으로나 정신적으로 힘든 상황을 표현할 때 사용됩니다.

> **e.g.** That workout really **kicked my butt**! 그 운동 진짜 힘들었어!

가브리엘 포인트 — kick one's butt의 다양한 뜻

- 혼내 주다, 정신 차리게 하다
  > **e.g.** I needed someone to kick my butt and get me motivated.
  > 나를 정신 차리게 해서 동기 부여를 해 줄 사람이 필요했다.

- 상황이나 일이 너무 힘들게 하다
  > **e.g.** Parenting really kicks your butt sometimes. 육아는 가끔 정말 사람을 탈진하게 만든다.

- (비유적으로) 완전히 당하게 하다
  > **e.g.** The exam kicked my butt. 시험 완전 망했어.

🔖 **compared to**는 '~와 비교했을 때'라는 의미로 두 가지를 놓고 비교할 때 사용됩니다.

> **e.g.** **Compared to** last year, my grades have improved a lot. 작년에 비하면 내 성적이 많이 올랐다.

🔖 **not have it that bad**는 '그렇게 나쁜 건 아니다'라는 의미로 힘든 상황에 처해 있긴 하지만, 남들과 비교하면 나쁘지 않다고 표현할 때 사용됩니다.

> **e.g.** I'm tired, but I **don't have it that bad** compared to my friend who works two jobs. 피곤하긴 한데, 두 개의 직업을 가진 친구에 비하면 난 나은 편이다.

가브리엘 포인트 — not so bad vs. not have it that bad

- **not so bad**: 그냥 나쁘지 않은 정도
  > **e.g.** Your cooking is not so bad for a beginner. 초보자치곤 요리를 꽤 잘하네.

- **not have it that bad**: 남들과 비교했을 때 괜찮은 정도
  > **e.g.** Compared to others, I don't have it that bad. 다른 사람들이랑 비교해 볼 때, 나쁘지 않은 것 같아.

---

7 It'll all be over soon, and I'll have a beautiful baby in my arms!

곧 다 끝날 것이고, 내 품에 아름다운 아기가 안겨 있을 것이다!

🔖 **It'll all be over soon.**은 '곧 다 끝날 것이다.'라는 의미로 현재 힘든 일을 겪고 있더라도 곧 지나갈 것이라고 위로할 때 사용됩니다.

> **e.g.** The semester is tough, but **it'll all be over soon**. 학기가 힘들지만 곧 끝날 것이다.

- **have someone in one's arms**는 '~를 품에 안다'라는 의미로 아기나 연인 등 사랑하는 사람을 안는 상황에서 자주 사용됩니다.
  - e.g. She **had her baby in her arms**, smiling happily. 그녀는 아기를 품에 안고 행복하게 웃고 있었다.

8 All of this will be more than worth it.

이 모든 게 충분히 가치 있을 것이라고 믿는다.

- **be more than worth it**은 '충분히 그럴 가치가 있다, 그 이상의 가치가 있다'라는 의미로 어떤 일이 힘들지만 그 결과가 충분히 가치 있을 때 사용됩니다.
  - e.g. Waking up early for the sunrise **was more than worth it**. 일찍 일어나서 일출을 본 건 충분히 가치 있었다.

Korean Rest Areas: The Ultimate Road Trip Experience

　I've always loved traveling, whether by plane or by car. But if I had to pick one thing that makes road trips in Korea extra special, it would definitely be the rest areas. Back in the U.S., highway stops usually mean either a basic bathroom break or overpriced snacks from a gas station. But in Korea? It's a food lover's paradise.

　We were on our way to Gyeongju to visit my husband's brother's family, and by the time we reached the rest stop, I was starving.

　"What do you feel like eating? Can I get you something?" my husband asked.

　I hesitated, staring at all the food stalls lined up.

　"Ah... It's so hard to pick just one... fish cakes? No, a corn dog! No... Sotteok Sotteok!"

"You must be hungry! I'll grab a few and bring them back to the car. Just wait here and take a rest. Go to the bathroom if you need to. I'll be right back!" he said before taking off.

There is just too much delicious food to choose from. That explains why Korean rest areas are always packed—people come for a full meal not just for a quick stop. I'm glad my husband and I have the same taste in snacks, because we ended up sharing all three things I asked for. I can't wait until the drive home so we can stop again!

 **Reading Points**

1 I've always loved traveling, whether by plane or by car.

나는 항상 여행을 좋아했다. 비행기로 가든, 자동차로 가든 말이다.

🔖 **love -ing**는 '~하는 것을 좋아하다'라는 의미로 취미나 선호하는 활동을 말할 때 사용됩니다.

e.g. I **love reading** books in my free time. 나는 여가 시간에 책 읽는 걸 좋아한다.

2 But **if I had to pick one thing** that makes road trips in Korea **extra special**, it would definitely be the rest areas.

하지만 한국에서 장거리 자동차 여행을 더욱 특별하게 만들어 주는 한 가지를 꼽으라면, 단연 휴게소일 것이다.

🔖 **if I had to pick one thing**은 '하나만 꼽자면'이라는 의미로 여러 개 중에서 가장 중요한 것을 강조할 때 사용됩니다.

e.g. If **I had to pick one movie** to watch forever, it would be *Inception*.
평생 볼 영화를 하나만 꼽으라면, 그건 〈인셉션〉일 것이다.

🔖 **extra special**은 '더욱 특별한'이라는 의미로 special보다 훨씬 더 강조된 느낌으로 사용됩니다.

e.g. Her birthday party was **extra special** this year. 올해 그녀의 생일 파티는 더욱 특별했다.

3 **Back in the U.S.**, highway stops usually **mean** either a basic bathroom break or **overpriced** snacks from a gas station.

미국에서는 고속도로 휴게소라고 하면 보통 간단한 화장실 사용이나 주유소에서 비싸게 파는 간식 정도를 의미한다.

📌 「back in + 장소」는 '(과거에) ~에서'라는 의미로 과거에 특정 장소에서 있었던 일을 말할 때 사용됩니다.

> **e.g.** **Back in college**, I used to stay up all night studying. 대학 시절에는 밤을 새워 공부하곤 했다.

📌 **mean**은 '~을 의미하다'라는 뜻으로 어떤 상황, 행동, 말 등이 무엇을 의미하는지 설명할 때 사용됩니다. 보통 뒤에 명사, 동명사, 또는 that절이 옵니다.

> **e.g.** For me, weekends **mean** sleeping in and relaxing. 나에게 주말은 늦잠 자고 쉬는 걸 의미한다.

📌 **overpriced**는 '가격이 너무 비싼'이라는 의미로 어떤 물건이나 서비스의 가격이 터무니없이 비쌀 때 사용됩니다.

> **e.g.** That restaurant serves good food, but it's way too **overpriced**. 그 레스토랑 음식은 맛있지만 가격이 너무 비싸다.

4 But in Korea? It's **a food lover's paradise**.

하지만 한국에서는? 음식 애호가들에게는 천국이다.

📌 「명사 + lover's paradise」는 '~를 좋아하는 사람들에게 천국 같은 곳'이라는 의미로 어떤 것을 좋아하는 사람들에게 완벽한 장소나 환경을 강조할 때 유용한 표현입니다.

> **e.g.** This café is **a coffee lover's paradise**. 이 카페는 커피를 좋아하는 사람들에게 천국이다.

5 We **were on our way to Gyeongju** to visit my husband's brother's family, and **by the time we reached** the rest stop, I was **starving**.

우리는 남편 형네 가족을 만나러 경주로 가는 길이었고, 휴게소에 도착할 때쯤, 나는 배가 고파 죽을 지경이었다.

- 「be on one's way to + 장소」는 '~로 가는 길이다'라는 의미로 어떤 장소로 이동 중임을 나타낼 때 사용됩니다.
  - **e.g.** **I'm on my way to work**. 나는 출근하는 중이다.

- 「by the time + 주어 + 동사」는 '~할 때쯤'이라는 의미로 어떤 일이 발생할 무렵을 나타낼 때 사용됩니다.
  - **e.g.** **By the time we got** there, the party had already started. 우리가 도착했을 때쯤, 파티는 이미 시작했다.

- starving은 '몹시 배고픈'이라는 의미로 hungry(배고픈)보다 더 강한 의미로 배고픔을 강조할 때 사용됩니다.
  - **e.g.** I haven't eaten all day. I'm **starving**! 나는 하루 종일 아무것도 못 먹었다. 너무 배고프다!

6 "What do you **feel like eating**? Can I get you something?" my husband asked.

"뭐 먹고 싶어? 내가 뭐 사다 줄까?" 남편이 물었다.

- **feel like -ing**는 '~을 하고 싶다'라는 의미로 어떤 것을 먹거나 하고 싶은 기분을 표현할 때 사용됩니다.
  - **e.g.** I **feel like dancing** in the rain. 빗속에서 춤추고 싶은 기분이다.

7 I **hesitated**, **staring at** all the food stalls **lined up**. "Ah... It's so hard to pick just one... fish cakes? No, a corn dog! No... Sotteok Sotteok!"

나는 망설이며 줄지어 있는 음식 가판대를 바라봤다. "아… 하나만 고르기 너무 어려워… 어묵? 아니, 핫도그! 아니… 소떡소떡!"

- **hesitate**는 '망설이다, 주저하다'라는 의미로 결정을 내리기 전에 고민하거나 머뭇거릴 때 사용되는 단어입니다.
  - **e.g.** He **hesitated** before answering. 그는 대답하기 전에 망설였다.

- **stare at**은 '~을 빤히 쳐다보다'라는 의미로 어떤 것을 주의 깊게 바라볼 때 사용합니다.
  - **e.g.** She **stared at** the menu, trying to decide what to order. 그녀는 무엇을 주문할지 고민하며 메뉴를 뚫어져라 쳐다봤다.

- **line up**은 '정렬하다, 줄을 서다', '일정 등을 준비하다'라는 의미로 특정한 대상이 줄지어 늘어서 있거나, 일정이나 계획 등이 줄줄이 잡혀 있는 것을 표현할 때 사용합니다. 본문에서는 lined up 형태로 수식어구로 쓰여 '줄지어 있는'이라는 의미로 사용되었습니다.
  - **e.g.** The chairs **were lined up** neatly before the event started. 행사가 시작되기 전에 의자들이 깔끔하게 정렬되어 있었다.
  - **e.g.** I have several interviews **lined up** this week. 이번 주에 몇 개의 면접이 줄줄이 잡혀 있다.

가브리엘 포인트 | line up의 다양한 뜻

- 줄을 서다, 줄을 세우다 (사람이나 사물이 줄지어 있을 때)
  - **e.g.** The students lined up outside the classroom. 학생들이 교실 밖에 줄을 섰다.

- 일정을 잡다, 준비하다 (계획이나 이벤트가 예정되어 있을 때)
  - **e.g.** We have a lot of events lined up for this month. 이번 달에 예정된 행사가 많다.
- (사람을) 준비시키다, 연결시키다 (누군가를 어떤 일에 참여시키려고 준비할 때)
  - **e.g.** I've lined up a babysitter for Saturday. 토요일에 (아이 봐줄) 베이비시터를 미리 구해 놨다.
- (기회 등을) 확보하다, 마련하다 (기회나 일자리를 미리 준비해 두었을 때)
  - **e.g.** He has a job lined up after graduation. 그는 졸업 후 일자리를 이미 확보했다.
- 정돈하다, 일렬로 맞추다 (물건, 문장, 아이디어 등을 줄 맞춰 정리할 때)
  - **e.g.** Line up the text with the margin. 글자를 여백에 맞춰 정렬해.
- 잘 맞아떨어지다 (운 좋게 상황이 잘 풀릴 때)
  - **e.g.** Everything is lining up. 모든 게 잘 맞아떨어지고 있다.

8

"You **must be** hungry! I'll grab a few and bring them back to the car. Just wait here and take a rest. Go to the bathroom if you need to. I'll be right back!" he said before **taking off**.

"엄청 배고픈가 보네! 몇 개 사서 차로 가져올게. 여기서 기다리면서 좀 쉬어. 화장실 가고 싶으면 다녀오고. 금방 올게!" 남편이 말한 후 곧 떠났다.

- **must be**는 '~임이 틀림없다'라는 의미로 어떤 상태나 상황에 대하여 강하게 추측할 때 사용됩니다.
  - **e.g.** You **must be** tired after such a long day. 하루 종일 바빴으니 분명 피곤하겠네.

🍃 **take off**는 '떠나다'라는 의미로 특정한 장소에서 빠르게 떠날 때 사용됩니다.

e.g. He **took off** as soon as the meeting ended. 그는 회의가 끝나자마자 떠났다.

9 There is just **too much delicious** food **to choose** from.

맛있는 음식이 너무 많아서 고를 수가 없다.

🍃 「**too** + 형용사/부사 + **to** + 동사원형」은 '너무 ~해서 …할 수 없는'이라는 부정적인 의미로 주로 쓰이지만 '너무 많거나 좋아서 ~하기 어려운'이라는 긍정적 의미로도 쓰일 수 있습니다.

e.g. There was **too much beautiful** scenery **to capture** in one photo.
한 장의 사진에 담기엔 아름다운 풍경이 너무 많았다.

10 That explains why Korean rest areas are always packed—people come for a full meal not just for a quick stop.

그래서 한국의 휴게소가 항상 붐비는 것이다. 사람들은 잠깐 쉬는 게 아니라 제대로 된 식사를 하러 온다.

🍃 「**that explains why** + 주어 + 동사」는 '그것이 왜 ~인지 설명해 준다'라는 의미로 어떤 사건이나 상황의 이유를 설명할 때 유용한 표현입니다.

e.g. It just got featured on TV. **That explains why the restaurant is** so crowded. 그 식당이 방금 TV에 나왔다. 그래서 그렇게 붐비는 거였다.

🍃 **packed**는 '붐비는, 꽉 찬'이라는 의미로 사람이 많아 혼잡할 때 사용됩니다.

e.g. This festival is always **packed** with visitors. 이 축제는 항상 방문객들로 붐빈다.

가브리엘 포인트 packed vs. crowded

- **packed**: 꽉 들어찬 (사람들이 꽉 들어차서 북적이는 느낌)
  - e.g. The subway is always packed during rush hour. 혼잡 시간대에 지하철은 항상 꽉 차 있다.
- **crowded**: 붐비는, 복잡한 (많은 사람이 한 곳에 모여 있는 느낌)
  - e.g. The beach was too crowded to find a good spot. 해변에 사람이 너무 많아서 좋은 자리를 찾기 어려웠다.

🍃 **not just for**는 '단순히 ~을 위한 것이 아닌'이라는 의미로 어떤 것이 한 가지 목적이나 대상에 국한되지 않고, 더 많은 의미나 용도가 있음을 강조할 때 사용합니다.
- e.g. This book is **not just for** beginners, but also for advanced learners. 이 책은 단순히 초보자들만을 위한 것이 아니라, 고급 학습자들을 위한 것이기도 하다.

11 I'm glad my husband and I **have the same taste in** snacks, because we **ended up sharing** all three things I asked for.

남편과 내가 간식 취향이 같아서 다행이다. 결국 내가 말했던 세 가지 간식을 모두 나눠 먹었기 때문이다.

🍃 **have the same taste in**은 '~에 대한 취향이 같다'라는 의미로 취향이나 선호도가 같은 사람들을 묘사할 때 유용한 표현입니다.
- e.g. We **have the same taste in** music, so we always share playlists. 우리는 음악 취향이 같아서 항상 플레이리스트를 공유한다.

🔖 **end up -ing**는 '결국 ~하게 되다'라는 의미로 예상치 못한 상황이나 의도하지 않은 결과에 이르렀을 때 유용한 표현입니다.

> **e.g.** We **ended up staying** longer than expected. 우리는 결국 예상보다 더 오래 머물게 되었다.

---

12 **I can't wait until** the drive home so we can stop again!

집으로 돌아가는 길에 또 들를 수 있다니 너무 기대된다!

🔖 **can't wait until**은 '~이 되기를 몹시 기다리다, ~이 너무 기대되다'라는 의미로 어떤 일이 일어나는 순간을 손꼽아 기다리는 감정을 표현할 때 사용합니다.

> **e.g.** I **can't wait until** the weekend! 주말이 빨리 왔으면 좋겠다!

If We Had Superpowers

My husband asked me a funny question today.

"Honey, if you could have any superpower, what would it be?"

We had just gotten back from watching a superhero movie at the theater, and were still munching on popcorn while walking home.

"Superpower? Hmm... That's a tough one. Maybe the ability to instantly learn any language! Then I could finally understand all those Korean jokes that always go over my head," I said. "What about you?"

"That would be a game-changer! But if I had to choose, I'd go with teleportation."

"Teleportation? That's a solid choice. But what would you actually do with it?" I asked.

"Oh, so many things! For starters, I could take us anywhere we need to go in an instant. We could visit the U.S. with just a snap of my fingers. No more sitting through long flights. And imagine skipping all the traffic when we go on trips! Plus, we'd never be late for anything again!"

I stopped walking and stared at him. "Wow. I take it back—teleportation is way more useful than I thought—I think you've got the best power!"

Too bad we can't actually get superpowers... but at least we still have popcorn!

 **Reading Points**

1 My husband **asked me a** funny **question** today.

오늘 남편이 나에게 재미있는 질문을 던졌다.

🔖 **ask someone a question**은 '~에게 질문하다'라는 의미로 질문하는 상황을 나타낼 때 매우 자주 쓰이는 표현입니다.

e.g. She **asked me a** difficult **question**. 그녀는 나에게 어려운 질문을 했다.

2 "Honey, **if you could** have any superpower, **what would** it be?"

"자기야, 만약 어떤 초능력이든 가질 수 있다면, 무엇이 좋겠어?"

🔖 **If you could ~, what would …?**는 '만약 ~할 수 있다면, 무엇을 …할 것인가?' 라는 의미로 현실과 다른 가상의 상황을 가정하여 말할 때 사용됩니다. 이때 what, where, who, which, how 등 다양한 의문사와 함께 쓸 수 있습니다.

e.g. **If you could** eat only one food for the rest of your life, **what would** it be? 평생 한 가지 음식만 먹을 수 있다면, 무엇을 고르겠어?

3 We **had just gotten** back from watching a superhero movie at the theater, and **were** still **munching on popcorn** while walking home.

우리는 극장에서 슈퍼히어로 영화를 보고 막 돌아오는 참이었고, 집으로 걸어가면서 여전히 우물거리며 팝콘을 먹고 있었다.

🔖 「had just + 과거분사(p.p.)」는 '막 ~한 참이었다'라는 의미로, 과거의 특정 시점에서 어떤 일이 방금 막 끝났음을 나타낼 때는 과거완료 시제를 사용합니다.

e.g. I **had just finished** my homework when my mom called me. 엄마가 전화했을 때, 나는 막 숙제를 끝낸 참이었다.

🔖 「munch on + 음식」은 '우적우적 먹다, 계속해서 씹다'라는 의미로 과자를 먹을 때처럼 가볍게 씹어 먹는 모습을 표현할 때 사용됩니다.

e.g. She **was munching on some chips** while watching TV. 그녀는 TV를 보면서 감자칩을 먹고 있었다.

 **가브리엘 포인트**   munch on vs. snack on

- **munch on**: ~을 아삭아삭[우적우적] 먹다 (씹는 소리를 내며 계속 먹을 때)
  e.g. He was munching on an apple. 그는 사과를 아삭아삭 씹어 먹고 있었다.

- **snack on**: ~을 간식으로 조금 먹다 (식사 사이에 무언가를 가볍게 먹을 때)
  e.g. I like to snack on nuts between meals. 나는 식사 사이에 견과류를 간식으로 먹는 것을 좋아한다.

---

4 "Superpower? Hmm… **That's a tough one.** Maybe the ability to instantly learn any language! Then I could finally understand all those Korean jokes that always **go over my head**," I said. "What about you?"

"초능력? 음… 어려운 질문이네. 아마도 모든 언어를 즉시 배울 수 있는 능력! 그러면 항상 이해 못 하고 지나쳤던 한국어 농담들을 드디어 이해할 수 있을 텐데." 내가 말했다. "그럼 당신은?"

🔖 **That's a tough one.**은 '어려운 문제다.'라는 의미로 상대방의 질문에 답하기 어렵거나 어떤 선택을 해야 할지 고민될 때 사용하는 표현입니다.

> **e.g.** A: Which one do you like better? 어떤 게 더 좋아요?
> B: **That's a tough one!** 어려운 선택이네요!

🔖 **go over one's head**는 '(농담이나 개념이) 이해되지 않다'라는 의미로 어떤 말을 듣고 이해하지 못했을 때 사용됩니다.

> **e.g.** The joke **went over my head**. Can you explain it? 그 농담 이해가 안 돼요. 설명해 주실 수 있나요?

---

5 "**That would be a game-changer!** But if I had to choose, I'd **go with** teleportation."

"그건 엄청난 변화를 가져오겠네! 하지만 내가 선택해야 한다면, 순간 이동을 고를 거야."

🔖 **That would be a game-changer.**는 '그건 엄청난 변화를 가져올 것이다.'라는 의미로 어떤 것이 큰 영향을 미칠 때 사용됩니다.

> **e.g.** If they invent a cure for hair loss, **that would be a game-changer** for millions of people. 탈모 치료제가 개발된다면, 수백만 명에게 엄청난 변화를 가져올 것이다.

 가브리엘 포인트 — That would be a game-changer. vs. That would make a big difference.

- **That would be a game-changer.**: 그것은 판도를 바꿔 놓을 것이다.
(상황을 완전히 바꿀 정도로 큰 영향을 미칠 때)
> **e.g.** If we could automate this task, it would be a game-changer.
이 작업을 자동화할 수 있다면 판도가 바뀔 것이다.

- **That would make a big difference.**: 그것은 큰 차이를 만들 것이다. (긍정적인 변화를 가져올 때)
  - e.g. Getting more sleep would make a big difference in your health. 잠을 더 많이 자면 건강에 큰 영향을 줄 것이다.

🌱 **go with**는 '~을 선택하다'라는 의미로 무언가를 고를 때 사용됩니다.
  - e.g. I think I'll **go with** the blue dress. 나는 파란색 드레스를 선택하겠다.

6 "Teleportation? That's a **solid choice**. But what would you actually do with it?" I asked.

"순간 이동? 그거 좋은 선택이네. 그런데 실제로 그걸로 뭘 할 거야?" 내가 물었다.

🌱 **solid choice**는 '합리적이고 실속 있는 결정[선택]'이라는 뜻으로, 어떤 선택이 논리적이고 실용적인 기준에서 봤을 때 좋은 선택임을 나타냅니다.
  - e.g. Going to bed early is a **solid choice** if you have an exam tomorrow. 내일 시험이 있다면 일찍 자는 게 좋은 선택이다.

가브리엘 포인트 { solid choice vs. great choice }

- **solid choice**: 논리적으로 타당한 선택일 때
  - e.g. Investing in real estate is a solid choice. 부동산에 투자하는 건 좋은 선택이다.
- **great choice**: 단순히 잘 고른 것을 칭찬할 때
  - e.g. You chose the best dish! That's a great choice. 최고의 음식을 골랐네요! 좋은 선택이에요.

7 "Oh, so many things! **For starters**, I could take us anywhere we need to go in an instant. We could visit the U.S. **with** just **a snap of my fingers**.

"오, 정말 많지! 우선, 우리가 가야 할 곳 어디든지 한순간에 갈 수 있어. 손가락만 튕기면 미국에도 갈 수 있고.

- **for starters**는 '우선, 첫 번째로'라는 의미로 어떤 설명을 시작할 때 유용한 표현입니다.
  - **e.g.** **For starters**, you should drink more water every day. 우선, 매일 물을 더 많이 마셔야 한다.

- **with a snap of one's fingers**는 '손가락만 튕기면'이라는 의미로 어떤 일이 아주 쉽게, 순식간에 이루어질 때 사용되는 표현입니다.
  - **e.g.** I wish I could clean my room **with a snap of my fingers**. 손가락만 튕기면 방이 깨끗해졌으면 좋겠다.

8 No more **sitting through** long flights. And imagine skipping all the traffic when we **go on trips**! **Plus**, we'd never be late for anything again!"

더 이상 긴 비행시간을 견딜 필요도 없지. 그리고 여행 갈 때 교통 체증도 다 피할 수 있다고 생각해 봐! 게다가, 우리는 절대 늦을 일이 없을 거야!"

- **sit through**는 '끝까지 앉아서 ~을 견디다'라는 의미로 보통 지루하거나 오랜 시간 앉아 있어야 되는 상황에 사용됩니다.
  - **e.g.** I had to **sit through** a boring lecture. 지루한 강의를 끝까지 앉아서 들어야 했다.

🔖 **go on a trip**은 '여행하다'라는 의미로 보통 짧고 구체적인 여행일 때 사용됩니다.

> **e.g.** It's been ages since I last **went on a trip**. 마지막으로 여행한 지가 참 오래됐다.

 가브리엘 포인트 · go on a trip vs. travel

- **go on a trip**: 구체적인 목적지나 일정이 있을 때 (친구와의 주말 여행이나 가족과의 제주도 여행 같은 짧은 여행)
    > **e.g.** We're going on a trip to Busan this weekend. 이번 주말에 부산으로 여행 갈 것이다.

- **travel**: 여행하면서 경험/탐험하는 행위 자체에 초점을 둘 때 (여행 기간이나 목적지가 정확하지 않거나 다양하며, 배낭여행, 세계 일주, 출장 등이 해당됨)
    > **e.g.** I love to travel and explore new cultures. 나는 여행하면서 새로운 문화를 탐험하는 걸 좋아한다.

🔖 **plus**는 '게다가, 거기다'라는 의미로 새로운 정보를 덧붙이거나 강조할 때 사용됩니다. also나 in addition보다 비격식적인 표현이며 대화체에서 자주 사용됩니다.

> **e.g.** It was fun. **Plus**, it was free! 그건 재미있었고, 게다가 공짜였다!

---

9 I stopped walking and stared at him. "Wow. **I take it back**—teleportation is way more useful than I thought—I think you've got the best power!"

나는 걸음을 멈추고 남편을 바라봤다. "와우. 내 말 취소할게. 순간 이동이 생각보다 훨씬 더 유용하네. 당신이 최고의 능력을 가지겠네!"

📎 **I take it back.**은 '내 말 취소.'라는 의미로 자신이 한 말을 번복할 때 사용됩니다.

> **e.g.** I said I didn't like sushi, but **I take it back**. This is delicious! 초밥 안 좋아한다고 했는데, 내 말 취소. 이거 정말 맛있어요!

---

10 Too bad we can't actually get superpowers... but at least we still have popcorn!

아쉽게도 우리는 실제로 초능력을 가질 수 없지만… 그래도 팝콘은 있으니까 괜찮다!

📎 「**Too bad + 주어 + 동사**」는 '~해서 안타깝다, 아쉽다'라는 의미로 어떤 상황이 만족스럽지 않을 때 사용됩니다.

> **e.g.** **Too bad you missed** the concert. It was amazing! 당신이 콘서트를 놓쳐서 아쉽네요. 정말 대단했어요!

 **가브리엘 포인트**   Too bad ~ vs. What a shame ~

- **Too bad + 주어 + 동사**: ~해서 아쉽다 (가볍게 '아쉽다'라고 말할 때)
  > **e.g.** Too bad you can't join us for dinner. 저녁 같이 못 해서 아쉽네요.

- **What a shame + 주어 + 동사**: ~해서 정말 유감이다 (좀 더 감정을 담아 아쉬움을 표현할 때)
  > **e.g.** What a shame you missed the final match. 결승전을 놓쳤다니 정말 안타까워요.

The Most Creative Homework Excuse

Today when I started checking homework in one of my classes, I noticed one of my students looking guilty.

"Ms. Gabrielle, I couldn't do my homework…"

"Why couldn't you do it?"

"Well, I left my notebook open in my room, and my little sister thought it was a coloring book. She doodled all over it, and now it's an unreadable masterpiece."

"A masterpiece, huh? Do you have your notebook so I can check what she created?"

"No… I left it at home. I figured you wouldn't be able to read it anyway, so I might as well just leave it on my desk," she mumbled, avoiding eye contact.

Out of all the homework excuses I hear as a teacher, this one was definitely creative.

"If I can't check it, then you need to stay after class and complete it again. No excuses."

"Yes, Ms. Gabrielle…" she sighed, walking away like she had just lost a battle.

Honestly? If students have a legitimate reason for missing their homework, I'm usually pretty lenient. But with excuses this wild, I sometimes wonder…

Wouldn't it be easier to just do the homework instead of spending all this time coming up with an excuse?

 **Reading Points**

1 Today when I **started checking** homework in one of my classes, I **noticed one of my students looking** guilty.

오늘 수업 중 한 반에서 숙제를 검사하기 시작했을 때, 한 학생이 죄책감에 가득 찬 표정을 짓고 있는 것을 발견했다.

🌱 **start -ing**는 '~하기 시작하다'라는 의미로 어떤 행동을 시작할 때 사용됩니다.

e.g. She **started learning** Korean last year. 그녀는 작년에 한국어를 배우기 시작했다.

 가브리엘 포인트   start -ing vs. start to + 동사원형

- **start -ing**: 지속적으로 수행하는 행동일 때
  e.g. She started exercising every morning. 그녀는 매일 아침 운동하기 시작했다.

- **start to + 동사원형**: 갑작스러운 변화나 순간적인 시작을 표현할 때
  e.g. He started to feel sick. 그는 갑자기 몸이 안 좋다고 느끼기 시작했다.

🌱 **notice someone -ing**은 '~가 …하는 모습을 발견하다'라는 의미로 누군가가 특정 행동을 하고 있는 것을 보았을 때 사용됩니다.

e.g. I **noticed him sneaking** out of the room. 나는 그가 방을 몰래 빠져나가는 것을 보았다.

 가브리엘 포인트   see someone -ing vs. notice someone -ing

- **see someone -ing**: ~하는 것을 보다 (단순히 보게 되었다는 의미 → 의도하지 않았지만 시야에 들어왔을 때)
  e.g. I saw him crossing the street. 나는 그가 길을 건너는 것을 봤다.

DAY 48   423

- **notice someone -ing**: ~하는 것을 알아차리다, 발견하다 ('보다 + 인지하다'의 의미 → 뭔가를 보면서 그 행동을 주목하거나 인식했을 때)
  - e.g. I noticed him crossing the street without looking. 나는 그가 안 보고(주위를 살피지 않고) 길을 건너는 것을 알아챘다.

2 "Ms. Gabrielle, I couldn't do my homework…"

"선생님, 저는 숙제를 할 수 없었어요…."

- 「couldn't + 동사원형」은 '~할 수 없었다'라는 의미로 과거에 어떤 일을 할 수 없었다고 말할 때 사용됩니다.
- e.g. I couldn't find my keys this morning. 오늘 아침에 열쇠를 찾을 수 없었다.

3 "Why couldn't you do it?"

"왜 숙제를 할 수 없었니?"

- 「Why couldn't you + 동사원형 ~?」은 '왜 ~할 수 없었니?'라는 의미로 과거에 어떤 행동을 하지 못한 이유를 물을 때 사용됩니다.
- e.g. Why couldn't you come to the meeting? 왜 회의에 올 수 없었나요?

4 "Well, I left my notebook open in my room, and my little sister thought it was a coloring book. She doodled all over it, and now it's an unreadable masterpiece."

"음… 제 공책을 방에 펼쳐 두었는데 제 여동생이 그걸 색칠 공부 책인 줄 알았어요. 그래서 공책에 온통 낙서를 해 버렸고, 이제는 읽을 수 없는 명작이 되었어요."

📎 「leave + 목적어 + 형용사」는 '~을 …한 상태로 두다'라는 의미로 어떤 것을 특정한 상태로 방치했음을 나타낼 때 사용됩니다.

e.g. I **left the door open.** 문을 열린 채로 두었다.

가브리엘 포인트 | leave + 목적어 + 형용사 vs. keep + 목적어 + 형용사

- **leave + 목적어 + 형용사**: ~을 …한 상태로 내버려두다 (의도와 상관없이 일시적이거나 우연히 어떤 상태가 되었을 때)

  e.g. Oh no! I **left the window open.** 어떡하지? 창문 열어 두고 나와 버렸어.

- **keep + 목적어 + 형용사**: ~을 …한 상태로 유지하다 (의도적으로 어떤 상태를 지속적으로 유지시킬 때)

  e.g. Please **keep the window open.** 창문을 열린 상태로 유지해 주세요.

📎 **doodle all over**는 '~에 온통 낙서를 하다'라는 의미로 종이나 벽 전체에 낙서를 잔뜩 해 놓았을 때 사용됩니다.

e.g. He **doodled all over** his notebook during class. 그는 수업 중에 공책에 온통 낙서를 했다.

---

5 "A masterpiece, huh? Do you have your notebook **so I can check** what she created?"

"명작이라고? 그럼 네 여동생이 만든 걸 확인해 볼 수 있게 네 공책을 가져왔니?"

📎 「**so + 주어 + can + 동사원형**」은 '~할 수 있도록'이라는 의미로 어떤 목적을 설명할 때 사용됩니다.

e.g. I left early **so I could catch** the train. 기차를 탈 수 있도록 일찍 나왔다.

6 "No... I **left it at** home. I **figured you wouldn't be able to read** it anyway, so I **might as well** just **leave it on** my desk," she mumbled, avoiding eye contact.

"아니요… 집에 두고 왔어요. 어차피 선생님도 못 읽을 거라고 생각해서 그냥 책상 위에 놔두는 게 낫겠다 싶었어요." 그녀는 눈을 피하며 중얼거렸다.

🔖 「**leave + 목적어 + at[in, on]**」은 '~을 …에 두고 오다'라는 의미로 어떤 물건을 특정한 장소에 놓고 왔을 때 사용됩니다.

> e.g. I **left my phone at** home. 핸드폰을 집에 두고 왔다.

🔖 「**figure + 주어 + 동사**」는 '~라고 생각하다'라는 의미로 어떤 상황을 판단할 때 사용됩니다.

> e.g. I **figured he was** busy, so I didn't call him. 그가 바쁠 거라고 생각해서 전화하지 않았다.

 **가브리엘 포인트**　think vs. figure

- **think**: 가장 일반적인 의미의 '생각'으로, 감정, 직감, 추측 같은 개인적인 느낌이나 의견을 표현할 때
- **figure**: 상황을 논리적으로 분석하고 판단한 결과, 즉 '판단에 대한 근거'가 있을 때

> e.g. I think he's busy. 그는 바쁜 것 같다. vs. I figured he was busy since he didn't answer. 그가 답장이 없길래 바쁜 줄 알았다.
>
> e.g. I think I'll stay home today. 오늘은 집에 있을까 한다. vs. I figured staying home would save me time. 집에 있는 게 시간 절약이 될 것 같았다.

🔖 「**might as well + 동사원형**」은 '~하는 게 낫다'라는 의미로 별다른 대안이 없거나, 다른 선택을 해도 큰 차이가 없을 때 사용됩니다. 체념, 실용적 선택, 가벼운 권유의 뉘앙스입니다.

> e.g. There's nothing else to do. We **might as well go** home. 할 것도 없는데, 그냥 집에 가는 게 낫겠다.

---

7 **Out of all the homework excuses** I hear as a teacher, this one was definitely creative.

내가 교사로서 들은 모든 숙제 변명 중에서, 이건 확실히 창의적이었다.

🔖 「**out of all + 명사**」는 '모든 ~ 중에서'라는 의미로 여러 가지를 놓고 비교할 때 유용한 표현입니다.

> e.g. **Out of all the movies** I watched, this one was the best. 내가 본 영화 중에서 이게 최고였다.

---

8 "If I can't check it, then you need to **stay after class** and complete it again. No excuses."

"내가 확인할 수 없다면, 수업이 끝난 후 남아서 다시 해야 해. 변명은 안 통해."

🔖 **stay after class**는 '수업이 끝난 후 남다'라는 뜻으로 벌을 받거나 보충 수업을 위해 수업이 끝난 후 남을 때 사용됩니다.

> e.g. You need to **stay after class** for extra practice. 추가 연습을 위해 수업 후에 남으렴.

9 "Yes, Ms. Gabrielle…" she sighed, **walking away like she had just lost a battle**.

"네, 선생님…." 그녀는 마치 전쟁에서 패배한 듯이 한숨을 쉬며 걸어갔다.

- **walk away**는 '걸어가다, 떠나다'라는 의미로 어떤 장소나 상황에서 벗어날 때 사용됩니다.
    - **e.g.** After the argument, she just **walked away** without saying anything.
    말다툼 후, 그녀는 아무 말도 없이 그냥 가 버렸다.

가브리엘 포인트 walk away vs. storm off

- **walk away**: 떠나다 (실망하거나 지쳐서 그냥 조용히 떠나는 느낌)
    - **e.g.** She walked away after hearing the bad news. 그녀는 나쁜 소식을 듣고 그냥 자리를 떴다.
- **storm off**: 자리를 박차고 나가다 (화가 나서 갑자기 확 떠나는 느낌)
    - **e.g.** He stormed off after the argument. 그는 말다툼 후 화난 표정으로 떠났다.

- 「**like + 주어 + have just lost a battle**」은 '마치 전투에서 패배한 것처럼'이라는 의미로 어떤 상황에서 크게 좌절하거나 패배한 기분을 나타낼 때 사용됩니다.
    - **e.g.** He walked out of the exam **like he had just lost a battle**. 그는 마치 전쟁에서 패배한 것처럼 시험장을 나왔다.

10 Honestly? If students have a **legitimate reason** for missing their homework, I'm usually pretty **lenient**.

솔직히? 학생들이 숙제를 못 한 정당한 이유가 있다면, 나는 보통 꽤 관대한 편이다.

🌱 **legitimate reason**은 '정당한 이유'라는 의미로 어떤 행동이나 결정을 한 이유를 합리적으로 설명할 수 있을 때 사용됩니다.

e.g. Do you have a **legitimate reason** for being late? 늦은 것에 대해 정당한 이유가 있나요?

🌱 **be lenient (with/to)**는 '(~에) 관대하다, (~을) 봐주다'라는 의미로 처벌이나 규칙을 엄격하게 적용하지 않고 너그럽게 봐주는 것을 의미합니다.

e.g. The teacher **was lenient with** students who had a good excuse. 선생님은 정당한 이유가 있는 학생들에게 관대했다.

11 But **with excuses this wild**, I sometimes wonder…

하지만 이렇게 황당한 변명을 들으면 가끔 궁금해진다….

🌱 「**with + 명사 + 형용사/형용사구**」는 '~와 함께, ~인 상태에서'라는 의미로 형용사/형용사구가 명사를 뒤에서 수식하여 강조하는 느낌을 줍니다. with excuses this wild에서는 this wild가 excuses를 수식해서 '이렇게 황당한 변명을 하면'이라는 의미이며, 이때 wild는 '비현실적인, 터무니없는'이라는 뜻입니다.

e.g. **With stories this ridiculous**, no one will believe you. 이렇게 터무니없는 이야기로는 아무도 안 믿을 거야.

가브리엘 포인트 — wild를 이용한 다양한 표현들

- **wild excuse**: 황당한 변명
  e.g. He gave a wild excuse for not doing his homework. 그는 숙제를 안 한 것에 대해 황당한 핑계를 댔다.

- **wild idea**: 말도 안 되는 생각
  e.g. She always has wild ideas. 그녀는 항상 엉뚱한 생각을 한다.

- **wild story**: 믿기 힘든 이야기
  e.g. That was a wild story you told! 너 방금 한 얘기, 정말 말도 안 됐어!

12 **Wouldn't it be easier to** just **do** the homework instead of spending all this time **coming up with** an excuse?

변명 생각하느라 이 모든 시간을 쓰는 것보다 그냥 숙제하는 게 더 쉽지 않을까?

- 「**Wouldn't it be easier to** + 동사원형 ~?」은 '~하는 것이 더 쉽지 않을까?'라는 의미로 복잡하거나 비효율적인 것에 대한 대안을 제시하거나 부드럽게 제안할 때 쓰는 표현입니다.

  e.g. **Wouldn't it be easier to ask** for help instead of struggling alone?
  혼자 힘들어하기보다 도움을 요청하는 게 더 쉽지 않을까?

- **come up with**는 '~을 생각해 내다, 떠올리다, 만들어 내다'라는 의미로 새로운 아이디어, 해결책, 계획, 변명 등을 즉석에서 떠올릴 때 유용한 표현입니다.

  e.g. We need to **come up with** a solution to this problem. 우리는 이 문제에 대한 해결책을 생각해 내야 한다.

The Itchy Mystery

Have you ever had hives before? I've broken out in them a few times, but recently they've gotten really bad. They've been popping up all over, and they're impossible to deal with—they're so itchy!

My husband thinks it's from something I ate, but I haven't had anything out of the ordinary lately, so I don't think that's the cause. He took me to the doctor yesterday to try and figure out what might be going on.

"Hives can also be caused by a reaction to an infection or illness in your body. Have you been sick recently?" the doctor asked.

"I had the stomach flu a few weeks ago."

"That might be it. But just in case, let's run an allergy test to see if something else is triggering the reaction. I won't be able to give you any prescription medication due to your pregnancy."

The results take about a week to come back. In the meantime, I can't take any strong medication because I'm pregnant, so I've been resorting to cold baths and ice packs to try and soothe the itching.
I really hope this passes soon—hives are no joke!

Reading Points

1 <u>Have you ever had hives before?</u>

혹시 두드러기가 난 적 있는가?

- 「Have you ever + 과거분사(p.p.) ~?」는 '~한 적 있어?'라는 뜻으로 현재완료 시제(have + 과거분사)를 사용하여 경험을 물어보는 표현입니다.
  - e.g. **Have you ever been** to Paris? 파리에 가 본 적 있어?

- **have hives**는 '두드러기가 나다'라는 의미로 hives는 '두드러기'라는 질환을 의미합니다.
  - e.g. I **had hives** last summer. 나는 지난여름에 두드러기가 났었다.

2 <u>I've broken out in them a few times, but recently they've gotten really bad.</u>

나는 몇 번 두드러기가 났던 적은 있지만, 최근엔 정말 심해졌다.

- **break out in**은 '갑자기 ~이 잔뜩 나다[생기다]'라는 의미로 피부에 갑자기 이상이 생겼을 때 자주 사용됩니다. 특히 두드러기(hives), 발진(rash), 땀(sweat) 등 갑작스러운 신체 반응을 묘사할 때 쓰입니다.
  - e.g. She **broke out in** hives after eating shrimp. 그녀는 새우를 먹고 두드러기가 났다.

- **have gotten really bad**는 '정말 심해졌다'라는 의미로 어떤 상태가 매우 악화된 것을 표현합니다. get bad는 어떤 상황, 증상, 문제가 더 나빠졌을 때 사용됩니다.
  - e.g. His cough **has gotten really bad** lately. 그의 기침이 최근에 정말 심해졌다.

3 They**'ve been popping up all over**, and they're **impossible to deal with**—they're so **itchy**!

온몸에 계속 올라오고 있는데, 도저히 감당할 수 없을 정도다. 너무 가렵다!

- **pop up (all over)**는 '여기저기서 불쑥불쑥 나타나다'라는 의미로 갑작스럽게 어떤 증상이나 일이 발생했을 때 쓰는 표현입니다.
  - **e.g.** Mosquito bites **are popping up all over** my arms. 팔에 모기 물린 자국이 계속 생기고 있다.

- **impossible to deal with**는 '감당하기 어려운, 처리할 수 없는'이라는 의미로 어떤 일이 너무 힘들어서 다루기가 어렵거나 불가능하다고 표현할 때 사용됩니다.
  - **e.g.** The traffic this morning was **impossible to deal with**. 오늘 아침 교통체증은 정말 감당하기 힘들었다.

- **itchy**는 '가려운'이라는 의미로 주로 피부에 불쾌한 자극이 있을 때 사용됩니다. 감기 초기 증상이나 알레르기 반응처럼 목이나 눈, 코 등이 간질간질할 때도 자주 쓰입니다.
  - **e.g.** My throat feels **itchy**. 목이 간질간질하다.

가브리엘 포인트 itchy vs. sore vs. irritated vs. burning

- **itchy**: 가려운 (벌레 물림, 알레르기, 건조함 등으로 인해 피부를 긁고 싶은 상태)
  - **e.g.** My eyes get really itchy in the spring. 봄만 되면 눈이 엄청 가렵다.
- **sore**: 아픈, 욱신거리는 (운동 후, 감기, 다친 부위 등으로 인해 통증이 있는 상태)
  - **e.g.** My muscles are sore after yesterday's workout. 어제 운동해서 근육이 욱신거린다.

- **irritated**: (피부가) 자극 받은, 민감해진 (면도 후나 피부 트러블 등으로 인해 피부가 붉고 따가운 상태)
  - e.g. The dust made my eyes red and irritated. 먼지 때문에 눈이 빨갛고 따가웠다.

- **burning**: 화끈거리는, 타는 듯한 (화상, 상처, 강한 자극 등으로 인해 열감이 있는 상태)
  - e.g. My mouth is burning! It was too spicy! 입술이 너무 화끈거려! 너무 매웠어!

---

4 My husband **thinks it's from** something I ate, but I haven't had anything **out of the ordinary** lately, so I don't think that's the cause.

남편은 뭔가 먹은 것 때문이라고 생각하는데, 나는 최근에 평소와 다른 걸 먹은 게 없어서 그게 원인은 아닌 것 같다.

🔖 **think it's from** ~은 '~ 때문이라고 생각하다'라는 의미로 어떤 문제의 원인이 무엇인지 추측할 때 쓰는 표현입니다.

- e.g. I **think it's from** lack of sleep. 그건 아마도 수면 부족 때문일 것이다.

🔖 **out of the ordinary**는 '평소와 다른, 특별한'이라는 의미로 일반적이지 않거나 익숙하지 않은 일을 묘사할 때 사용됩니다.

- e.g. Is there anything **out of the ordinary** about this project? 이 프로젝트에 평소와 다른 특별한 점이 있나요?

5 He **took me to the doctor** yesterday to **try and figure out** what might be going on.

어제 남편이 나를 병원에 데려가서 무슨 일이 일어나고 있는지 알아보려고 했다.

- **take A to B**는 'A를 B에 데려가다'라는 뜻으로, 병원, 학교, 상점 등 구체적인 장소와 함께 자주 쓰입니다.
  - **e.g.** I'll **take my son to the doctor** tomorrow for his fever. 아들의 열 때문에 내일 병원에 데려갈 것이다.

- 「**try and + 동사원형**」은 '~하려고 하다'라는 의미로, 「try to + 동사원형」보다 더 회화체적이고 부드러운 표현입니다. 일상 대화에서 자주 사용됩니다.
  - **e.g.** **Try and stay** calm. 진정하려고 해 봐.

- **figure out**은 '이해하다, 파악하다, 알아내다'라는 의미로 복잡하거나 모호한 상황을 분석해서 이해할 때 사용됩니다.
  - **e.g.** I can't **figure out** why it's not working. 이게 왜 안 되는지 모르겠다.

6 "Hives can also **be caused by** a reaction to an infection or illness in your body. **Have you been** sick **recently**?" the doctor asked.

"두드러기는 몸 안의 감염이나 질병에 대한 반응으로도 생길 수 있어요. 최근에 아프셨나요?" 의사 선생님이 물었다.

- **be caused by**는 '~에 의해 생기다'라는 의미로 어떤 일이 발생한 원인을 설명할 때 사용됩니다.
  - **e.g.** Headaches can **be caused by** stress. 두통은 스트레스로 인해 생길 수 있다.

🐾 「Have you + 과거분사(p.p.) + recently?」는 '최근에 ~한 적 있나요?'라는 의미로 현재완료 시제를 사용하여 최근의 경험이나 상황에 대해 물을 때 쓰는 표현입니다.

e.g. **Have you been worried** about something **recently?** 최근에 뭐가 걱정스러운 게 있니?

7 "I had **the stomach flu** a few weeks ago."

"몇 주 전에 장염에 걸렸었어요."

🐾 **stomach flu**는 '위장염, 장염' 같은 감염성 소화기 질환을 의미합니다. 보통 바이러스로 인해 발생하며 구토, 설사 등을 동반합니다. 일상 영어에서는 복잡한 병명 대신 이 같은 친숙한 표현을 많이 씁니다.

e.g. He missed work because of **the stomach flu**. 그는 장염 때문에 회사를 쉬었다.

8 "**That might be it.** But **just in case**, let's **run an** allergy **test** to **see if something else is triggering the reaction**."

"그게 원인일 수도 있어요. 하지만 혹시 모르니까 알레르기 검사를 해서 다른 원인이 그런 반응을 일으키는지도 확인해 봅시다."

🐾 **That might be it.**은 '그게 원인일 수도 있겠네요.'라는 의미로 문제 해결의 실마리를 찾았을 때 자주 쓰는 표현입니다.

e.g. Oh, **that might be it!** 아, 그게 이유일 수도 있겠네요!

🐾 **just in case**는 '혹시 모르니까, 만약을 대비해서'라는 의미로 조심하는 차원에서 추가적인 행동을 할 때 사용됩니다.

e.g. Take an umbrella **just in case**. 혹시 모르니까 우산 가져가.

🔖 **run a test**는 '검사를 하다'라는 의미로 특히 병원이나 실험실 같은 상황에서 blood test, allergy test, lab test 등과 자주 쓰입니다.

e.g. The doctor **ran a** blood **test**. 의사 선생님이 혈액 검사를 했다.

🔖 「**see if** + 주어 + 동사」는 '~인지 알아보다, 확인하다'라는 의미로 어떤 상황을 확인하거나, 결정하거나, 사실 여부를 알아볼 때 사용됩니다.

e.g. Let me **see if we have** milk in the fridge. 냉장고에 우유가 있는지 확인해 볼게.

🔖 **trigger a reaction**은 '반응을 유발하다'라는 뜻으로, 알레르기, 감정, 화학 성분 등이 원인이 되어 어떤 반응을 일으킬 때 사용됩니다.

e.g. Pollen can **trigger** allergic **reactions**. 꽃가루는 알레르기 반응을 유발할 수 있다.

9 I won't be able to give you any **prescription medication due to** your pregnancy."

임신 중이시기 때문에 처방약은 드릴 수 없습니다."

🔖 **prescription medication**은 '처방약'이라는 의미로 의사가 처방한 약물을 가리킬 때 사용되는 표현입니다.

e.g. Make sure to finish your **prescription medication**, even if you feel better. 몸이 나아도 처방약은 꼭 끝까지 다 드세요.

🔖 **due to**는 '~ 때문에'를 뜻하는 격식 있는 표현으로 because of보다 더 공식적이고 문어체적인 느낌입니다.

e.g. The game was postponed **due to** rain. 경기가 비 때문에 연기되었다.

10 The results **take about a week to come back**.

검사 결과가 나오는 데는 약 일주일 정도 걸린다.

- 「**take + 시간 + to + 동사원형**」은 '~하는 데 … 시간이 걸리다'라는 의미로 어떤 일이 완료되는 데 소요되는 시간을 표현할 때 사용합니다.
  - e.g. It **takes 20 minutes to cook** rice. 밥 짓는 데 20분이 걸린다.

- **come back**은 보통 '돌아오다'라는 뜻으로 알고 있지만, '(검사 결과 등이) 나오다'라고 할 때도 쓰입니다.
  - e.g. When will the test results **come back**? 검사 결과는 언제 나오나요?

11 **In the meantime**, I can't take any strong medication because I'm pregnant, so I**'ve been resorting to** cold baths and ice packs to try and **soothe** the itching.

그동안은 임신 중이라 강한 약은 못 먹어서, 가려움을 가라앉히려고 찬물 샤워나 얼음 찜질에 의존하고 있다.

- **in the meantime**은 '그동안에, 그 사이에'라는 의미로 어떤 일이 진행되는 동안 일시적으로 다른 일을 할 때 사용됩니다.
  - e.g. The pizza is baking. **In the meantime**, let's clean up. 피자가 구워지고 있으니까, 그동안에 정리하자.

- **resort to**는 '(어쩔 수 없이) ~에 의존하다'라는 의미로 다른 방법이 없을 때 선택하는 최후의 수단을 나타내는 표현입니다.
  - e.g. I had to **resort to** borrowing money. 나는 어쩔 수 없이 돈을 빌렸다.

가브리엘 포인트 '~에 의지하다'를 의미하는 다양한 표현들

- **resort to**: (마지막 수단으로) ~에게 의지하다 (부정적이거나 어쩔 수 없는 상황일 때)
  - e.g. He resorted to lying to protect himself. 그는 자신을 보호하기 위해 거짓말이라는 수단을 썼다.

- **depend on**: ~에 의존하다, ~에 달려 있다 (가장 일반적이고 중립적인 표현)
  - e.g. I depend on coffee to stay awake. 나는 잠을 깨기 위해 커피에 의존한다.

- **rely on**: ~를 믿고 의지하다 (depend보다 신뢰의 뉘앙스가 강함)
  - e.g. I rely on my team to meet deadlines. 나는 마감일을 지키기 위해 팀에 의존한다.

- **count on**: ~에게 기대다, ~를 믿다 (감정적 신뢰와 기대감 포함)
  - e.g. You can count on me anytime. 나한테 언제든지 기대도 좋아.

- **lean on**: ~에게 기대다, 의지하다 (정서적/심리적으로 의지할 때)
  - e.g. I leaned on my friends during hard times. 나는 힘든 시기에 친구들에게 기대었다.

- **rest on**: ~에 기초하다, 달려 있다 (책임/성공이 달려 있거나 주장의 근거가 될 때)
  - e.g. The whole plan rests on her decision. 그 계획 전체가 그녀의 결정에 달려 있다.

🌸 **soothe**는 '(가려움, 통증, 감정 등을) 진정시키다, 가라앉히다'라는 뜻으로, 피부 자극이나 감정 상태를 누그러뜨릴 때 사용됩니다.

e.g. This cream will **soothe** your skin. 이 크림이 피부를 진정시켜 줄 거예요.

12 I really **hope this passes** soon—hives are **no joke**!

제발 이게 빨리 지나갔으면 좋겠다. 두드러기 진짜 장난 아니다!

- **I hope this passes.** 는 '이 상황[증상, 감정]이 지나가기를 바란다.'라는 의미로 지금 겪고 있는 힘든 상황이 빨리 끝났으면 좋겠다는 희망의 표현입니다.
  - e.g. **I hope the pain passes** quickly. 통증이 빨리 가라앉으면 좋겠다.

- **no joke** 는 '장난 아님, 진짜 힘듦'이라는 의미로, 어떤 상황이 생각보다 훨씬 힘들거나 심각함을 강조할 때 사용됩니다.
  - e.g. That mountain trail was **no joke**! 그 산길 진짜 험했어!

DAY 50

Welcoming Our Baby Boy into the World!

I can barely believe it—my heart is so full, I feel like it might burst.

Last night around 6 p.m., my water broke. Everything after that was a whirlwind of emotions—nerves, excitement, a little fear… but mostly, just love. And then, around 8:30 a.m. this morning, he entered the world. The most amazing thing? He opened his eyes and looked right at me—like he already knew who I was.

It was just one look, but it said everything: "Mom, I'm here. I've been waiting for you."

My husband cut the cord, his hands shaking, eyes full of tears.

He kept whispering, "You did it. You really did it."

Now we're resting in our hospital room, exhausted but endlessly grateful.

He's in the nursery for now, and we're counting the seconds until we can hold him again.

One thing we haven't decided—his name.

Even though we have a few names in mind, I think... deep down, we're both just waiting for that feeling. The moment where we hear a name, and our hearts just whisper: That's him.

So we'll wait. Because he deserves the perfect name—one that holds all the love, dreams, and wonder that brought him into this world.

And I know we'll find it.

 **Reading Points**

1 I **can barely believe it**—**my heart is** so **full**, I feel like it might burst.

믿기지 않을 만큼, 마음이 너무 벅차올라서 터질 것 같다.

- **can barely believe it**은 '거의 믿을 수가 없다'라는 의미이며 너무 놀랍거나 감격스러울 때 사용됩니다.
  - e.g. He finished the marathon with a broken ankle. **I could barely believe it.** 그는 발목이 부러진 채 마라톤을 완주했다. 믿기지 않았다.

- **My heart is full.**은 '감정이 벅차다.'라는 의미로 행복, 감동, 사랑 등의 감정이 충만할 때 사용됩니다.
  - e.g. **My heart is** so **full** I could cry. 감정이 벅차올라서 울 것 같다.

2 Last night around 6 p.m., **my water broke**.

어젯밤 6시쯤 양수가 터졌다.

- **one's water breaks**는 출산과 관련된 상황에서 자주 쓰이는 구어체 표현으로, '양수가 터지다'라는 의미이며 출산이 임박했음을 나타냅니다.
  - e.g. **Her water broke**, so they rushed to the hospital. 그녀의 양수가 터져서 그들은 병원으로 급히 갔다.

3 Everything after that was **a whirlwind of emotions**—nerves, excitement, a little fear... but mostly, just love.

그다음부터는 감정의 소용돌이였다. 긴장, 설렘, 약간의 두려움… 하지만 대부분은 사랑이었다.

🔖 **a whirlwind of emotions**는 '감정이 휘몰아치는 상태'라는 의미로 다양한 감정이 매우 빠르게, 강하게, 복합적으로 몰아치는 상태를 묘사하는 데 사용됩니다. 기쁨, 슬픔, 흥분, 두려움 등 다양한 감정이 짧은 시간에 한꺼번에 밀려올 때 자주 사용됩니다. 여기서 whirlwind(회오리바람)는 감정의 격렬한 움직임을 비유적으로 표현한 단어입니다.

> **e.g.** Graduating was such **a whirlwind of emotions**. 졸업은 정말 감정이 복잡하게 휘몰아쳤던 순간이었다.

가브리엘 포인트 원어민들이 자주 쓰는 비슷한 표현

- **a rollercoaster of emotions**: 감정의 롤러코스터 (감정이 오르락내리락하는 느낌으로 기쁨과 슬픔이 반복될 때)
    > **e.g.** My first year of teaching was a rollercoaster of emotions, but I wouldn't trade it for anything. 첫해 교사 생활은 감정의 롤러코스터였지만, 그 무엇과도 바꾸지 않을 것이다.

- **mixed emotions**: 복잡한 감정, 시원섭섭함 (기쁜데 슬프거나, 기대되지만 걱정되는 등 서로 반대되는 감정이 동시에 느껴질 때)
    > **e.g.** I had mixed emotions about moving to a new city. 새로운 도시로 이사 간다는 게 기대되면서도 아쉬웠다.

4 And then, around 8:30 a.m. this morning, he **entered the world**.

그리고 오늘 아침 8시 30분쯤, 그가 세상에 나왔다.

- **enter the world**는 '세상에 나오다'라는 의미로 사람의 탄생을 좀 더 문학적으로 표현할 때 사용됩니다.
- e.g. Their baby girl **entered the world** at dawn. 그들의 딸은 새벽에 태어났다.

5 The most amazing thing? He opened his eyes and **looked right at** me—like he already knew who I was.

가장 놀라웠던 거? 아기가 눈을 뜨고 나를 똑바로 바라봤다. 마치 날 이미 알고 있는 것처럼.

- **look right at**은 '정확히 ~를 향해 바라보다'라는 의미로 강조를 위해 right을 썼으며, 단순히 바라보는 것보다 직접적인 시선 교환을 나타내는 표현입니다.
- e.g. He **looked right at** me when I called his name. 내가 그의 이름을 부르자 그는 바로 날 바라봤다.

 **가브리엘 포인트** '보다'를 나타내는 다양한 표현들

- **look at**: ~를 보다 (가장 일반적인 표현으로 단순히 쳐다보는 느낌)
  - e.g. He looked at me. 그가 나를 봤다. vs. He looked right at me. 그가 나를 똑바로 쳐다봤다. (강조)
- **stare at**: ~를 응시하다 (오랫동안 강하게 바라보는 느낌으로, 상황에 따라 무례하게 느껴질 수도 있음)
  - e.g. He stared at me. 그가 나를 빤히 응시했다. (강한 시선)
- **glance at**: ~를 힐끗 보다 (짧고 빠르게 흘끗 보는 느낌)
  - e.g. He glanced at me. 그가 나를 힐끗 봤다. (짧고 빠른 시선)

- **gaze at**: ~를 응시하다 (감정을 담아 바라보는 느낌)
  - e.g. He gazed at me. 그가 나를 바라보았다. (애정 어린 시선)
- **peer at**: ~를 자세히 들여다보다 (흐릿하거나 멀리 있는 것을 자세히 보는 느낌)
  - e.g. She peered at her phone screen, struggling to read the text without her glasses. 그녀는 안경 없이 문자를 읽으려고 애쓰면서 휴대폰 화면을 유심히 들여다봤다. (시력이 좋지 않아서 무언가를 가까이 들여다볼 때)

6 It was just one look, but **it said everything**: "Mom, I'm here. I've been waiting for you."

한 번의 눈빛이었지만, 모든 걸 말해 줬다: "엄마, 나 왔어요. 엄마를 만나길 기다리고 있었어요."

- **It said everything.**은 '그것이 모든 걸 말했다.'라는 의미로 말로 설명하지 않아도 어떤 행동이나 순간 자체가 모든 의미를 전달했다는 뜻입니다. 보통 표정, 눈빛, 몸짓 같은 비언어적인 표현에 감정을 담아 말할 때 사용됩니다.
  - e.g. When she hugged me without saying a word, **it said everything**.
    아무 말 없이 그녀가 나를 안아 줬을 때, 그게 모든 걸 말해 줬다.

가브리엘 포인트 원어민들이 자주 쓰는 비슷한 표현

- **You could feel it in the air.**: 분위기만으로도 느껴졌다. (실제로 공기 속에 감정이 있는 건 아니지만, 분위기나 긴장감이 강하게 느껴질 때 사용되는 은유적 표현)
  - e.g. Right before the test results were announced, you could feel the tension in the air. 시험 결과 발표 직전, 긴장감이 감돌았다.

7 My husband **cut the cord**, his hands shaking, eyes full of tears.

남편이 탯줄을 잘랐고, 손은 떨리고 눈에는 눈물이 가득했다.

🌱 **cut the cord**는 '탯줄을 자르다'라는 의미로 신생아 출산 과정에서 사용되는 표현입니다. 비유적으로 '독립하다'라는 뜻으로도 쓰입니다.

e.g. It's time for him to **cut the cord** and start living on his own. 그가 독립하고 혼자 살아갈 때다.

8 He kept whispering, "**You did it. You** really **did it.**"

남편이 계속 속삭였다. "당신 해냈어. 진짜 해냈어."

🌱 **You did it.**은 '너 정말 해냈구나.'라는 의미로 여기서 it은 어떤 도전, 과제, 목표, 시험, 일 등을 의미하며 과거형 did를 사용하여 '이미 성공적으로 끝마친 일'에 대한 칭찬과 격려를 나타냅니다.

e.g. You finally finished the book—**you did it!** 드디어 책을 다 썼네. 네가 해냈어!

9 Now we're **resting in** our hospital room, exhausted but endlessly grateful.

지금은 병실에서 쉬고 있다. 너무 피곤하지만 끝없이 감사한 상태로.

🌱 **rest in**은 '~에서 쉬다'라는 의미로 특정한 장소에서 쉬고 있을 때 사용됩니다.

e.g. She **rested in** her hotel room after the long flight. 긴 비행 후 그녀는 호텔 방에서 쉬었다.

10 He's in the nursery for now, and we**'re counting the seconds** until we can hold him again.

지금 아기는 신생아실에 있다. 우리는 아기를 다시 안을 수 있을 때까지 애타게 기다리고 있다.

🌱 **count the seconds**는 '(무언가를) 애타게 기다리다' 라는 뜻으로 마음이 조급하고 기다려지는 상태를 강조하는 표현입니다.

e.g. She**'s counting the seconds** until the concert starts. 그녀는 콘서트가 시작되길 너무 기다리고 있다.

11 One thing we haven't decided—his name.

아직 결정하지 못한 한 가지는, 바로 이름이다.

🌱 「**one thing + 주어 + 동사**」는 '~가 …하는 한 가지'라는 의미로 어떤 사실, 느낌, 정보를 강조하고 싶을 때 쓰이는 표현입니다.

e.g. **One thing I know** for sure—you're going to be a great mom. 내가 확실히 아는 한 가지는, 네가 멋진 엄마가 될 거라는 거야.

12 Even though we have a few names in mind, I think… **deep down**, we're both just waiting for that feeling.

비록 생각해 둔 이름들이 몇 개 있긴 하지만, 사실… 마음속 깊은 곳에서는, 우리 둘 다 그냥 그 '느낌'을 기다리고 있는 것 같다.

📌 「**even though + 주어 + 동사**」는 '비록 ~일지라도, ~인데도 불구하고'라는 의미로 어떤 사실이나 현실과 반대되는 결과나 행동을 강조할 때 씁니다.

e.g. **Even though I was** tired, I stayed up to finish my work. 피곤했지만 일을 끝내려고 밤을 샜다.

가브리엘 포인트   even though vs. even if

- **even though**: 비록 ~일지라도 (이미 일어난 일이나 실제 상황을 말할 때)

  e.g. **Even though** she hurt me, I still love her. 비록 그녀가 날 상처 줬지만, 난 여전히 그녀를 사랑한다.

- **even if**: 설사 ~일지라도 (실제로 일어나지 않았지만 일어날 가능성이 있는 일을 상상하거나 가정하여 말할 때)

  e.g. **Even if** she hurts me again, I'll still love her. 설령 그녀가 앞으로 또 내게 상처를 줘도, 난 계속 그녀를 사랑할 것이다.

📌 **have ~ in mind**는 '~을 염두에 두고 있다, 생각하고 있다'라는 의미로 무언가를 계획하거나 고려하기 위해 아이디어, 사람, 장소 등을 머릿속에 떠올리고 있는 상태를 말할 때 사용됩니다.

e.g. Do you **have any place in mind** for lunch? 점심 먹을 장소 생각해 둔 데 있어?

📌 **deep down**은 '마음 깊은 곳에서는, 속으로는, 사실은'이라는 의미로 겉으로는 드러나지 않지만, 마음속으로는 그렇게 느끼거나 생각하고 있는 상태를 나타냅니다.

e.g. He seems confident, but **deep down**, he's full of doubt. 그는 겉으론 자신감 있어 보이지만, 속은 걱정투성이다.

13 **The moment where we hear** a name, and **our hearts** just **whisper**: That's him.

어떤 이름을 들었을 때, 우리의 마음이 '그게 바로 이 아기야.'라고 속삭일 그 순간을.

🍀 「**the moment where + 주어 + 동사**」는 '~하는 그 순간'이라는 의미로 어떤 특별한 순간을 강조하거나 기억에 남는 장면을 묘사할 때 사용됩니다. 특히 구어체나 감정적인 글, 문학적인 표현에서는 '그 순간'을 마치 하나의 장면이나 공간처럼 묘사하기 위해 when 대신 where를 쓰는 경우가 많습니다.

e.g. That was **the moment where everything changed**. 그건 모든 게 바뀐 순간이었다.

 가브리엘 포인트   the moment when vs. the moment where

- **the moment when**: 어떤 사건이 발생한 정확한 시점을 말할 때
  e.g. The moment when I saw him, I knew I loved him. 그를 본 순간, 나는 사랑에 빠진 걸 알았다.

- **the moment where**: 그 순간의 감정, 상황, 분위기를 강조하고 싶을 때
  e.g. It was the moment where everything felt right. 모든 게 딱 맞다고 느껴진 그 순간이었다.

🍀 **one's heart whispers**는 '마음이 속삭이다'라는 의미로 말로 표현할 수는 없지만 마음 깊은 곳에서 느껴지는 확신이나 감정을 묘사할 때 사용됩니다.

e.g. **My heart whispered** "yes" before I could even think. 생각도 하기 전에 내 마음이 "그래"라고 속삭였다.

 가브리엘 포인트   '마음속 확신'을 나타내는 다양한 표현들

- My heart just whispered. 마음이 속삭였다. (마음속으로 조용히 느끼는 확신 → 매우 감성적이고 로맨틱한 느낌)

DAY 50   451

- My gut told me. 직감이 말해 줬다. (본능적인 확신)
- I just knew. 그냥 알았다. (설명할 수는 없는 강한 확신)
- It felt right. 그게 맞는 것 같았다. (자연스럽게 느껴지는 확신)

14 So we'll wait. Because he **deserves** the perfect name—one that **holds all the love, dreams, and wonder** that brought him into this world.

그래서 우리는 기다릴 거다. 왜냐하면 그는 완벽한 이름을 받을 자격이 있으니까. 그 이름은, 이 아이를 이 세상에 데려온 모든 사랑, 꿈, 경이로움을 담고 있어야 하니까.

> **deserve**는 '~할 자격이 있다, ~할 만하다'라는 의미로 어떤 사람이나 행동이 정당한 보상, 결과, 대우를 받을 자격이 있다는 뜻입니다.
>
> **e.g.** You **deserve** a promotion. 너 승진할 자격이 있어.

가브리엘 포인트 — deserve vs. be worthy of vs. be entitled to

- **deserve**: ~을 받을 자격이 있다 (행동이나 태도에 대한 보상)
  e.g. He doesn't deserve your kindness. 그는 네 친절을 받을 자격이 없다.

- **be worthy of**: ~할 만한 가치가 있다 (추상적인 가치나 중요성을 강조하는 격식적 표현)
  e.g. You are worthy of love. 넌 사랑받을 만큼 소중한 사람이다.

- **be entitled to**: (권리로서) ~에 대한 자격이 있다 (법적 또는 제도적인 권리에 대한 자격)
  e.g. You are entitled to paid leave. 당신은 유급 휴가를 쓸 수 있는 권리가 있다.

- 「hold + 사물/감정/의미」는 '~을 쥐다, 담다, 간직하다'라는 의미로 물리적인 소유뿐 아니라, 감정이나 의미 등을 내포하거나 간직한다는 의미로 확장되어 쓰입니다.
  - e.g. The necklace **holds special meaning** for her. 그 목걸이는 그녀에게 특별한 의미가 있다.

15 And **I know we'll find** it.

그리고 우리가 그 이름을 꼭 찾게 될 거라는 걸 나는 안다.

- 「I know (that) + 주어 + will + 동사원형」은 '~할 거라는 걸 나는 안다'라는 의미로 미래에 일어날 일에 대해 확신이나 믿음을 표현할 때 사용합니다.
  - e.g. **I know you'll do** great. 네가 잘할 거라는 걸 난 알아.

한글 해석 살펴보기

 **달콤한 의도, 짭짤한 결과**

　지난 주말은 남편의 생일이었다. 그래서 직접 케이크를 만들어 줄까 생각했다! 훌륭한 빵집들이 이렇게 많은데 굳이 만드는 건 시간 낭비라는 사람들도 있지만, 나는 그렇게 생각하지 않는다. 직접 만드는 것에는 뭔가 특별한 게 있다.

　열심히 굽고 장식한 후, 남편에게 자랑스럽게 예쁜 케이크를 들고 가서 '생일 축하 노래'를 불러 줬다. 그런데 남편이 첫 한 입을 먹더니, 이상한 표정을 지었다.

　"이거… 흥미롭네." 남편이 말했다.

　"흥미롭다고? 그게 무슨 뜻이야?"

　"음, 칭찬이라고 생각해…."

　근데 남편 표정은 전혀 그렇게 말하고 있지 않았다. 그래서 나도 한 입 먹어 봤다. 알고 보니, 내가 설탕 대신 소금을 넣었던 거다. 뭐 어때! 적어도 불필요한 칼로리는 줄였잖아!

 **커피를 통한 우연한 만남**

　오늘 나한테 무슨 일이 있었는지 절대 예상 못 할걸!

　나는 카페에서 줄을 서서 기다리면서 뭘 주문할지 고민하고 있었는데, 바로 그때 내 뒤에 있던 사람이 눈치채고 말해 주었다. "대표 메뉴라면 실패할 일 없어요. 이게 여기서 제일 유명한 거예요. 한번 시도해 보는 게 어때요?"

　"좋은 선택인 것 같네요. 고마워요!"

우리는 이야기를 나누기 시작했는데, 알고 보니 같은 도시 출신이었다! 더 놀라운 건, 그녀가 바로 내 옆 건물에 산다는 것이다! 대화가 너무 자연스럽게 이어져서 시간 가는 줄을 전혀 몰랐다.

"세상에! 남편한테 이걸 가져다줘야 하는데… 아마 제가 어디 있는지 궁금해 하고 있을 거예요. 이야기 나눠서 정말 즐거웠어요! 다시 우연히 만나면 좋겠네요!"

커피를 사러 갔다가 새로운 친구를 만나게 될 줄 누가 알았겠어?

 빗속 모험이 된 스쿠터 라이딩

남편과 나는 항상 짜릿한 경험을 좋아한다. 그래서 산책을 하다가 스쿠터를 발견했을 때, 그냥 지나칠 수 없었다.

"작은 모험 한번 해 볼까?"라고 남편이 물었다.

"완전 좋아! 가자!"

처음에는 환상적이었다. 바람이 머리를 스치고, 세상 걱정 따위는 없었다. 하지만 조금 지나고 나자 뭔가 이상한 느낌이 들었다. 거리는 갑자기 텅 비었고, 하늘은 빠르게 회색빛으로 변하고 있었다.

"나오기 전에 일기 예보 확인했어?" 내가 물었다.

"분명 하루 종일 맑을 거라고 했는데!"

결국 우리는 빗속에서 스쿠터를 타고 돌아왔고, 완전히 젖어 버렸다. 그래도 나쁘지는 않다. 진짜 모험이었으니까!

정말 필요했던 제주 여행

집에서 나가고 싶은 충동이 든 적 있는가? 남편과 나는 추위 때문에 몇 주 동안 집에 갇혀 있었더니 답답해 미칠 지경이었다. 그래서 우리는 답답함에서 벗어나기 위해 여행을 가기로 했고, 짧은 겨울 여행을 위해 일주일 휴가를 냈다.

남편이 온라인으로 티켓을 예매하면서 "다음 금요일 괜찮을까?"라고 물었다.

"좋아! 근데 해외 가기엔 부담스럽고, 어딜 가야 될까?" 내가 물었다.

"난 너무 춥지만 않다면 어디든 괜찮아. 제주도는 어때? 지금 좋은 할인 행사가 진행 중이야."라며 남편이 제안했다.

그리고 그렇게, 우리의 제주도 여행이 본격적으로 시작되었다!

 월요병과 라테 한 잔의 위로

오늘은 월요일, 즉 다시 일터로 돌아가야 하는 날이다. 방금 다녀온 휴가가 꿈처럼 순식간에 지나가 버린 기분이다! 하지만 이제 다시 현실로 돌아갈 시간이다.

오늘 출근하는 데 너무 오래 걸렸다. 아직도 출근길 교통 체증에 적응이 안 된다. 손가락을 딱 튕겨서 순간 이동할 수 있으면 얼마나 좋을까! 말도 안 되는 일이지만, 그래도 뭐, 상상할 수는 있잖아!

월요일마다 내가 유일하게 기대하는 건 출근길에 가장 좋아하는 카페에 들르는 것이다.

"안녕하세요, 라테 하나 주세요. 무지방 우유로 해 주시고, 거품은 많이 넣어 주세요.

위에 시나몬도 조금 뿌려 주세요."

"네! 드시고 가시나요, 아니면 포장이신가요?" 점원이 물었다.

"포장할게요. 근데 컵 캐리어는 안 주셔도 돼요."

출근길에 라테를 홀짝이면 기분이 확 좋아진다!

 못 줘도 너무 못 주는 선물 센스 깨기

내가 선물 고르는 거 진짜 못한다고 말한 적 있나? 늘 선물 고르는 걸 잘하고 싶었는데, 몇 년 동안 나아지긴 했지만 여전히 성과가 별로다. 그리고 내 문제점이 뭔지 아는가? 난 모든 걸 너무 깊이 생각한다.

지난주가 밸런타인데이였는데, 남편한테 뭘 사 줘야 할지 전혀 감이 안 잡혔다. 그가 초콜릿을 좋아하는 것도 아니고, 간식만 주기엔 부족할 것 같았다.

마지막 순간까지 미루고 미루다가 결국 결정을 해야 했다. 나는 결국 다음 날 바로 배송되는 전기 면도기를 주문했다.

그리고 있잖아? 남편이 엄청 좋아했다! 아마도 선물 고르기를 못하던 내 기록이 드디어 끝난 것 같다. 이건 축하해야 할 일이다!

DAY 7 똑똑 새던 수도꼭지가 대홍수로!

며칠째 우리 주방 수도꼭지에서 물이 똑똑 떨어지고 있는데, 미치겠다! 이런 반복적인 소리가 계속 들리면 잠을 잘 수가 없다. 그리고 요즘 내 기분이 안 좋은 이유도 이거 때문인 게 분명하다.

그래서 남편한테 꼭 좀 봐 달라고 졸랐다.

"내가 제대로 하고 있는 건지 모르겠는데…."라고 남편이 말했다.

"그걸 또 들으면서 밤을 보내는 건 도저히 못 견디겠어! 제발 뭔가 좀 해 봐, 아무거나!"

그러다가 갑자기, 싱크대 아래에서 물이 뿜어져 나오기 시작했다! 우리가 마침내 물을 잠그는 방법을 알아내기까지 5분 동안이나 계속 뿜어져 나왔다. 그 후 우리는 몇 시간 동안 주방 바닥을 닦아야 했다.

내일 배관공이 와서 고쳐 주기로 했다. 그때까지 물은 못 쓰겠지만 적어도 똑똑 새는 소리는 사라졌다!

DAY 8 득템인가, 최악의 패션 선택인가?

내 사촌이 몇 주 후에 결혼한다! 그래서 어제 입을 만한 옷이 있는지 보려고 백화점에 갔다. 그런데 둘러보니, 모든 것이 엄청 비싸 보였다.

"찾으시는 거 도와드릴까요?"라고 직원이 나에게 물어봤다.

"사촌 결혼식에서 입을 드레스를 찾고 있어요."

"어떤 종류의 드레스를 생각하고 계세요?" 직원이 다시 물었다.

"단순하고 편하지만, 우아하기도 한 것이요." 내가 말했다.

결국, 나는 귀엽고 작은 빨간 드레스를 사서 가게를 나왔는데 사실 꽤 저렴했다! 하지만 집에 도착해서 다시 입어 보자마자, 끈 하나가 끊어졌다. 역시 싼 게 비지떡이야!

다행히도, 우리 시어머니는 이런 걸 고치는 데 정말 능숙하시다. 바라건대, 나를 도와주실 수 있겠지!

 집안일, 말다툼 그리고 화해

오늘 남편과 나는 집안일을 하는 것에 대해 말다툼을 했다. 어떻게 된 거냐면 이러하다.

"자기야, 시간 있으면 쓰레기 좀 버려 줄래?"

"응, 알겠어. 이것만 마무리할 테니까 잠깐만 기다려 줘. 바로 할게."

한 시간이 넘게 지났는데도, 그는 아직도 쓰레기를 내다 버리지 않았다. 나는 평소보다 유난히 피곤하고 짜증이 났다. 그래서 남편에게 계속 잔소리를 하기 시작했다.

"당신 한 시간 전에 쓰레기 버리겠다고 말했잖아!"

"버릴 계획이라고! 근데 이게 생각보다 오래 걸리고 있어! 내가 바쁜 거 뻔히 보이는데, 왜 자꾸 닦달하는 거야?"

결국 서로 언성이 높아졌고, 우리 둘 다 기분이 상했다.

우리는 둘 다 나중에 사과했다. 아마도 수면 부족 때문에 예민해졌던 것 같다. 다행히 우리는 금방 화해했고, 손을 맞잡고 함께 쓰레기를 버리러 나갔다.

DAY 10 배꼽 잡은 첫날

오늘은 우리 필라테스 수업 첫날이었다. 그런데 예상했던 것과는 좀 달랐다.

우리는 유연성과 건강을 향상시키기 위해 필라테스를 시작했지만, 감당하기 어려운 걸 선택한 것 같다.

우리 둘 다 손이 발끝에도 못 닿았다! 실수할 때마다 서로를 보며 낄낄대서 집중하기가 어려웠다. 우리가 오래 버틸 수 있을 것 같지 않다.

우리 둘 다 운동이 필요하다는 데는 동의했지만, 필라테스는 우리한테 안 맞는 것 같다. 이번 달까지는 마저 하고, 그다음에 새로운 걸 시도해 보려고 한다. 아마도 탁구? 아니면 웨이트 트레이닝? 두고 보자!

DAY 11 매운 음식 대참사

오늘 저녁 친구와 외식을 했는데, 그녀가 자기의 음식을 먹어 보라고 고집했다. 그것은 메뉴에서 가장 매운 요리 중 하나였다.

"에이, 별거 아닐 거야! 그냥 한번 먹어 봐!"

"너랑 다르게, 난 매운 음식을 전혀 못 먹어!"라고 나는 그녀에게 말했다.

"한 입만! 이거 먹는다고 죽진 않아."

결국 나는 굴복하고 한 입 먹었다. 그리고 즉시 후회했다. 삼키자마자 눈물이 나기 시작했고, 입에서 불이 나는 것 같았다! 물도 소용이 없어서 맨밥을 먹어 봤지만, 그것도 효과가 없었다.

"내가 너무 맵다고 했잖아!" 나는 겨우 숨을 돌리면서 말했다.

교훈: "별로 안 매워."라고 말하는 사람을 절대 믿지 말 것.

 영화의 밤이 한밤중의 후회로

오늘은 영화 보는 날이었다. 그런데 늘 그렇듯이, 우리 둘 다 보고 싶은 영화를 고르는 게 쉽지 않았다.

"이 영화 들어 본 적 있어?" 남편이 물었다.

"어디서 본 것 같아… 근데 이거 공포 영화 아니야?"

"맞아, 그런데 한번 시도해 보면 어떨까 해서. 리뷰가 끝내줘!"

"공포 영화를 싫어하는 건 아닌데… 밤새 악몽 꾸고 싶지는 않아… 딴 거 보면 안 돼?" 내가 말했다.

"에이! 재밌을 거야. 팝콘이랑 음료 가지러 주방에 가자. 그리고 소파에서 딱 붙어 앉아서 보자!"

"알겠어, 당신이 그렇게 말한다면….". 나는 마지못해 동의했다.

영화 〈부산행〉을 아는가? 우리가 본 게 그거였다. 한마디로 말해서 다음 주에 부산 가는 기차 타기가 좀 힘들어질 것 같다….

DAY 13 한 걸음 더 가까워진 프레젠테이션 데이

회사(학원)에서 며칠 안 남은 중요한 프로젝트 마감이 있어서, 우리 모두 밤늦게까지 일하며 마무리하고 있는 중이다. 설상가상으로, 오늘 회사 인터넷이 알 수 없는 이유로 끊겨 버렸다. 모두 잃어버린 시간을 만회하려고 야근해야 했다. 다행히 일정이 밀리지는 않았지만, 정말 아슬아슬했다.

내가 대표(원장)이기 때문에, 팀장에게 어떻게 되어 가고 있는지 진행 상황을 확인했다.

"다음 주 프레젠테이션 준비 다 됐어요?" 내가 물었다.

"완전히 준비된 건 아니지만, 거의 다 됐어요. 몇 가지만 더 마무리하면 준비 끝이에요."

"좋아요! 기대할게요."

부디 모든 게 계획대로 진행되길! 우리가 열심히 노력한 만큼 보상이 있을 거다. 확신한다.

 DAY 14 순간을 걸작으로 바꾸며

나는 조금 독특한 취미가 있다. 여가 시간에는 스크랩북에 기억들을 기록하는 걸 좋아한다. 나는 기억력이 정말 안 좋아서, 예전 기록을 다시 보면 정말 재미있다. 남편과 나는 페이지를 넘기며 지난 여행을 추억하는 걸 좋아한다.

내가 또 너무 좋아하는 게 뭔지 아는가? 바로 스티커다! 나는 다양한 스티커와 장식용 종이를 사용해서 각각의 기록을 생동감 있게 만든다. 아름다운 삽화로 나만의 작은 작품을 만드는 것은 내가 스트레스를 해소하는 데 도움이 된다.

아쉽게도 요즘은 스크랩북을 만들 시간이 없었다. 그래서 시간을 따로 내서 스크랩북을 하는 걸 나를 위한 작은 선물로 삼기로 했다. 이것이 나만의 작은 자기 관리 방법이 될 것이다. 아무리 바쁜 삶이 되어도, 돌아볼 수 있는 아름다운 무언가를 계속 만들어 가고 싶다.

 소중한 사람들과 함께하는 특별한 추석

오늘은 남편의 가족과 함께 추석을 보내기 위해 양산으로 향한 날이었다! 영어로는 추석을 보통 '한국의 추수감사절'이라고 부르지만, 사실 미국의 추수감사절과는 꽤 다르다. 나의 고향에서는 보통 함께 식사하고 이야기하는 정도지만, 한국에서는 가족들이 모여 조상님을 기리는 전통 의식을 함께 치른다.

우리는 오전 11시쯤 출발했다. 저녁 식사는 5시였지만, 먼 길을 가야 했기 때문이다.

"커피 한 잔 정말 마시고 싶어. 가는 길에 휴게소에서 사도 될까?" 내가 남편에게 물었다.

"그럼, 자기야! 문제없어. 곧 휴게소가 나오니까 들르면 돼."

우리가 도착하자마자 모든 것이 순조롭게 진행되었다. 우리는 다 같이 주방에서 요리를 준비했고, 그런 후에 함께 웃고 이야기하며 저녁 시간을 보냈다.

이렇게 멋진 가족이 있다는 게 정말 행운이라고 느낀다! 나는 추석을 경험하며 자라지는 않았지만, 이제는 내 삶의 특별한 일부가 되었다.

엔진 경고등 점등, 행운을 빌며

오늘 내 차의 엔진 경고등이 깜빡이기 시작했다. 그 말은 곧 정비소에 갈 때라는 뜻이다. 어릴 때 아빠가 나한테 엔진 오일 교환하는 법이랑 기본적인 정비 방법을 가르쳐 주셨지만, 그 이상 차에 관해서는 전혀 모른다.

그래서 퇴근 후 정비소에 잠깐 들렀다.

"오늘 아침에 엔진 경고등이 깜빡이기 시작했어요. 한번 봐 주실 수 있나요?"

"그럼요. 차 상태가 꽤 좋아 보이네요. 오래 걸리진 않을 거예요."라고 정비사가 말했다.

"그렇게 말씀해 주셔서 감사하지만, 사실 저는 최소한의 관리만 해요. 심각한 문제가 아니었으면 좋겠네요. 요즘 돈이 좀 빠듯해서요."

그는 걱정하지 말라고 나를 안심시키며, 며칠 후에 와서 차를 찾아가면 된다고 말했다. 이제 행운을 빌면서 수리비가 너무 많이 나오지 않길 바랄 뿐이다!

번거로운 여정이었지만, 결국엔 가치 있었던 하루

오늘 외국인 등록증을 갱신해야 했는데, 와… 정말 번거로웠다! 시부모님이 우리 차를 빌려 가셔서 우리는 버스를 타야 했다. 보통 한 시간 조금 넘게 걸리는데, 환승 편을 놓쳐서 25분이나 다음 차를 기다려야 했다! 친절한 사람들과 좋은 시설 때문에 우리 도시를 좋아하지만, 대중교통은 가끔 정말 불편하다.

그런데 일단 이민국 사무소에 도착하자 모든 게 술술 풀렸다. 우리 동네 사무소는 서울보다 훨씬 한산하고, 직원들도 훨씬 친절하다. 정말 남편한테 큰 신세를 졌다. 나에게는 이해하기 어려운 서류 작업이랑 요구 사항들을 엄청 많이 도와주었다. 솔직히 남편 없었으면 어떻게 했을지 모르겠다.

한국에서 사는 외국인으로서 확실히 더 복잡하지만, 원래 그런 거지 뭐.

결국 이렇게 멋진 나라에서 사는 건 완전 가치 있는 일이다. 약간의 서류 작업쯤은 이곳을 내 집이라 부를 수 있는 대가로 치면 별거 아니다.

DAY 18 작지만 큰 영향을 주는 제스처

요즘 할 일이 너무 많아서 정신없었는데, 오늘은 특히 부담이 컸다. 그런데 어떤 일이 있었고, 그 덕분에 하루가 완전히 바뀌었다.

볼일을 보러 나갔는데, 어떤 낯선 사람이 나를 한번 훑어보더니, "그 원피스 정말 잘 어울려요!"라고 말했다.

그 칭찬이 갑자기 들려서 좀 당황했지만, 바로 감사 인사를 했다. "고마워요, 그렇게 말해 주셔서 기분 좋네요!"

그리고 바로 우리는 그냥 각자의 길을 갔다. 가벼운 대화도 없었고, 숨은 의도도 없는, 그저 친절한 지나가는 칭찬이었다. 아주 사소한 순간이었지만, 작은 행동이 누군가의 하루를 얼마나 밝게 만들 수 있는지를 다시금 깨닫게 됐다.

그래서 생각해 봤다. 나도 더 많은 칭찬을 해 볼까? 친절은 전염성이 있으니까, 나부터 퍼뜨려야겠다!

DAY 19 치과 방문과 죄책감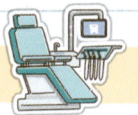

한동안 치과에 가는 걸 미뤘는데, 어제 갑자기 치통이 생겼다. 그래서 온라인으로 예약을 잡고 오늘 아침에 가서 어떤 문제가 있는지 알아봤다. 그런데 준비가 좀 부족했던 것 같다….

"치실 사용은 규칙적으로 하고 계신가요?"라고 의사 선생님이 물었다.

"어… 음… 노력은 하는데요."라고 나는 중얼거렸다.

그녀는 초등학교 때 선생님한테 혼나던 기분이 들게 하는 표정을 지었다.

"그 말, 모든 환자에게서 듣는 거예요!"

"근데 저도 매번 올 때마다 똑같이 느껴요. 치아를 더 잘 관리했어야 했다는 생각이요!"라고 나는 인정했다.

다행히 이번에는 충치가 없었다. 다음번에는 치실 사용 습관을 정말 제대로 지킬지도 모르겠다. 아마도…?

 DAY 20 수다, 하소연, 그리고 가벼운 마음

나는 보통 미국에 있는 가장 친한 친구와 한 달에 한 번 정도 통화하는데, 오늘이 바로 그날이었다. 그녀는 결혼해서 딸이 있고, 최근에 새집을 장만했다.

"새집 사진 좀 보내 줘! 혹시 리모델링할 계획 있어?" 내가 물었다.

"고칠 부분이 좀 있긴 한데, 아직 시작도 못 했어. 알아보니까 뭐 하나 바꾸는 게 말도 안 되게 비싸더라고. 다음 청구서가 얼마나 나올지 알고 싶지도 않아!"

"그거 있지? 나도 완전 공감해! 어른으로 산다는 게 생각보다 훨씬 돈이 많이 드는 것 같아." 내가 맞장구쳤다.

우리가 뭔가 해결한 건 아니었지만, 그래도 하소연이라도 할 수 있어서 다행이었다. 가끔은 그냥 털어놓는 것만으로도 마음이 한결 가벼워지는 법이니까.

 배우자의 간절한 심리적 지지 요청

지난주에 남편이 뭔가 불길한 기운이 감도는 이상한 표정을 하고 집에 들어왔다.

"무슨 일이야? 그 표정은 뭐야? 무슨 문제 있어?"라고 내가 물었다.

"이번 주말에 상사가 나에게 골프 치러 가자고 했어. 평생 한 번도 골프를 쳐 본 적 없지만, 거절하면 실례일 것 같아. 제발, 같이 가 줘. 나 혼자서는 버틸 수 없을 것 같아."

"정말 내가 가길 원하는 거야? 그렇다고 해서 나도 골프를 쳐 본 건 아닌데…."라고 내가 말했다.

"우리 둘 다 불편하겠지만, 긍정적으로 보면 적어도 나만 못하는 건 아니잖아! 당신이 옆에서 힘이 되어 줘야 해."라고 그가 간청했다.

"좋아, 같이 갈게. 같이 망신당하자."라고 나는 웃으며 말했다.

이건 완전한 재앙이 될 수도 있고, 어쩌면 최고의 경험이 될 수도 있다. 어쨌든 기억에 남을 거다!

DAY 22 **시어머니께 김치 만드는 법을 배우다**

　올해 내 생일을 맞아, 나는 시어머니께 김치 만드는 법을 가르쳐 달라고 부탁했다. 내 생일이 12월이라 이 시기가 딱 맞았다. 많은 한국 가족이 이맘때쯤 한 해 동안 먹을 김치를 담그기 위해 모이기 때문이다.

　우리는 내 생일이 있는 주말 동안 시어머니께서 방문하시면 함께 만들기로 계획했다.

　"필요한 거 다 준비했어요!" 나는 신나서 말했다.

　"좋아, 완벽해! 자, 모든 걸 세팅해 보자! 먼저 배추랑 소금부터 시작할 거야. 여기로 가져와 줘." 시어머니께서 말씀하셨다.

　남편이 부엌으로 들어오더니 의아한 표정을 지었다. "둘이 뭐 하고 있어?"

　"김치 만들고 있어!" 나는 활짝 웃으며 말했다. "장갑 끼고 같이 하자!"

　우리 가족 모두가 함께 힘을 합쳐 완벽한 김치를 만들었다. 심지어 시아버지께서도 거드시며 양념을 배추에 정성스럽게 바르셨다. 그리고 역시나 우리는 환상적인 수육 한 상으로 마무리했다. 신선한 김치와 더 잘 어울리는 건 없으니까!

 DAY 23 **드디어 기다렸던 데이트 계획을 세우다**

　남편과 나는 둘 다 바빠서 제대로 된 데이트를 할 시간이 별로 없었다. 그래서 오늘, 이번 주말에 나가서 무엇을 할지 고민하고 있었다.

　"암벽 등반 어때? 차로 30분쯤 거리에 새로 생긴 곳이 있더라고." 내가 제안했다.

"음, 너무 활동적인 건 별로 하고 싶지 않은데. 좀 더 편안한 게 좋겠어. 해변으로 드라이브 가는 건 어때?" 남편이 말했다.

"해변은 너무 멀어. 그렇게 오래 운전하고 나면 제대로 즐기기도 힘들잖아." 내가 답했다.

"오! 좋은 생각이 났어! 내 친구가 여기서 멀지 않은 곳에 앵무새 카페가 있다고 했어. 가 볼까?"

"세상에, 완전 좋아! 그거 진짜 재밌겠다!"

우리가 그 앵무새들을 좋아하는 만큼, 그 앵무새들도 우리를 좋아해 주길 바랄 뿐이다!

  **아침형 인간 vs. 저녁형 인간**

대학생 때 나는 꼭 필요하지 않으면 일찍 일어나지 않았다. 나는 보통 아침 9시나 10시쯤에 일어나서 수업에 갔다. 그러고 나서 일주일에 몇 번은 아르바이트하러 갔다. 그런데 최근에 일찍 일어나는 것이 건강과 동기 부여에 더 좋다고 들어서, 나도 그렇게 바꿔 보려고 노력 중이다.

하지만 가장 큰 문제는 일찍 일어나려면 일찍 자야 한다는 것이다. 그것이 나에게 가장 어려운 적응 과정이었다. 나는 보통 밤에 스크랩북 만들기나 영화 보기 같은 내가 좋아하는 일을 하면서 하루를 마무리했었다. 하지만 일찍 자려면 이런 것들을 밤에 할 수 없고, 아침에 하는 것은 느낌이 다르다.

그래서 아침형 인간과 저녁형 인간의 삶에는 확실히 장단점이 있다.

나는 아직도 어떤 생활 패턴이 나한테 가장 맞는지 고민 중이다. 나는 더 건강한 방식을 선택하고 싶지만, 내가 원하는 대로 잘 될지는 모르겠다.

 포틀럭 파티를 위한 브라우니

이번 주말에 친구들이 포틀럭 파티를 여는데, 나는 디저트를 맡게 되었다. 나는 내가 자랑하는 브라우니를 만들 것이다. 그리고 곁들일 과일과 아이스크림도 준비할 것이다.

우리 엄마는 할머니에게서 물려받은 끝내주는 브라우니 레시피를 가지고 계시다. 나는 학창시절 친구들의 생일마다 항상 브라우니를 구워 갔는데, 어느 순간부터 내가 안 가져가면 친구들이 잔소리를 하기 시작했다! 이 브라우니는 언제나 인기 만점이라, 이번 파티에서도 대박 날 거라고 확신한다.

가게에 잠깐 다녀온 후, 나만의 비법 레시피로 브라우니를 만들기 시작했다. 갓 구운 초콜릿 향이 주방을 가득 채웠고, 내가 오븐에서 브라우니를 꺼내자마자 남편이 나타났다.

"자기야, 뭐 만들고 있어?" 그가 물었다.

"이거 이번 주말 포틀럭 파티용이야. 시식 금지!" 나는 경고했다.

이제, 남편이 전부 먹어 치우기 전에 브라우니를 파티에 가져갈 수 있길 바랄 뿐이다!

시부모님과 함께하는 노래, 웃음, 그리고 행복한 삶

오늘 저녁, 시부모님과 저녁을 먹으러 나갔고, 시아버지와 나는 함께 맥주와 소주를 나눠 마셨다. 시어머니와 남편은 술에 관해서라면 둘 다 아주 약해서 보통 마시지 않는다. 그래서 시아버지와 나는 술을 마시며 이야기하고 남편과 시어머니는 옆에서 함께 있어 주며 분위기를 즐긴다.

저녁을 먹고 우리는 노래방에 갔다! 나는 항상 남편에게 〈여수 밤바다〉를 불러 달라고 부탁하는데, 그의 목소리는 마치 꿈같다. 시어머니는 깊고 감성적인 목소리를 가지고 계셔서 정말 감동적이다. 그리고 있잖아? 난 전에 몰랐는데, 시아버지도 엄청난 가수시다! 허스키한 목소리는 모든 사람들이 노래를 따라 부르게 만들 정도다. 이 가족은 음악적인 재능이 유전인가 보다!

노래방에서 노래하니까 모든 스트레스가 사라졌다. 어쩐지 기분이 훨씬 좋아졌더라니! 누군가 나에게 "한국인과 결혼해서 시댁 가까이에 사는 게 어때요?"라고 묻는다면, 나는 이렇게 말할 것이다. "매일이 새로운 모험이고, 정말 재미있어요!"

 낯선 이의 경고

오늘 나에게 무서운 일이 있었다. 나는 출근길에 전화로 누군가와 이야기 중이었고, 학원 건물에 막 들어가려던 순간 누군가가 나를 멈춰 세웠다.

"죄송해요, 끊어야겠어요." 나는 전화를 끊고 내 앞에 있는 사람을 바라봤다.

"다행이에요. 딱 맞춰서 당신을 붙잡았네요." 그녀는 숨 가쁜 목소리로 말했다. "내 말을 안 들으면 상상도 못 할 일이 일어날 거예요. 일 그만두세요. 여기 너무 위험해요. 그들이 당신을 찾을 거예요."

그녀는 그 말을 하고 그냥 돌아서고는 떠났다! 솔직히 그녀가 나를 놀라게 했다는 걸 인정하기 싫어서 그냥 학원으로 갔다. 온갖 감정을 속으로 누르며 퇴근할 때까지 견뎠다.

"왜 그렇게 초조해 보여?" 남편이 걱정하며 물었다.

그에게 모든 이야기를 해 준 뒤 물어봤다. "내가 너무 과민 반응하는 걸까? 정말 직장을 그만둬야 할 것 같아! 그녀가 한 말이 자꾸 머릿속에 떠올라. 혹시 그녀가 진짜 예지력이 있으면 어쩌지? 그리고 '그들'은 대체 누구지? 출근길에 또 마주치기라도 하면 어쩌지? 이 일 때문에 미칠 것 같아!"

남편은 내가 걱정하는 것도 이해된다고 했지만, 우리가 할 수 있는 건 없다고 했다. 아무 일도 없기를 바랄 뿐이다!

 ## 새로운 가족 크리스마스 전통의 시작

미국에서 크리스마스는 가족과 모이고, 아주 많은 음식을 먹고, 선물을 교환하는 시기이다. 크리스마스 한 달 전부터, 심지어 11월에도 어디서나 캐럴이 들려온다. 사람들은 집을 반짝이는 조명과 겨울 테마 장식으로 꾸며서, 모든 것이 축제 같고 아늑하게 느껴지게 한다.

그런데 한국에서는 크리스마스가 조금 다르게 느껴진다. 크리스마스가 미국만큼 큰 행사라고는 할 수 없고, 가족 행사라기보다는 연인과 보내는 날로 여겨지는 경우가 많다. 그래서 올해, 나는 한국에서 우리 가족만의 크리스마스 분위기를 좀 만들어 보기로 했다.

나는 재미있는 선물들을 한 묶음 사서 전부 포장했다. 그러고 나서 우리는 함께 게임을 하면서, 마지막에 선물을 사는 데 사용할 '돈'을 벌었다. 정말 신나는 시간이었다! 모두가 게임을 하고, 웃고, 깜짝 선물을 풀어 보면서 정말 즐거운 시간을 보냈다.

우리가 새로운 가족 크리스마스 전통을 만든 것 같다!

 강아지 돌봐 주기 대소동

우리 친구 중 한 명이 이번 주말에 이사하게 되었고, 이사하는 날 이삿짐 운반 업체가 짐을 운반하는 동안 강아지를 돌봐 달라고 부탁했다.

"이번 주 토요일에 몇 시간 동안 우리 강아지를 돌봐 줄 수 있어? 이삿짐 운반하는 사람들이 짐을 들고 나를 때, 강아지가 방해될까 봐 걱정돼." 그녀가 말했다.

"당연하지! 너희 강아지는 정말 귀여워. 기꺼이 도와줄게!"

친구가 강아지를 맡기고 간 후, 우리는 산책을 시키려고 밖으로 데려갔다. 처음에는 얌전했다. 그런데 갑자기 새를 발견하더니 그걸 쫓아 전속력으로 뛰어갔다. 그 바람에 목줄이 손에서 빠져나가고 말았다! 다행히 우리가 강아지를 붙잡긴 했지만, 그 작은 소동 이후, 우리는 강아지를 안으로 데려오는 게 더 안전하겠다고 결론을 내렸다.

우리는 강아지를 키우는 걸 고민하고 있었고, 나는 이번이 남편을 설득할 완벽한 기회가 되기를 바랐다. 그런데 도망친 강아지를 사방팔방 쫓아다니고 나니… 남편을 설득하려면 예상보다 더 많은 노력이 필요할 것 같다!

 ## 절대 잊지 못할 문자 실수

학원에서 퇴근하려던 참이었는데, 갑자기 족발이 너무 먹고 싶어졌다. 그래서 나는 핸드폰을 꺼내 남편에게 문자를 보냈다.

자기야, 오늘 저녁에 족발 먹을까? 같이 껴안고 넷플릭스 보자.

그런데 남편이 평소보다 문자에 답하는 데 오래 걸려서 혹시 무슨 일이 있나 싶었다. 그러던 찰나, 휴대폰이 울렸다.

음… 원장님? 저도 족발은 괜찮은데, 근데 혹시 잘못 보내신 거 아닌가요… 껴안는 건 좀 과한 것 같은데요….

나는 그대로 얼어붙었다.

남편에게 보내려던 문자를 새로 들어온 조교한테 보낸 것이었다! 오늘 업무 때문에 처음으로 내 번호를 알려 줬는데, 문자를 보내기 전에 채팅방을 제대로 확인하지 않은 것이었다.

앗, 미안해요! 내가 문자를 잘못 보냈네요. 불편하게 하려는 의도는 아니었는데! 내일 학원에서 봐요!

내가 실수로 조교한테 족발 먹자고 하고, 껴안고 넷플릭스를 보자고 해 버렸다니 믿을 수가 없다. 남편한테 이 얘기를 해 주자, 그는 웃음을 멈추지 못했다.

이 족발은 정말 맛있어야 한다. 왜냐면, 이 끔찍한 실수를 빨리 잊을 무언가가 필요하기 때문이다.

 **커피 없이 처음으로 보내는 하루, 행운을 빌어줘!**

오늘 아침에는 정말 기분 좋게 일어났다! 그런데 하루가 지나면서 두통이 슬며시 시작됐다. 처음에는 그렇게 심하지 않았는데, 점점 더 심해졌다. 뭐가 원인인지 알아낼 수 없어서 남편에게 조언을 구했다.

"음, 혹시 탈수된 거 아닐까?" 남편이 추측했다.

"어젯밤이랑 오늘 아침에 물을 많이 마셨는데. 그건 아닐걸."이라고 내가 말했다.

"혹시 카페인 두통일 수도 있지 않을까? 오늘 커피 마셨어?"라고 남편이 물었다.

바로 그거였다! "당신 말이 맞아! 아직 커피를 한 잔도 안 마셨어!" 나는 깨달았다.

"계속 마셔도 괜찮겠어? 카페인이 당신 몸에 어떤 영향을 미칠지 걱정돼." 남편이 말했다.

"아예 끊어 볼까? 아니, 내가 진짜 할 수 있을까?"

"한번 해 봐! 잃을 건 없고, 최소한 줄이는 것만으로도 훨씬 건강해질 거야."

그래서 커피를 끊어 보려고 한다. 얼마나 오래 갈지 두고 보자고!

소개팅 주선 성공!

친구가 나한테 소개팅을 시켜 달라고 계속 졸랐는데, 사실 처음엔 좀 망설였다. 그런데 친구가 계속 성화여서 결국엔 내가 오랫동안 알고 지낸 직장 동료를 소개해 줬다.

드디어 디데이가 왔고, 그들이 만나기로 한 시간이 지나자 난 궁금해서 미칠 지경이었다!

"소개팅 어땠어? 궁금하게 하지 말고 얼른 말해 봐! 그 사람 어땠어? 분위기는 좋았어?" 친구가 전화를 받자마자 나는 다짜고짜 물었다.

"그는 정말 멋졌어! 우리는 대화를 시작하자마자 모든 게 완벽하게 맞아떨어졌어! 케미가 엄청났어. 우리 벌써 이번 주에 다시 만나기로 했어!"

"정말 잘됐다!" 나는 기뻐하며 말했다.

"다음엔 너희도 같이 만나서 더블데이트 하는 거 어때?" 친구가 물었다.

"완전 좋지! 그렇게 하자!"

사람들이 그러던데 세 커플을 성사시키면 천국에 간다고. 이제 두 커플만 더 남았다!

요리 수업 모험기

우리 부부는 함께 요리 수업을 듣기로 결정해서, 먼저 집에서 연습하려고 몇 권의 요리책을 샀다.

"예전에 요리해 본 적 있어?" 내가 남편에게 물었다.

"별로… 라면도 포함되는 거야?"

"하하, 왜 안 되겠어? 나도 요리를 조금 해 봤지만 확실히 더 연습이 필요해. 우리가 창피를 당하지 않으면 좋겠는데. 재료는 우리가 직접 사야 하는 거야?" 내가 물었다.

"아니, 수업 설명을 확인했는데, 우리가 필요한 모든 걸 제공한대. 수강료에 다 포함되어 있어." 남편이 말했다.

"수강료가 얼마야?"

"정확히 기억은 안 나지만, 우리 둘이 한 달에 약 50만 원일 거야."

첫 번째 요리는? 김치찌개, 한국 요리의 대표 음식 중 하나지! 빨리 시작하고 싶다!

DAY 34 후회되는 온라인 쇼핑

봄이 다가오고 있어서, 계절이 바뀌는 김에 지난주에 온라인으로 옷을 좀 사기로 했다. 새로운 사이트를 시도해 봤는데, 옷들이 사진에서는 정말 멋져 보여서 도착하기만을 기대하고 있었다.

드디어 오늘 도착했다! 그런데, 포장을 열자마자… 실망이었다.

청바지는 너무 컸고, 셔츠는 잘 맞지 않았으며, 디자인은 사진과 전혀 달랐다. 나는 바로 친구에게 전화를 걸어 하소연했다.

"나 진짜 가끔 온라인 쇼핑을 못 견디겠어! 다시는 그런 싸구려 사이트를 믿지 않을 거야. 사진이랑 받은 옷이 완전 딴판이었어!"라고 내가 투덜댔다.

"나도 그래! 그런 일 생기면 정말 짜증 나."라며 친구도 공감했다.

이제 반품하는 데 시간을 써야 하는데, 이게 얼마나 걸릴지 누가 알겠는가? 앞으로는 그냥 매장에서 직접 사야 할 것 같다.

 ## 나의 첫 한국 사우나 경험

남편은 시어머니께서 딸과 함께 한국 사우나에 가는 것을 항상 원하셨다고 말했다. 하지만 어머님은 아들만 둘이라 그런 기회가 없었다. 그래서 나는 시어머니와 '모녀 데이트'를 하기로 했다.

나는 사우나에 가는 것이 처음이었는데, 내가 자란 곳에는 그런 문화가 없기 때문이다. 처음에는 편하게 있기가 힘들었다. 낯선 사람들 사이에서 벌거벗고 있는 것이 익숙하지 않았고, 분명히 몇몇 호기심 어린 시선도 받았다. 하지만 그 단계를 넘어서자, 이제는 즐기기 시작했다.

뜨거운 탕에 몸을 담그는 것이 엄청나게 편안했다. 그리고 시어머니께서는 나를 노천탕으로 데려가셨고, 거기서 젊었을 때 가족들과 함께 갔던 이야기를 들려주셨다. 그 후에 우리는 함께 식혜를 마시며 한증막 안에 앉아 도란도란 이야기를 나누었다.

이렇게 함께 시간을 보내면서, 시어머니에 대한 애정이 더 깊어졌다. 아마도 우리가 새로운 전통을 만든 것 같다!

 **어버이날 준비**

어버이날이 다가오고 있어서, 남편과 나는 시부모님께 드릴 완벽한 케이크와 선물을 찾기 위해 나섰다. 먼저, 우리는 빵집에 갔다.

"어머님이 생크림 케이크를 좋아하시니까, 위에 과일이 올라간 이걸 미리 주문하는 건 어때? 당신 괜찮으면."

"응, 그거 좋아 보인다. 선물로 생각해 둔 거 있어?"

"꽃처럼 생겼지만 사실 돈으로 만든 꽃다발은 어때? 재미있을 것 같은데." 내가 제안했다.

"그거 보면 부모님이 엄청 재미있어하실 거야. 온라인으로 주문해야 해?" 남편이 물었다.

"그럴 것 같아. 확인해 보고 오늘 밤에 주문하자."

이제 어버이날 준비가 다 된 것 같다! 이제 미국에 있는 내 가족을 위한 선물만 준비하면 된다. 거기는 어머니날과 아버지날이 따로 있기 때문에 조금 다르다. 우리가 멀리 떨어져 살지만, 미국에 있는 가족들 역시 사랑받고 있다고 느낄 수 있도록 꼭 챙겨 주고 싶다!

DAY 37 부산 사투리를 배우다

　남편을 처음 만났을 때, 우리는 오직 영어로만 대화했다. 하지만 관계가 점점 진지해지면서, 나는 그의 가족과 소통할 수 있도록 정말 열심히 한국어를 공부하기 시작했다.

　처음 남편의 가족을 만났을 때, 나는 조금 충격을 받았다. 나는 그들이 싸우고 있다고 생각했다! 하지만 알고 보니, 그들은 부산 출신이었고, 그냥 부산 사투리가 원래 그렇게 들리는 것뿐이었다.

　최근 나는 부산 사투리를 조금 배워서 남편과 그의 가족을 깜짝 놀라게 하려고 노력 중이다. 내 실력을 확인해 보기 위해, 나는 부산 출신 친구에게 전화를 걸었다.

　"나 자연스럽게 들려?" 내가 물었다.

　"네가 부산 사투리로 말하고 있다고 생각하는 이유가 뭐야? 그냥 서울말에 이상한 억양이 섞인 것처럼 들리는데!" 그녀가 웃으며 말했다.

　확실히, 사투리를 제대로 구사하는 것은 쉽지 않지만, 나는 배우는 과정이 너무 즐겁다! 나는 더 자신감을 가져야 하고, 완벽하게 하려는 걱정은 덜 해야 할 것 같다. 내가 사투리를 완벽하게 마스터할 수 있을지는 모르겠지만, 적어도 남편은 내 시도 덕분에 한바탕 웃을 것이다!

DAY 38 친구를 응원하며 나도 동기 부여를 받다

친한 한국인 친구 중 한 명이 해외에서 일하고 싶어서 열심히 공부하며 준비하고 있다. 그런데 오늘 이야기를 나누었을 때, 그녀가 감당하기 어렵다고 털어놓았다.

"아무리 해도 충분한 것 같지 않아! 거의 매일 공부하는데도 실력이 늘고 있다는 느낌이 안 들어." 그녀가 한숨을 쉬며 말했다.

"필요한 게 있으면 부담 갖지 말고 부탁해! 내가 할 수 있는 한 도와줄게. 같이 복습하고 연습하면 돼!"라고 내가 그녀에게 말했다.

"정말? 그럼 정말 도움이 많이 될 것 같아. 하지만 너한테 폐 끼치고 싶지는 않아…." 그녀가 망설이며 말했다.

"그게 친구가 있는 이유지! 네가 꿈꾸는 직업을 준비하도록 도와줄게!"

그녀가 너무 걱정하는 것 같아서, 내가 그녀의 부담을 좀 덜어 줬기를 바란다. 우리는 일주일에 한 번씩 함께 공부하기로 했고, 그녀도 내가 한국어에서 궁금한 게 있으면 뭐든지 물어보라고 했다!

이제 나도 더 열심히 한국어 공부를 해야겠다는 의욕이 생겼다. 그녀 덕분이다!

 DAY 39 놓아줄 시간: 새출발을 위한 정리

계절이 바뀌고 있다. 즉, 내 옷장을 정리할 때라는 뜻이다! 솔직히 말하면, 이건 내가 제일 싫어하는 일 중 하나지만, 어쩔 수 없이 해야만 한다.

오늘 옷을 정리하면서, 적어도 절반은 한동안 입지 않았다는 걸 깨달았다.

"옷이 이렇게 많은데, 정작 입는 건 거의 없네!" 나는 한숨을 쉬며 말했다.

"기부하는 건 어때? 내가 몇 개 기부함에 가져다 놓을까?" 남편이 제안했다.

"음… 근데 나중에 갑자기 입고 싶으면 어쩌지? 그리고 이 중 몇 개는 선물이었는데, 그냥 버려도 괜찮을까?" 나는 망설였다.

입지도 않는 같은 옷을 매번 계절이 바뀔 때마다 이리저리 옮기는 게 어리석게 느껴진다. 그래서 올해는 날씨가 바뀌는 것과 함께 내 마음가짐도 바꿀 때이다. 그리고 결국 한 번도 입지 않은 옷들을 정리할 시간이다!

 아침부터 난리였던 하루

오늘 정말 힘든 하루를 보냈다.

오늘 아침, 나는 동료와 통화 중이었고 이제 막 출근하려던 참이었는데, 열쇠를 찾을 수 없다는 사실을 깨달았다.

"잠깐만요, 몇 분 후에 다시 전화할게요." 나는 그렇게 말한 후 집 안을 정신없이 뒤지기 시작했다.

"자기야, 내 열쇠 본 적 있어? 아무 데서도 못 찾겠어!" 나는 남편에게 물었다.

"주머니는 확인해 봤어? 아니면 침실 서랍장?"

"이미 둘 다 확인했어. 없었어! 아니다, 찾았어."

"오? 어디 있었어?" 남편이 물었다.

"어찌된 게 내 신발 한 짝 안에 끼어 있었어!" 나는 한숨을 쉬었다. "잠깐… 이제는 내 핸드폰이 안 보여!"

다행히 나는 핸드폰을 금방 찾았고 결국 제시간에 출근할 수 있었다. 그런데 직장에 도착했을 때….

"가브리엘! 어… 근데 왜 샌들을 신고 있어요? 오늘 학원 단합을 위해 등산 가는 거 잊은 건가요?"

오늘 일을 계기로, 나는 새로운 플래너를 사서 거기에 일정을 기록하기로 결심했다. 이런 아침을 다시는 겪고 싶지 않다!

DAY 41 루프탑에서 커피 그리고 대화

우리 학원이 있는 건물을 관리해 주는 나이 지긋한 신사분이 있다. 나는 항상 어르신 세대의 이야기를 듣는 것을 좋아하는 편이라, 그분과 대화를 나눠 보고 싶었다.

드디어 기회가 왔을 때, 그는 자신의 인생 이야기를 들려줬다!

그는 87세이고 자녀가 둘 있지만, 놀랍게도 손주는 없었다! 그의 아들 중 한 명은 한의원을 운영하고, 다른 아들은 최근 한국으로 돌아오기 전까지 중국에서 일해 왔다.

그는 자신과 아내가 지금은 따로 살고 있다고 말했다. 그 말은 예상 밖이었고, 나에겐 조금 외롭게 들렸다. 하지만 그는 그저 미소 지으며 "이게 더 나아요."라고 말했다. 사람마다 행복에 대한 기준은 다른 것 같다. 개인적으로 나는 남편 없이는 너무 힘들 것 같다!

그는 나에게 인스턴트 커피 한 잔을 건넸고 우리는 그의 작은 옥상 사무실에서 함께 앉아, 내가 수업에 돌아가야 할 시간이 되기 전까지 약 30분 동안 이야기를 나눴다.

그와 이야기를 나누는 건 마치 과거로 시간 여행을 하는 느낌이었다. 다음에 또 함께 앉아 이야기 나눌 시간이 정말 기대된다!

 **새로운 모험의 시작**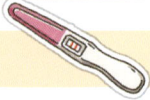

음, 아직 말한 적은 없지만, 남편과 나는 아기를 갖는 것에 대해 고민해 왔다. 몇 달 전부터 시도를 해보기로 결심했는데, 있잖아? 나 임신했다!

몇 주 전부터 속이 울렁거리기 시작했고, 그러고 나서 생리가 일주일이나 늦어졌다. 아직 너무 이른 시기라서 남편에게 말하고 싶지 않았다. 그래서 몰래 임신 테스트를 해봤는데… 양성이 나왔다!

그 소식을 전하려고 나는 곧바로 남편을 찾으러 갔다.

"여보, 왜 이렇게 행복해 보여? 무슨 좋은 일 있어?" 남편이 물었다.

나는 아무 말없이 테스트기를 건넸다. 남편은 나와 테스트기를 번갈아 바라보며 완전히 얼어붙었다.

"말도 안 돼! 우리 이제 막 시도하기 시작했잖아! 어떻게 이렇게 빨리 될 수가 있어?"

"그러니까! 하지만 됐어! 우리에게 아기가 생긴 거야!" 나는 소리를 지르며 남편을 꼭 안았다.

아직 병원에는 가지 않았지만, 몇 주 후에 갈 예정이다. 이제 완전히 새로운 모험의 시작이다. 우리 가족에게 한 사람이 더해지는 것이다!

오늘의 단어: Hangry

이전에 말한 적이 없을 수도 있지만, 나는 영어 학원에서 일한다. 그리고 오늘, 우리 학생 중 한 명과 엄청 웃긴 일이 일어났다.

그녀는 집에서 TV 프로그램을 보다가 모르는 단어를 봤었고, 교실에 들어오자마자 나에게 달려왔다.

"가브리엘 선생님, 'hangry'가 무슨 뜻이에요?" 그녀가 물었다.

"hangry? 배가 너무 고파서 화가 날 때 쓰는 말이야. 'hungry'랑 'angry'가 합쳐진 단어야!" 나는 설명했다.

순식간에 반 전체가 한 학생을 바라보며 외쳤다. "너 매일 점심 전마다 그래! 너는 항상 hangry야!"

모두 폭소를 터뜨렸다.

"축하해요, 여러분! 예상치 못한 '오늘의 단어'는 'hangry'입니다. 거의 저녁 시간인데, 배고파서 화난 사람 누구 있나요?"

학생들은 모두 "저요! 저요! 저요!"라고 외치며 일어났다. 교실은 완전 난리가 났다.

속어를 활용하니 수업에 색다른 재미가 더해졌다. 앞으로 학생들과 나눌 표현들을 좀 더 찾아서, 영어 실력을 조금 더 최신으로 끌어올려 줘야겠다!

DAY 44 **수족관에서의 여유로운 데이트**

남편과 나는 오늘 수족관으로 데이트를 가기로 했다! 운전하는 대신, 우리는 잠실까지 버스를 타고 갔다. 그래서 주차 문제를 신경 쓰지 않아도 되었다.

"자기야, 준비됐어? 버스 타려면 지금 출발해야 되는데."라고 남편이 소리쳤다.

"난 준비됐어. 근데 당신 이어폰 가져가? 가면서 같이 쇼를 보고 싶은데, 내 것을 못 찾겠어. 이어폰이 없으면 버스 안에서 다른 사람들에게 너무 시끄러울 거야."

이어폰을 찾고 나서 우리는 출발했고, 약 한 시간 반 후에 수족관에 도착했다.

"수족관에 가는 건 절대 질리지 않아! 그냥 물을 보는 것만으로도 너무 평온해. 몇 시간 동안이라도 물고기를 바라볼 수 있을 것 같아." 내가 말했다.

남편은 나만큼 바다 생물을 좋아하지는 않지만, 들뜬 내 모습도 아주 잘 받아 줬다.

오늘은 심지어 가오리와 유대감을 쌓은 것 같다. 가오리가 나에게 몸을 흔들었고, 나도 손을 흔들어 줬다. 그걸로 친해졌다고 해도 되겠지?

 DAY 45 **임신 중 고충**

내가 하고 싶은 말이 있는데, 이걸 왜 '입덧(아침 병)'이라고 부르는지 모르겠다. 하루 종일 계속되는데 말이다! 내내 몸이 안 좋으니까 정말 지친다.

"제대로 된 식사를 마지막으로 한 게 언제야? 걱정돼." 남편이 내 등을 부드럽게 쓰다듬으며 말했다.

"그렇게 나쁘진 않아. 적어도 계속 토하는 건 아니니까. 그런데 먹고 싶단 생각이 전혀 안 들고, 계속 속이 울렁거려. 병원에 가서 상담해 보는 게 좋을까?"

"금방 나아지지 않으면, 병원에 가서 물어보자. 원하는 거 있으면, 뭐든 챙겨 줄게. 필요한 거 있다면 말만 해."

"지금은 없지만, 고마워."

입덧이 정말 나를 괴롭히고 있다. 하지만 다른 엄마들한테 들은 무시무시한 이야기들에 비하면, 나는 그렇게 심각한 건 아닌 것 같다.

곧 다 끝날 것이고, 내 품에 아름다운 아기가 안겨 있을 것이다! 이 모든 게 충분히 가치 있을 것이라고 믿는다.

 한국의 휴게소: 최고의 로드 트립 경험

나는 항상 여행을 좋아했다. 비행기로 가든, 자동차로 가든 말이다. 하지만 한국에서 장거리 자동차 여행을 더욱 특별하게 만들어 주는 한 가지를 꼽으라면, 단연 휴게소일 것이다. 미국에서는 고속도로 휴게소라고 하면 보통 간단한 화장실 사용이나 주유소에서 비싸게 파는 간식 정도를 의미한다. 하지만 한국에서는? 음식 애호가들에게는 천국이다.

우리는 남편 형네 가족을 만나러 경주로 가는 길이었고, 휴게소에 도착할 때쯤, 나는 배가 고파 죽을 지경이었다.

"뭐 먹고 싶어? 내가 뭐 사다 줄까?" 남편이 물었다.

나는 망설이며 줄지어 있는 음식 가판대를 바라봤다. "아… 하나만 고르기 너무 어려워… 어묵? 아니, 핫도그! 아니… 소떡소떡!"

"엄청 배고픈가 보네! 몇 개 사서 차로 가져올게. 여기서 기다리면서 좀 쉬어. 화장실 가고 싶으면 다녀오고. 금방 올게!" 남편이 말한 후 곧 떠났다.

맛있는 음식이 너무 많아서 고를 수가 없다. 그래서 한국의 휴게소가 항상 붐비는 것이다. 사람들은 잠깐 쉬는 게 아니라 제대로 된 식사를 하러 온다. 남편과 내가 간식 취향이 같아서 다행이다. 결국 내가 말했던 세 가지 간식을 모두 나눠 먹었기 때문이다. 집으로 돌아가는 길에 또 들를 수 있다니 너무 기대된다!

DAY 47 만약 우리가 초능력을 가질 수 있다면

오늘 남편이 나에게 재미있는 질문을 던졌다.

"자기야, 만약 어떤 초능력이든 가질 수 있다면, 무엇이 좋겠어?"

우리는 극장에서 슈퍼히어로 영화를 보고 막 돌아오는 참이었고, 집으로 걸어가면서 여전히 우물거리며 팝콘을 먹고 있었다.

"초능력? 음… 어려운 질문이네. 아마도 모든 언어를 즉시 배울 수 있는 능력! 그러면 항상 이해 못 하고 지나쳤던 한국어 농담들을 드디어 이해할 수 있을 텐데." 내가 말했다. "그럼 당신은?"

"그건 엄청난 변화를 가져오겠네! 하지만 내가 선택해야 한다면, 순간 이동을 고를 거야."

"순간 이동? 그거 좋은 선택이네. 그런데 실제로 그걸로 뭘 할 거야?" 내가 물었다.

"오, 정말 많지! 우선, 우리가 가야 할 곳 어디든지 한순간에 갈 수 있어. 손가락만 튕기면 미국에도 갈 수 있고. 더 이상 긴 비행시간을 견딜 필요도 없지. 그리고 여행

갈 때 교통 체증도 다 피할 수 있다고 생각해 봐! 게다가, 우리는 절대 늦을 일이 없을 거야!"

나는 걸음을 멈추고 남편을 바라봤다. "와우. 내 말 취소할게. 순간 이동이 생각보다 훨씬 더 유용하네. 당신이 최고의 능력을 가지겠네!"

아쉽게도 우리는 실제로 초능력을 가질 수 없지만… 그래도 팝콘은 있으니까 괜찮다!

 가장 창의적인 숙제 변명

오늘 수업 중 한 반에서 숙제를 검사하기 시작했을 때, 한 학생이 죄책감에 가득 찬 표정을 짓고 있는 것을 발견했다.

"선생님, 저는 숙제를 할 수 없었어요…."

"왜 숙제를 할 수 없었니?"

"음… 제 공책을 방에 펼쳐 두었는데 제 여동생이 그걸 색칠 공부 책인 줄 알았어요. 그래서 공책에 온통 낙서를 해 버렸고, 이제는 읽을 수 없는 명작이 되었어요."

"명작이라고? 그럼 네 여동생이 만든 걸 확인해 볼 수 있게 네 공책을 가져왔니?"

"아니요… 집에 두고 왔어요. 어차피 선생님도 못 읽을 거라고 생각해서 그냥 책상 위에 놔두는 게 낫겠다 싶었어요." 그녀는 눈을 피하며 중얼거렸다.

내가 교사로서 들은 모든 숙제 변명 중에서, 이건 확실히 창의적이었다.

"내가 확인할 수 없다면, 수업이 끝난 후 남아서 다시 해야 해. 변명은 안 통해."

"네, 선생님…." 그녀는 마치 전쟁에서 패배한 듯이 한숨을 쉬며 걸어갔다.

솔직히? 학생들이 숙제를 못 한 정당한 이유가 있다면, 나는 보통 꽤 관대한 편이다.

하지만 이렇게 황당한 변명을 들으면 가끔 궁금해진다….

변명 생각하느라 이 모든 시간을 쓰는 것보다 그냥 숙제하는 게 더 쉽지 않을까?

 가려움의 정체

혹시 두드러기가 난 적 있는가? 나는 몇 번 두드러기가 났던 적은 있지만, 최근엔 정말 심해졌다. 온몸에 계속 올라오고 있는데, 도저히 감당할 수 없을 정도다. 너무 가렵다!

남편은 뭔가 먹은 것 때문이라고 생각하는데, 나는 최근에 평소와 다른 걸 먹은 게 없어서 그게 원인은 아닌 것 같다. 어제 남편이 나를 병원에 데려가서 무슨 일이 일어나고 있는지 알아보려고 했다.

"두드러기는 몸 안의 감염이나 질병에 대한 반응으로도 생길 수 있어요. 최근에 아프셨나요?" 의사 선생님이 물었다.

"몇 주 전에 장염에 걸렸었어요."

"그게 원인일 수도 있어요. 하지만 혹시 모르니까 알레르기 검사를 해서 다른 원인이 그런 반응을 일으키는지도 확인해 봅시다. 임신 중이시기 때문에 처방약은 드릴 수 없습니다."

검사 결과가 나오는 데는 약 일주일 정도 걸린다. 그동안은 임신 중이라 강한 약은 못 먹어서, 가려움을 가라앉히려고 찬물 샤워나 얼음 찜질에 의존하고 있다.

제발 이게 빨리 지나갔으면 좋겠다. 두드러기 진짜 장난 아니다!

DAY 50   세상에 온 걸 환영해 아들아!

믿기지 않을 만큼, 마음이 너무 벅차올라서 터질 것 같다.

어젯밤 6시쯤 양수가 터졌다. 그다음부터는 감정의 소용돌이였다. 긴장, 설렘, 약간의 두려움… 하지만 대부분은 사랑이었다. 그리고 오늘 아침 8시 30분쯤, 그가 세상에 나왔다. 가장 놀라웠던 거? 아기가 눈을 뜨고 나를 똑바로 바라봤다. 마치 날 이미 알고 있는 것처럼.

한 번의 눈빛이었지만, 모든 걸 말해 줬다: "엄마 나 왔어요. 엄마를 만나길 기다리고 있었어요."

남편이 탯줄을 잘랐고, 손은 떨리고 눈에는 눈물이 가득했다.

남편이 계속 속삭였다. "당신 해냈어. 진짜 해냈어."

지금은 병실에서 쉬고 있다. 너무 피곤하지만 끝없이 감사한 상태로.

지금 아기는 신생아실에 있다. 우리는 아기를 다시 안을 수 있을 때까지 애타게 기다리고 있다.

아직 결정하지 못한 한 가지는, 바로 이름이다.

비록 생각해 둔 이름들이 몇 개 있긴 하지만, 사실… 마음속 깊은 곳에서는, 우리 둘 다 그냥 그 '느낌'을 기다리고 있는 것 같다. 어떤 이름을 들었을 때, 우리의 마음이 '그게 바로 이 아기야.'라고 속삭일 그 순간을.

그래서 우리는 기다릴 거다. 왜냐하면 그는 완벽한 이름을 받을 자격이 있으니까. 그 이름은, 이 아이를 이 세상에 데려온 모든 사랑, 꿈, 경이로움을 담고 있어야 하니까.

그리고 우리가 그 이름을 꼭 찾게 될 거라는 걸 나는 안다.

Gabrielle's Diary